スキルアップ

相談員必携！一問一答・事例でわかる

年金相談

[第2集]

年金マスター研究会 編著

好評の第1集に続く待望の第2弾。
本書でも特に注意を要する「難しいケース」を数多く取り上げ、
一問一答形式にて必要知識をコンパクトに収載。
東日本大震災での社労士会の対応を回顧する特別編も収載。

法研

はじめに

本年2018（平成30）年は、社会保険労務士制度が発足（「社会保険労務士法」制定1968（昭和43）年6月、施行同年12月）してから50年という節目を迎えたということで、この50年間の歳月の中に私たちが社会保険労務士として存在し、業務に参画・行動して、微力ながらもこの制度の一翼を担うことができたことに、大いなる誇りと喜びを感じるものであります。

2010（平成22）年には、旧社会保険庁が「日本年金機構」に組織替えし、同時に「街角の年金相談センター」も誕生するなど、全国社会保険労務士会連合会がその全面的な運営をスタートさせた年でした。この時代的背景には、度重なる年金制度の改革が大きく影響していると考えられます。

年金制度が本格的に全国民共通の制度として稼働するにつれ、相談者数も増加し、私たち社会保険労務士が受ける相談内容も、単に年金受給の申請手続き等に止まらず、相談する側の置かれている社会的立場や背景、家庭環境などが様々に絡んで複雑化し、また外国人や海外の年金制度に関する相談などもあり、多岐にわたるようになってきました。なかには人生相談的内容を持ち込んで来る相談者もいます。

日頃年金相談に携わることの多い私どもは、複雑化する相談の多様性に鑑み、相談内容をできるだけ共有化して、互いの持つ情報を交換しあうことで少しでもスムースに年金相談に対応し、さらには人々の福祉に効率的に役立てたいという共通の考えを持つ社労士仲間が集まり、「年金マスター研究会」を立ち上げました。「街角の年金相談センター」が誕生した年と時を同じくした2010年のことでした。

そして株式会社法研のご協力を得て、同社が刊行する『週刊社会保障』に「スキルアップ年金相談」というコーナーを設けていただき、五十数名のメンバーから原則として毎週1名が、実際に受けた相談事例をベースにQ＆A方式で解説する記事を連載してまいりました。

このシリーズが多くの反響をいただいたこともあり、2015（平成27）年3月に連載が5年を経過したのを機に、それまでの掲載分を集大成して書籍『スキルアップ年金相談』として刊行いたしました。掲載した記事数は200を超えています。本書は年金の教科書的解説集ではなく「実際にあった事例」を取り上げていて、極めて実践的な内容であったことから、年金相談に携わる者の間では、またとない"バイブル"として活用されているケースも多いと聞き及んでいます。

今回、冒頭にも述べましたが、社会保険労務士制度の発足50周年に当たり、その記念出版として前書に収載した以降の連載分を取りまとめた書籍第2集が計画されたことは、私ども「年金マスター研究会」としては重ねての喜びに堪えません。

　我が国は2011（平成23）年3月に、広範囲にわたる未曽有の災害である東日本大震災に見舞われましたが、今回の第2集書籍化に当たり、罹災された関係3県の社労士の方々に当時の状況に関する回顧をお願いし、災害対応の貴重な記録としてご執筆いただきました。巻末ではありますが特別編としてまとめて掲載しておりますので、読者の方々には災害時等の対応編としてご利用いただければと存じます。ご執筆いただいた岩手県の勝又映二様、宮城県の辺見慶一様、三輪公二様、福島県の宍戸宏行様には、ご多用中快くお引き受けいただき厚く御礼申し上げます。また罹災された地元の皆々様には、改めてお見舞い申し上げます。

　なお、個々の原稿は初期の掲載分は3年以上前まで遡りますので、途中、法改正で内容変更がなされたり、年金額、保険料等の数値的な変更もございます。そこで、前回同様に巻末付録として、年金額、保険料等の変遷一覧や法改正事項の概略を付し、現時点の相談にマッチングさせています。

　最後になりますが、書籍化に当たっては株式会社法研の報道部（週刊社会保障）石田裕子様及び編集部の横田昌弘様からも、編集作業上の細部にわたりアドバイス・ご指導をいただいたことを感謝申し上げます。本書は多くの皆様のご協力を得て刊行できました。

平成30年11月

年金マスター研究会　会長
加藤　利昭（特定社会保険労務士）

推 薦 の 言 葉

　私たち社会保険労務士（社労士）は、我が国の社会保障制度と企業の健全な発達や労働者等の福祉向上を支える労働・社会保険諸法令と人事労務管理の専門家です。本年は、社労士制度創設50周年を迎え、社労士・社労士会にとって未来に向けた第一歩を踏み出す記念すべき年でもあります。この記念すべき年に、『スキルアップ年金相談』の第2集が発行されることを、大変嬉しく思います。

　年金については、平成19年頃からいわゆる「年金記録問題」が発生し、国民の公的年金制度に対する不安感が広がりました。そのような中で、社労士会は全国一斉の無料の年金相談会を開催し、社労士はそれぞれの地域で、国民の皆様が「安心して働き暮らすことができるように」という思いから、一件一件ていねいに年金相談業務に携わってまいりました。その結果、「公的年金に関する唯一の国家資格者＝社労士」という認識が定着するに至りました。

　この書籍『スキルアップ年金相談』は、国民の期待に応え、満足を与える年金専門家「年金マスター研究会」のメンバーが中心となって、全国の社労士会会員より年金相談の事例を集め、株式会社法研のご協力を得て、『週刊社会保障』誌上に掲載したもの（平成22年1月～現在）の集大成であります。各地の年金相談の現場で日々奮闘している社労士、金融機関の担当者様、研究者の皆様など……、年金に関わるすべての方に、ぜひ「必携の書」としてご活用いただきますことを願って、推薦の言葉とさせていただきます。

　平成30年11月

全国社会保険労務士会連合会
会長　大西　健造

スキルアップ年金相談 第2集

執筆者一覧

(氏名50音順)

相蘇　隆	笠原里美	小山良夫	中村哲男
青木浩之	梶原一恵	近藤雅幸	中本庸一
荒井公美	加瀬葉子	佐藤弘子	花輪賢一
飯田栄司	加藤利昭	澤木　明	平山透子
井内義典	金井久美子	関山明子	蛭田芳子
石井励子	金丸亜紀雄	田口紘一	深澤理香
石川利之	金山圭子	竹内　修	松岡　繁
石田和子	茅根真由美	竹中とし子	松野純子
石原裕子	川上建次	田原千郷	水庫直子
石渡登志喜	管野泰寛	富樫　裕	三森公司
内田健治	木下正人	中島幸治	三宅明彦
遠藤忠彦	木村かおる	中谷大介	持立美智子
笠井利裕	倉本貴行	中林正吾	脇　美由紀

本書の編集委員

委員長：加藤利昭
委　員：片岡武和、永山悦子、
　　　　深澤理香、三宅明彦　(氏名50音順)

■装丁：林健造　■編集協力：島田編集企画事務所　■本文組版：文唱堂印刷(株)

スキルアップ年金相談 第2集　　目次

● はじめに ……………………………………………………………………………………… 3
● 推薦の言葉 …………………………………………………………………………………… 5
● 執筆者一覧・編集委員 ……………………………………………………………………… 6

第1章　老齢給付

① 在職、退職、雇用保険との調整
　　年金と高年齢雇用継続給付との調整 ……………………………………………………… 14
　　障害厚生年金と老齢厚生年金の選択 ……………………………………………………… 15
　　定年退職・再雇用と年金支給額 …………………………………………………………… 16

② 繰上げ、繰下げ
　　一部繰上げの老齢年金と障害厚生年金の選択 …………………………………………… 17
　　繰下げによるメリットとデメリット ……………………………………………………… 18
　　警察・消防職員期間を有する者の繰上げ受給 …………………………………………… 19
　　寡婦年金を受給していた場合の繰下げ …………………………………………………… 20
　　繰下げ待機者の請求手続き ………………………………………………………………… 21
　　年金の繰下げ受給による損と得 …………………………………………………………… 22
　　65歳以上定年者の年金例 …………………………………………………………………… 23
　　60歳男性の繰上げ請求 ……………………………………………………………………… 24
　　繰下げ受給のための注意点 ………………………………………………………………… 25
　　65歳以降に受給する繰下げ年金のポイント ……………………………………………… 26
　　在職年金繰下げ支給における年金額の誤差 ……………………………………………… 27
　　老齢年金遡及請求での繰下げの選択 ……………………………………………………… 28

③ 振替加算、加給年金
　　厚生年金加入期間と振替加算 ……………………………………………………………… 29
　　長期加入の老齢厚生年金と加給年金 ……………………………………………………… 30
　　離婚後の内縁関係と配偶者加給年金 ……………………………………………………… 31
　　老齢満了者の振替加算消滅 ………………………………………………………………… 32
　　配偶者が共済満了者の振替加算 …………………………………………………………… 33
　　「生計維持関係」証明の方法 ……………………………………………………………… 34
　　妻の特老厚受給権発生時の夫の配偶者加給年金 ………………………………………… 35
　　海外赴任中の夫が加給年金対象者になるか ……………………………………………… 36

④ その他
　　在監者の老齢年金請求 ……………………………………………………………………… 37

年金額を増額したい会社経営者 ……………………………… 38

時効特例分の受給と生活保護費 ……………………………… 39

合算対象期間と老齢基礎年金の受給権発生 ………………… 40

障害者特例と月末日退職者の年金 …………………………… 41

年金額を増額する方法 ………………………………………… 42

65歳到達時における老齢厚生年金額 ……………………… 43

共済年金の定額部分の支給方法 ……………………………… 44

短時間労働者に係る特例該当者の経過措置 ………………… 45

年金請求手続き後の本人死亡 ………………………………… 46

60歳以降の厚生年金加入 …………………………………… 47

年齢・会社・給料同一夫婦の年金差額 ……………………… 48

昭和32年10月以前の第三種被保険者の取扱い …………… 49

特定保険料納付の終了と年金額の減額開始 ………………… 50

第2章　障害給付

① 初診日関連

平成3年3月以前の学生期間中の初診日 …………………… 52

障害年金の初診日確認要件の緩和 …………………………… 53

初診日の新基準における実務対応 …………………………… 54

診療情報等の提供に関する指針 ……………………………… 55

発達障害と他の精神障害が併存する場合の初診日 ………… 56

「植物状態」による障害請求 ………………………………… 57

20歳前障害年金受給者の別傷病の取扱い …………………… 58

② 障害給付と他の年金との関連

労災障害補償年金受給者の年金 ……………………………… 59

旧法障害年金受給者の老齢年金 ……………………………… 60

労災年金と基礎・厚生年金との併給調整 …………………… 61

③ その他

障害年金受給者の国年保険料納付への対処 ………………… 62

繰上げ受給者の障害年金認定日請求 ………………………… 63

障害厚生年金の妻の加給年金 ………………………………… 64

家族構成の変化による障害年金の加算 ……………………… 65

障害年金受給者と相続遺産 …………………………………… 66

人工透析開始による障害年金請求 …………………………… 67

原因傷病による障害年金請求の可否 ………………………… 68

がんによる障害請求 …………………………………………… 69

本人死亡後の障害年金の請求 ………………………………… 70

●目　次

審査請求と支給停止事由消滅届 ……………………………………… 71
退職後の障害年金受給者の受給選択 …………………………………… 72

第3章　遺族給付

① 遺族給付全般

別居の父母の生計維持の認定 …………………………………………… 74
父子家庭における遺族年金 ……………………………………………… 75
シングルマザーの遺族年金 ……………………………………………… 76
遺族年金の納付要件 ……………………………………………………… 77
夫への遺族基礎年金受給の可能性 ……………………………………… 78
遺族年金の生計同一に関する要件 ……………………………………… 79
認知された非嫡出子と本妻間での遺族年金 …………………………… 80

② 遺族給付と他の年金との関連

遺族厚生年金と遺族補償年金の調整 …………………………………… 81
65歳からの遺族厚生年金と老齢厚生年金 ……………………………… 82
繰下げ待機者の遺族厚生年金の受給権発生 …………………………… 83
65歳からの遺族年金 ……………………………………………………… 84

③ その他

遺族厚生年金と未支給年金の請求者を分けた事例 …………………… 85
失踪宣告と遺族年金 ……………………………………………………… 86
遺族年金請求時の生計同一関係に関する申立書 ……………………… 87
65歳以降の寡婦加算 ……………………………………………………… 88
遺族年金と訴訟の影響 …………………………………………………… 89
遺族年金の失権 …………………………………………………………… 90
高収入でも遺族年金が受給可能なケース ……………………………… 91
共済年金受給者の年金未統合記録 ……………………………………… 92
寡婦年金の支給要件（支分権） ………………………………………… 93

第4章　被用者年金一元化、三共済

① 被用者年金一元化、三共済

被用者年金と雇用保険との調整 ………………………………………… 96
一元化後の特別支給の老齢厚生年金の資格要件 ……………………… 97
一元化後の加給年金 ……………………………………………………… 98
一元化後の遺族厚生年金の取扱い ……………………………………… 99
在職年金の激変緩和措置とその適用者 ………………………………… 100

一元化によるワンストップサービス ……………………… 101

一元化後の共済の遺族年金 ………………………………… 102

一元化後の加給年金・振替加算 …………………………… 103

NTT固有の特例の影響 ……………………………………… 104

種別変更を伴う在職老齢年金の改定 ……………………… 105

第5章　10年短縮年金

① 10年短縮年金

10年短縮と振替加算の受給 ……………………………… 108

10年短縮年金の注意点と影響 …………………………… 109

10年短縮年金の特殊な事例 ……………………………… 110

受給資格期間短縮に伴う遺族給付 ……………………… 111

年金受給資格期間短縮対象者の対応 …………………… 112

年金加入10年以上の場合の年金支給 …………………… 113

10年短縮年金の繰下げ受給 ……………………………… 114

10年短縮年金と特例任意加入・高齢任意加入 ………… 115

10年短縮年金と遺族年金 ………………………………… 116

10年短縮年金と合算対象期間 …………………………… 117

10年短縮年金と余裕資金 ………………………………… 118

10年短縮年金における高齢任意加入制度の効用 ……… 119

第6章　その他

① 離婚分割

離婚時の年金分割可能期間 ……………………………… 122

離婚分割における３号分割制度の特徴 ………………… 123

離婚分割に当たっての注意事項 ………………………… 124

離婚分割後の年金見込額と将来設計 …………………… 125

離婚分割協議前に当事者の一方が死亡 ………………… 126

障害厚生年金受給者の離婚分割 ………………………… 127

② 被保険者期間

特定期間該当届提出による受給権発生 ………………… 128

配偶者65歳到達時における第３号被保険者 …………… 129

本人死亡後の国民年金第３号被保険者届出の可否 …… 130

第３号の要件と１号出産期間の保険料免除 …………… 131

国民年金３号被保険者の資格喪失時期 ………………… 132

● 目 次

③ 企業年金など
- 個人型ＤＣ（確定拠出年金）制度の改正 ……………………… 133
- 厚年基金の代行返上による併給調整 …………………………… 134
- リスク分担型企業年金の概要 …………………………………… 135

④ 保険料
- 本人死亡後の国民年金保険料 …………………………………… 136
- 未納による保険料の免除申請と納付時効 ……………………… 137
- 特別催告状の意味 ………………………………………………… 138
- 厚生年金の二重加入 ……………………………………………… 139

⑤ 外国年金、海外在住、外国人
- 海外在住における国民年金第３号の取扱い …………………… 140
- 海外在住による合算対象期間 …………………………………… 141
- 海外居住期間がある場合の年金請求 …………………………… 142
- 米国に居住したときの老齢年金の手続き ……………………… 143
- 米国遺族年金受給中の日本人高校生の疑問 …………………… 144
- アメリカ人の国民年金加入 ……………………………………… 145
- 外国人のカラ期間の事例 ………………………………………… 146

⑥ 船員保険
- 船員保険と厚生年金の加入期間の通算 ………………………… 147

⑦ 税
- 社会保険の扶養の基準 …………………………………………… 148
- 税制改正に伴い変わる配偶者控除 ……………………………… 149
- 扶養親族等申告書の障害者とは ………………………………… 150

⑧ 手続き、その他
- 社会保険労務士による第三者証明 ……………………………… 151
- 所在不明者の年金支払い ………………………………………… 152
- 「ねんきん定期便」の未着が届出漏れを示唆 ………………… 153
- 短時間労働者の厚年被保険者適用拡大とその要件 …………… 154
- 第三者行為災害に係る年金の支給停止期間 …………………… 155
- 戸籍・住民票の両方が必要な事由 ……………………………… 156
- 年金支給額を減額する方法は …………………………………… 157
- パートの社保加入と特例追納制度 ……………………………… 158
- 性転換者と年金受給 ……………………………………………… 159
- マイナンバー情報連携に伴う手続きの変更 …………………… 160
- 不在者財産管理人制度の活用 …………………………………… 161
- 75歳までの年金受給選択制を考える …………………………… 162

特別編　東日本大震災アーカイブ
―被災地での相談状況・体験を語る

岩手県／「相談記録」に見る東日本大震災 …………………………………… 164

宮城県／大震災における社労士の相談支援対応について ………………… 167

　　　　震災から5年経過後の遺族年金相談事例 …………………………… 169

福島県／福島県震災遺児等家庭相談支援事業の取り組み ……………… 171

東日本大震災に対処するための特別の財政援助及び助成に関する法律 …… 174

付録

① 年金額、保険料額（率）の変遷 ……………………………………………… 178

② 平成23〜30年の法改正概略 ………………………………………………… 180

③ 事項索引 ………………………………………………………………………… 190

老齢給付　第1章

❶ 在職、退職、雇用保険との調整 ………14

❷ 繰上げ、繰下げ …………………………17

❸ 振替加算、加給年金 ……………………29

❹ その他 ……………………………………37

第1章 老齢給付

年金と高年齢雇用継続給付との調整

Q 私（男性）は厚生年金と雇用保険のある会社に勤めており、今年（平成27年）8月に61歳になり厚生年金の受給ができることになる。会社との契約により、59歳までは年収600万円（月額37万円、賞与78万円が6月と12月に支給）、60歳以降は年収380万円（月額25万円、賞与40万円が6月と12月）となっており、現在雇用保険から給付を受けているが、年間144万円の年金の1月当たりの受給額はいくらになるか。　　（H県K市　A.S）

A 高年齢雇用継続給付を受けると年金が一部停止される

　昭和28年4月2日～昭和30年4月1日生まれの男性は61歳から厚生年金保険の報酬比例部分を受給できるが、厚生年金の被保険者として在職している間は、賞与を含めた報酬による調整後の年金が受給できる。在職による停止額は、基本月額が、1,440,000円÷12＝120,000円、総報酬月額相当額は、260,000円＋（400,000円＋400,000円）÷12≒326,667円　となる。

　基本月額が28万円以下、総報酬月額相当額が47万円以下なので、在職停止額は、次の計算式で導き出せる。（120,000円＋326,667円－280,000円）÷2≒83,334円

　さらに、年金の支給額は、120,000円－83,334円＝36,666円　となり、実務上は年額で計算するので年間の在職停止額は、（1,440,000円＋260,000円×12＋800,000円－280,000円×12）÷2＝1,000,000円　となる。

　年間の年金の支給額は、停止額を引いた1,440,000円－1,000,000円＝440,000円、1か月の支給額は、440,000円÷12≒36,666円　となる。

　続いて、高年齢雇用継続基本給付金の計算については、60歳到達時賃金と新賃金の低下の割合が、250,000円÷370,000円×100≒67.57％　となる。高年齢雇用継続基本給付金は、賃金の低下率によって支給率が変わり、75％以上は支給がなく、61％未満は賃金支払額の15％が支給され、75％未満から61％以上は、雇用保険法61条5項2号、雇用保険法施行規則101条の4により、

　［みなし賃金月額×0.75－｛賃金支払額＋（みなし賃金月額×0.75－賃金支払額）×485÷1,400｝］÷賃金支払額　の式により求められる。

　相談者の場合、［370,000×0.75－｛250,000＋（370,000×0.75－250,000）×485÷1,400｝］÷250,000＝［277,500－｛250,000＋（277,500－250,000）×485÷1,400｝］÷250,000＝0.07189284≒7.19％　となり、250,000円×7.19％＝17,975円　が高年齢雇用継続基本給付金の額となる。

　さらに、雇用保険の受給による年金の調整額は、〈［みなし賃金月額×0.75－｛標準報酬月額＋（みなし賃金月額×0.75－標準報酬月額）×485÷1,400｝］÷標準報酬月額〉×6÷15　となり、これに当てはめると、〈［370,000×0.75－｛260,000＋（370,000×0.75－260,000）×485÷1,400｝］÷260,000〉×6÷15＝〈［277,500－｛260,000＋（277,500－260,000）×485÷1,400｝］÷260,000〉×6÷15≒0.0175962　となる。

　年間の停止額は、260,000円×12×0.01759615≒54,900円　となる。1か月の停止額は、54,900円÷12≒4,575円　となり、年金受給額は、36,666円－4,575円＝32,091円　となる。

＊注：雇用保険は実際の報酬により計算するのに対し、社会保険は標準報酬により計算する。

〔2015年8月3日号掲載〕

① 在職、退職、雇用保険との調整

障害厚生年金と老齢厚生年金の選択

> **Q** 夫61歳、妻55歳の夫婦。夫は厚生年金に37年以上加入しており、会社の規定で61歳定年により退職予定。妻は被扶養者になっている。夫は5年前より障害厚生年金の2級を受給中。日本年金機構から老齢年金の請求書が届いたが、手続きする必要はあるか教えてほしい。
> （K県Y市　M.S）

A 障害者特例の老齢厚生と失業給付、どちらか選択

　相談者は、退職を控え、年金事務所に相談しにきた。夫の61歳での特別支給の老齢厚生年金額（報酬比例部分）を試算してもらうと、現在受給中の障害年金額より低額であったが、相談者は会社を退職するので「障害者特例」に該当し、定額部分と配偶者加給年金額も合わせて、年間100万円以上加算した額を受けることができる。

　また、雇用保険被保険者でもあったため、障害者等の就職困難者は求職者給付（基本手当）の給付基礎日額を360日分受けられる。

　退職後のどちらの給付を選ぶかは、年金事務所の試算額とハローワークに確認した1日当たりの給付基礎日額を比較する。

　相談者にとって一番有利と思われるのは、障害年金と雇用保険の基本手当は調整されないため、今受給している障害年金を継続し、雇用保険からの基本手当を360日分受けることを勧めたい。その間に、老齢厚生年金の請求手続きと障害年金を選択する「選択届」の手続きを済ませておいて、雇用保険の基本手当を受け終わった時点で、障害者特例（老齢厚生年金）に選択替えを行うことが望ましい。

　このようにいずれかの年金の選択にあたって関連したケースで、厚生年金に企業年金が絡む場合は、さらに注意が必要である。

　老齢厚生年金受給者が障害厚生年金を選択すると、企業年金が停止される場合がある一方、基金の規約により、停止にならない場合もある。国から支給される老齢厚生年金額と障害厚生年金額だけを比較して選択するのは、避けたほうがよい。

　障害厚生年金額が高いとしても、厚生年金基金の加入年数が長いケースは、老齢厚生年金額＋厚生年金基金額の方が高額ということもある。個々の基金によって調整の仕方が異なるため、基金に確認することを勧めたい。

　また、障害年金は非課税であり所得税や国民健康保険料の算出対象にはならないが、老齢厚生年金（障害者特例含む）は課税対象であり、一定額以上には課税される可能性があるので、市役所や税務署に確認が必要である。

　さらに、介護保険を利用している場合は、所得額に応じて介護保険施設利用料等に影響が出るので注意が必要である。

　僅差であれば税金・介護等を考慮したうえで、さらに、本人の年金額だけでなく、配偶者の加給年金や振替加算に影響はないか、世帯としての収入に影響がないかも視野に入れて、選択する。

　受給する年金の「選択届」は、いつでも提出できるが、原則、提出した翌月分から変更され、遡っては適用されないので注意が必要である。　　　　　　〔2015年8月10日号掲載〕

第1章 老齢給付

定年退職・再雇用と年金支給額

Q 現在63歳でＡ会社に勤務中。厚生年金に加入し、老齢年金をもらっている。この６月末で退職し、引退したいと考えている。一方、知人の経営するＢ会社への転職を以前から勧誘されており、経験や技能をＢ会社の若手社員に伝授してほしいとの強い要請もある。どうするか思案している。この場合に、年金その他の収入額はどのようになるか。

老齢年金は月額８万円（厚生年金基金および高年齢雇用継続給付なし）、現在Ａ社の給与は月額24万円（ボーナスなし）、就職した場合の給与（Ｂ社）は月額18万円（ボーナスなし）の見込み。 　　　　　　　　　　　　　　　　　　（Ｓ県Ｏ市　Ｈ.Ｙ）

A 同日得喪や退職改定により老齢年金の支給金額は変わる

相談者のように、定年退職か再雇用かを選ぶ際の判断に、年金支給額がいくらになるかは最大の関心事である。給与が減ると当然収入は減ることになるが、半面、年金の支給額が増え、毎月の保険料も安くなることもある。

相談者の条件に基づき次の①～③で具体的に検証してみる。

①現在の在職老齢年金

　［８万円（基本月額）＋24万円（Ａ社標準報酬月額）－28万円］÷２＝２万円（在職老齢年金停止調整額）

　８万円－２万円＝６万円（在職老齢年金支給額）

　６万円（在職老齢年金支給額）＋24万円（Ａ社給与額）＝30万円（収入月額計）

②Ａ社を６月30日に退職し、７月１日にＢ社へ転職入社した場合（同日得喪）

【６月】　６万円（在職老齢年金支給額）＋24万円（Ａ社給与額）＝30万円（収入月額計）

【７月】　７月１日の同日得喪により引き続き被保険者資格を有しており、Ａ社の標準報酬月額によって、在職老齢年金停止調整額を算出する。在職老齢年金支給額６万円＋18万円（Ｂ社給与額）＝24万円（収入月額計）

【８月】　在職老齢年金停止調整は新たな資格を取得したＢ社の標準報酬月額で計算する。

　８万円（基本月額）＋18万円（Ｂ社標準報酬月額）＝26万円（収入月額計）

　28万円以下なので、在職老齢年金停止調整はない。

③６月30日にＡ社を退職。再就職せず被保険者資格を喪失した場合

退職による改定は、年金一元化前までは、資格喪失日から起算して１月を経過した日の属する月から退職時改定をするため、７月分は在職老齢年金の支給停止が行われ、８月分から全額支給であった。

しかし、年金一元化後は共済年金と同じ取扱いに改定され、退職した日（６月30日）から１月を経過した日の属する月から退職時改定され再計算した年金が、７月分から全額支給される。

①から③の年金支給額だけでなく健康保険や60歳未満の第３号被保険者（配偶者）の有無など、総合的に判断することが大切である。

なお、ハローワークで雇用保険の基本手当を申込みした場合は、求職の申込みをした日の属する月の翌月から基本手当を受給した間の年金は全額支給停止される。

〔2016年６月６日号掲載〕

② 繰上げ、繰下げ

一部繰上げの老齢年金と障害厚生年金の選択

Q 昭和30年５月生まれの男性で、３級の障害厚生年金を受給している。60歳になったら老齢厚生年金の繰上げ請求ができると聞いたが、有利な受給の仕方と具体的な手続きについて教えてほしい。なお、障害年金は有期認定で、次回障害状態確認届の提出は、60歳である。 （Ａ県Ｒ市　I.Y）

A 障害認定されない場合は一部繰上げができない点に注意

平成12年の法律改正により、特別支給の老齢厚生年金（報酬比例部分）の支給開始年齢は、61歳以降に引き上げられた。相談者の場合、支給開始年齢は62歳で、60歳になれば老齢厚生年金および老齢基礎年金を繰上げして受けることができる。

相談者が老齢年金を繰上げ請求する場合、厚生年金保険法等に定める障害の状態にあることによる一部繰上げ請求（国年法附則９条の２の２）を行うこととなる。

この場合の特別支給の老齢厚生年金の年金額は、報酬比例部分から政令で定める率が減じられたもののほかに繰上げ調整額（定額部分から政令で定める額を減じた額）が加算される。老齢基礎年金は一部繰上げとなり、65歳になると老齢基礎加算額が加算される。また加給年金対象者がいる場合、62歳から加給年金が加算される。

繰上げ支給の老齢厚生年金・老齢基礎年金と障害厚生年金は併給されないので、どちらか一方を選択することになる。

並行して障害状態確認届を提出するが、審査の結果、３級以上の障害状態と認定されない場合は、一部繰上げ請求ができないので注意が必要である。

繰上げ請求を行うときに、「老齢年金の繰上げ請求意思確認書」を添付して、障害状態に該当しなかった場合の意思を示す必要がある。様式の次の①〜③の項目のうち一つを選択する。

①一部繰上げ請求に代えて、全部繰上げ請求を行う、②全部繰上げ請求を行わない、③一部繰上げ請求を取り下げる。②の場合、一部繰上げ請求のみを行うことになり、障害状態に該当しない場合は、不支給決定される。③の場合、請求書は返戻される。②、③いずれも後日改めて年金の請求手続きを行う必要がある。

60歳で老齢の請求をする際に、年金事務所等に提出する書類は次のとおり（ⓐ〜ⓕ）である。なお、ターンアラウンドの請求書は、特別支給開始時に送付されるが、繰上げ請求のときは下記のⓐの様式を使用する。

ⓐ年金請求書（国民年金・厚生年金保険老齢給付）様式101号
ⓑ厚生年金保険・国民年金　老齢厚生年金・老齢基礎年金支給繰上げ請求書　様式102号
ⓒ老齢年金の繰上げ請求意思確認書
ⓓ厚生年金保険障害特例・繰上げ調整額請求書（繰上げ調整額停止事由消滅届）
ⓔ年金受給選択申出書　様式201号
ⓕ障害厚生年金の障害状態確認届

なお、障害特例届を行わず、全部繰上げすることも可能とされている。税金等その他の要素も含め、総合的に判断し、選択する必要がある。 〔2015年６月８日号掲載〕

第1章 老齢給付

繰下げによるメリットとデメリット

 今月65歳になり、日本年金機構から繰下げ希望かどうかのハガキが届いた。65歳以降の繰下げ受給のメリットとデメリットについて教えてほしい。（T県N町　E.K）

 年金額の増加と死亡により受けられなくなる損失分との選択

　繰下げ受給のメリットは、繰下げ1月当たり月利0.7％が生涯加算されることである。

　65歳以前は、老齢基礎年金の受給資格を満たし、厚生年金加入期間が1年以上ある場合、生年月日によって、特別支給の老齢厚生年金（報酬比例相当分）の受給開始年齢が決められている。

　65歳になると、老齢基礎年金と老齢厚生年金が発生し、老齢基礎年金と老齢厚生年金のそれぞれについて、66歳から70歳までの間、1月単位で本人が受給開始時期を選べるようになる。ただし、65歳から1年間は申出することができず、繰下げ受給は66歳以降に限る。

　在職による支給停止部分については繰下げ対象とはならず、支給停止期間中の年金は、仕事を辞めてからも当然受給できない。

　具体例として、老齢基礎年金は65歳からの受給、老齢厚生年金は67歳1か月からの受給とすることができる。その場合、老齢基礎年金は増額なく通常どおりの金額で支給されるが、在職停止（全額停止）の老齢厚生年金のときは、月利0.7％で加算された（0.7％×25月＝17.5％増額）経過的加算だけが支給される。なお、受給開始の時期は最長で70歳であるため、0.7％×60月＝42％が最大の増額率となる。この増額は生涯続くので、低金利が続く社会情勢からみると非常に有利な金融商品と言える。

　さらに、金融商品とみると公的年金等控除など税制面でも非常に有利と言え、実際、貯蓄のつもりで繰下げ受給を選択する方法もある。

　一方、受給開始時期を選ぶ（繰下げ受給）ということは、それ以前分は受給しないことを選ぶことにもなる。受給手続き以前分を放棄する代わりに、今後、生涯増額して受給できるのが「繰下げ受給」というわけだ。

　先の具体例で考えると、65歳から67歳1か月まで、仮に老齢厚生年金が年120万円とすると、25か月分の計250万円を受給しないこととなる。繰下げ受給による加算額は、120万円×17.5％＝21万円なので、損益を計算すると250万円÷21万円＝11.9となり、受給開始から11年11か月受給しないと、繰下げせずに受給していた分を取り戻せないことになる。

　繰下げ請求後に取り消すことはできないので、万一不慮の事故等で亡くなった場合でも、その時点で受給できなくなる。

　先日、厚生労働省から2013年の男性の平均寿命が80歳を超えたとの発表があったが、70歳からの繰下げ受給は、男性には平均的には厳しいハードルとなる。

　死亡により繰下げ受給の恩恵を受けられないというデメリットはかなり大きく、実際に繰下げ受給している人の割合が1％強しかないこともうなずける。繰下げ受給は、自分の寿命とも相談しながら慎重に決断する必要がある。

〔2015年6月22日号掲載〕

② 繰上げ、繰下げ

警察・消防職員期間を有する者の繰上げ受給

Q 昭和30年１月生まれの男性。60歳までに、厚生年金が207月、国民年金の納付が30月と、消防署に勤めた共済年金の加入期間が258月ある。

基礎年金の繰上げ請求を検討しようと思い年金相談窓口へ出向いたところ、「一部繰上げができるかもしれない」と言われた。私の場合、「全部繰上げ」しかできないと思っていたのだが、どうして「一部繰上げ」ができるのかご教示願いたい。　（Ｙ県Ｋ市　Ｓ.Ｔ）

A 特定消防組合員期間があれば、一部繰上げが可能

老齢厚生年金、退職共済年金の支給開始年齢が65歳に引き上げられることに伴い、生活権の確保が必要な者等への措置として、それまで国民年金制度にあった「繰上げ制度」が、厚生年金、共済年金にも適用されることとなった。

また、この引上げが段階的なものとなったことに伴い、繰上げ制度も「全部繰上げ」と「一部繰上げ」の二つの制度がつくられ、特別支給の老齢厚生年金・退職共済年金の定額部分の支給開始年齢が61歳～64歳とされている者が定額部分の支給開始年齢前に繰上げ請求する場合は、「一部繰上げ」を選択することができる。

さらに、長期特例、障害者特例、坑内夫・船員の特例に該当する者を除き、定額部分の支給開始年齢が61歳～64歳とされている者とは、厚生年金の場合、男性は昭和16年４月２日～昭和24年４月１日、女性は昭和21年４月２日～昭和29年４月１日に生まれた者、共済年金の場合は男女ともに昭和16年４月２日～昭和24年４月１日に生まれた者とされている。

一方、相談者の場合、消防署勤務期間が21年６か月あり、特定消防組合員に該当すると思われる。特定消防組合員とは、消防司令以下の消防職員で組合員期間等が25年以上あり、かつ、退職時または受給権発生時点まで引き続き20年以上当該消防職員として在職していた組合員を言う。

共済年金加入者のうち、地方公務員の「特定消防組合員」および「特定警察組合員」（警察共済組合の所管、法令上は地方公務員共済組合法の適用）については、定額部分の支給開始年齢の引上げが６年延伸されたことにより、これに係る定額部分の支給開始年齢が61歳～64歳となる者は、「昭和22年４月２日～昭和30年４月１日に生まれた者」として扱われ、「一部繰上げ」が選択可能となる。

しかし、この「特定消防組合員」、「特定警察組合員」期間は消防署、警察署に勤務したから全員適用となるわけではない。職務・階級により分かれるので注意が必要である。この特定組合員期間を有する場合は、共済組合より「年金加入期間確認通知書」を取得すると（国共・地共間はいわゆる「渡り」制度があるため、直近の共済組合で可）、通知書の最下部に「特定組合員期間の有無」および「定額部分支給開始年齢」が記載により確認できる。

また、平成27年10月に共済年金と厚生年金が一元化され、従前よりそれぞれの制度が定める支給開始年齢に関する特例制度はそのまま引き継がれるため、請求先は、共済組合となる。

〔2015年７月27日号掲載〕

第1章 老齢給付

寡婦年金を受給していた場合の繰下げ

Q 私は昭和25年10月生まれの女性。夫は平成24年12月に64歳で亡くなり、現在、寡婦年金を受給中。65歳になり、65歳裁定請求ハガキが届いたので繰下げを検討したいが、繰下げは他の年金を受給しているとできないかもしれないと聞いた。私の場合はどうなるのかを知りたい。 （Y県H市　M.S）

A 寡婦年金は65歳到達時に消滅するので繰下げは可能

　年金記録を調べたところ、相談者は昭和44年3月から51年5月までの86か月間が厚生年金被保険者、昭和51年5月から平成22年10月までが国民年金1号被保険者で、すべて納付済み期間となっている。一方、亡くなった配偶者は昭和24年3月生まれ、全期間国民年金1号被保険者で、納付済期間は461か月。

　相談者には特別支給の老齢厚生年金の受給権もあったが、これまでは寡婦年金のほうが額が高かったので、寡婦年金を選択してきた。

　最近、65歳裁定請求ハガキが送られてきたので説明書を見ると、老齢基礎、老齢厚生年金の支給繰下げについての解説がある。読んでみて興味を持ったが、同じ歳で遺族年金を受給している友人に話をすると、友人は遺族年金を受給しているので繰下げができなかったとのこと。

　繰下げに興味を持った理由を聞くと、相談者自身は今のところ配偶者が残してくれた遺産があるので65歳から数年間は年金を受給しなくてもとくに不自由することはない。それならばいっそ繰下げをして、そのあとの生活を少しでも余裕があるものにしたいと言う。

　相談者は本人が今置かれている状況や、これからの生活設計をよく考えて相談に来ている。65歳に達した時点で老齢や退職を支給事由とする年金以外の年金受給権があると、老齢基礎年金、老齢厚生年金の繰下げはできない。寡婦年金は配偶者の死亡を事由とする年金だから、それだけを考えると、繰下げができない条件に該当するようにも見える。

　ただ、この場合は、寡婦年金の受給権消滅時期と、繰下げができる、できないの分岐点となる条件をよく見る必要がある。

　支給の繰下げについて定めた国民年金法28条には、65歳に達したときに付加年金や老齢または退職を事由として支給される年金以外の年金の受給権者であったときは繰下げができないとある。厚生年金の繰下げについても同じで、厚生年金保険法44条の3に同じことを定めた条文がある。一方、寡婦年金については国民年金法51条に、受給権者が65歳に達したときは消滅するとある。

　相談者の場合、寡婦年金は65歳に達した日に消滅しており、その時点で老齢または退職を支給事由として支給される年金以外の年金受給権はない。したがって希望すれば繰下げすることは可能である。

　相談者には老齢年金の支給繰下げについて注意するべき点を解説し、老齢基礎年金、老齢厚生年金の両方の繰下げを希望する場合、65歳裁定請求のハガキは投函せず、66歳に到達した日以降、必要になったときに繰下げ請求をするよう説明した。　〔2015年11月16日号掲載〕

② 繰上げ、繰下げ

繰下げ待機者の請求手続き

Q 昭和23年5月生まれの在職中の男性。昭和37年4月生まれの妻および平成7年6月生まれの子と同居（子は障害状態にない）。60歳のときに特別支給の老齢厚生年金を請求したが、在職中で全額支給停止だった。65歳までは会社の給料で生活できたので、基礎年金および厚生年金ともに繰下げを選んだ。このたび、子の教育資金が必要になり、67歳2か月で年金を受給したい。請求方法を教えてほしい。65歳以降の年金の見込額では、在職停止はなく、老齢厚生年金は経過的加算も含め約138万円（加給・加算額を除く）、老齢基礎年金は満額だった。 （F県G市　H.J）

A 65歳請求か繰下げ請求を選ぶ

　この相談者は67歳2か月で繰下げ請求が希望だったが、相談してみると、65歳に遡及し、基礎年金と厚年年金を共に受給するか、または一方のみを選択受給し、もう一方は繰下げという選択もできることを知った。

　繰下げ請求の場合、67歳2か月なので、基礎年金、厚生年金ともに18.2％の増額となる。ただし、増額対象は基礎年金、経過的加算と在職老齢年金で計算された一部の老齢厚生年金部分であり、加給年金は増額の対象にはならない。

　さらに、繰下げを選ぶと子は18歳の年度末に達しているため、子の加給年金が一切受給できないことも初めて知った。そこで、受給の方法として次の二つを提案した。

①当初の予定どおり両方繰下げ請求する。

②妻と子の加給年金が付く老齢厚生年金のみ65歳請求とし、約260万円を遡及分として受給し、基礎年金のみ現状のまま繰り下げておく。

　遡及分約260万円の内訳は、65歳以降の在職老齢年金の計算により、2年分の老齢厚生年金約163万円、配偶者加給年金約78万円、子の加給年金は、子の18歳到達年度末までで19万円となる。

　相談者は、どちらを選ぶか妻と話し合うというので、各請求に必要な添付書類を説明した。

①繰下げ請求の場合

　特別支給の老齢厚生年金が終了しているため、戸籍謄本、住民票および妻の所得証明という「3点セット」が必要となる。ただし、所得証明については請求者が65歳となる平成25年度（平成24年中の所得）のものが必要なので注意したい。

②65歳請求の場合

　基本は繰下げ請求と同様だが、気をつけなくてはならないことが3点ある。

　ア　妻の所得証明の年度の確認：請求者が65歳になる平成25年度（平成24年中の所得）となる。

　イ　子の所得確認：請求者が65歳時点で子は義務教育を終えたが、18歳の年度末には到達していない。そのため、妻に加え子の所得証明が必要となる。

　ウ　住民票の確認：65歳以降、住民票を移動していないのであれば現在のもので問題はない。しかし、65歳以降、移動している場合は、65歳時点で妻や子と同居していたかの確認のため、戸籍の附票が必要になる。この時点で同居していなければ生計同一申立書がさらに必要となる。

〔2015年11月30日号掲載〕

第1章 老齢給付

年金の繰下げ受給による損と得

Q 私は昭和25年12月生まれの男性。現在、会社に在籍し厚生年金加入中。65歳以降、嘱託として引き続き働いている。週3日、1日8時間の勤務で厚生年金には加入しない予定。年金の繰下げ受給をすると年金額が増えて得だと聞いたが本当にそうか。どの程度増えるのだろうか。現在は、在職老齢年金の仕組みにより報酬比例部分は全額停止されていて、65歳以降の年金見込み額は、老齢基礎年金が年額74万円、老齢厚生年金が年額171万円。妻は昭和30年12月生まれで、厚生年金期間は3年、それ以外は3号の期間のみである。

（A県S市　H.M）

A 繰下げメリットは寿命に左右

65歳以降の年金については老齢基礎年金、老齢厚生年金ともに66歳以降に繰り下げて受給することができる。年金額は繰下げ月数に応じて1か月に0.7%増額される（限度は0.7×60か月）。このケースの場合、最大の70歳まで繰下げをした場合、年金額は3,479,000円（月額289,916円）となる。

繰下げ受給での注意点は、年金は生きている間はもらえるということである。受給期間の長短によって、生涯年金受取額に違いが出てくる。年金額、繰下げ期間によっても変わるが、おおむね受給開始から10～13年程度で受取り総額が通常支給分より増加に転じる。この間生存していることにより享受できるというメリットがある。自分が何歳まで生きるかは誰にもわからない。今、年金が必要かどうかをよく考えて、検討する必要がある。寿命との相談である。

そのうえ、このケースには別の要素が加わる。加給年金である。夫の65歳以降の年金額は、老齢基礎年金＋（老齢厚生年金＋経過的加算額＋加給年金）の合計額である。本件では妻が加給年金の対象者になり、妻が65歳になるまで夫の老齢厚生年金に加算される。加給年金の額は年額390,100円である（平成27年度）。この加給年金は繰下げをしても増額されないし、繰下げ待機中に妻が65歳に到達してしまうと全く受給することができない。仮に、夫が70歳まで繰下げをすると、本来、夫が65歳到達から妻が65歳になるまでの5年分（夫と妻の年齢差が5年あるため）の加給年金（390,100円×5＝1,950,500円）は支給されないので、老齢厚生年金の繰下げのメリットはない。加給年金分を含めての受取り総額を逆転するにはさらに年月を要するからである。しかし、繰下げ受給は、老齢基礎年金と老齢厚生年金のどちらか一方のみを繰下げすることも可能なので、ぜひ検討してほしい。

また、夫が繰下げ待機中に死亡した場合、妻が夫に代わって繰下げ分を請求することはできない。その場合は、65歳以降死亡した月分まで本来夫に支払われるべき年金が、妻に未支給年金として支払われる。繰下げ受給していた夫が亡くなった場合は、妻は死亡した夫の被保険者期間に基づいて計算した老齢厚生年金の報酬比例部分の4分の3相当額の遺族厚生年金を受給する。繰下げ受給をしていても、遺族厚生年金は繰下げ増額部分を含めず、本来（65歳時）の報酬比例部分に基づき計算される。

〔2016年2月15日号掲載〕

② 繰上げ、繰下げ

65歳以上定年者の年金例

Q 昭和27年5月10日生まれの男性。妻は6年前に病死。現在は某社勤務の成人した娘と2人暮らし。昭和49年大卒以来、民間会社に勤務（厚生年金に加入）し、間もなく65歳の定年を迎える。会社は、健康であれば70歳になるまで継続勤務ができる。ただし、賃金は現行の5割支給で月18万円、賞与なし、週4日勤務となる。70歳まで働きたいが、何歳になると年金がもらえるのか。同社には年金基金の制度はない。　（M県F市　K.I）

A 66歳以降の繰下げ受給を勧める

　厚生年金は、勤務している間は70歳になるまで強制加入で、老齢基礎年金の受給資格（年金受給に必要な期間で25年以上）があり、65歳以上であれば支給される。ただし、60歳から64歳までは「特別支給の老齢厚生年金」の制度があるが、請求していないと支給されない。

　相談者は65歳以降70歳まで継続勤務するので、70歳まで厚生年金の被保険者として保険料は負担する。65歳からの老齢厚生年金は、在職している場合には総報酬月額相当額（65歳以降の給与）と報酬比例部分の年金額の合計が47万円を超えると支給調整されるが、相談者の場合は超えないので調整されない。老齢基礎年金（国民年金）は、在職している場合でも支給調整はされない。また、60歳からの特別支給の老齢厚生年金が未請求のため、再度65歳の3か月前に日本年金機構から年金加入記録等が記載された「年金請求書（国民年金・厚生年金保険老齢給付）」〔A4版〕が届く。

　ここで、相談者には、増額の年金が受給できる方法として、66歳以降に繰下げ請求をすることを勧めたい。「年金請求書」の提出は65歳を待つことなくできるが、請求時に繰下げ意思確認書に、繰下げ希望の記入をする。なお、老齢基礎年金と老齢厚生年金の両方を繰下げすることも、別々に繰下げすることも可能である。

　繰下げによる年金の増額は月単位で、0.7％刻みで行われ、42％（0.7×60月）を限度とする。年金の増額メリットのほかに、65歳を過ぎてから万一不幸にも死亡した場合は、65歳以降に受給できた分の年金が遺族に未支給年金として支給される。未支給年金は一時所得となる。

　相談者は定年退職という職業人生の大きな節目にさしかかるが、概して、この年代は各種社会保障制度の加入期間等に関し、何かと混同しやすい。一例として、次のように各制度の加入期間を整理し確認しておくとわかりやすい。

> ①国民年金加入期間（保険料徴収）…60歳
> ②厚生年金保険の加入期間…70歳
> ③雇用保険の加入期間…65歳
> ④健康保険…75歳

　＊注：健康保険法には年齢制限はないが、75歳で後期高齢者医療制度に移行するため資格喪失となる。

〔2016年7月18日号掲載〕

第1章 老齢給付

60歳男性の繰上げ請求

Q 弊社の社長は昭和33年10月生まれ、58歳の男性。5年前に妻と協議離婚後、17歳年下の女性と再婚し、現在は2人の子の父。年収は2400万円だが、前妻とは協議の上、年金分割の手続きをしている。そこで若い妻子のために将来の年金を増やすべく、総報酬額は変更せず、1月当たりの役員報酬を引き下げて、年間計3回（各150万円）の役員賞与を支給している。先日、某所から「60歳から報酬を下げず在職のまま、老齢年金がもらえる」と聞いた社長は、すっかりその気になっている。また弊社では、昭和29年3月生まれの社長の姉が、非常勤の監査役をしている。60歳に到達した際に、老齢基礎年金を一部繰り上げて受給しているが、姉弟の相違点はどこなのか、教えてほしい。

（Ｔ県Ｒ社　社長秘書U.S）

A 男性60歳の繰上げ支給は、厚年・基礎、双方同時請求が肝要

　昭和33年10月生まれの男性は、通常では「ねんきん定期便」に記載があるように、63歳から特別支給の老齢厚生年金の報酬比例部分が、65歳からは、老齢基礎年金ならびに経過的加算額が加算されて支給される。質問者の会社社長は、60歳からの年金支給を希望しているが、以下に注意点を列挙する。

　繰上げ請求するならば、老齢基礎・老齢厚生年金を同時にしなければならない。一方だけの繰上げはできない。繰上げによる減額率は、ともに1月当たり0.5％である。よって、今ケースの場合は、老齢厚生年金12％（0.5％×24月）、老齢基礎年金30％（0.5％×60月）が減額される。本来なら65歳から支給される少額の経過的加算額も30％減額されて老齢厚生年金として支給される。しかも、現在の報酬が高いので、老齢厚生年金は、在職老齢により全額停止となり、老齢基礎年金のみの支給となる。

　在職のまま老齢厚生年金を受給する方法は、代表権を後継者に譲り、非常勤役員になり、厚生年金の被保険者資格を喪失することだろう。

　また、繰上げ請求をすると、仮に65歳前に不幸にして障害の状態になっても、障害年金を請求することはできない。離婚によって減額され、役員賞与を支給してまで増額した老齢厚生年金を、繰上げ請求するのは得策とは言えない。

　一方、監査役である姉は、60歳から特別支給の老齢厚生年金の報酬比例部分と、合わせて本来では64歳から1年間だけ支給される定額部分を、前倒しに5年均等割りで受給している。姉は、厚生年金の加入期間が長いため、老齢基礎年金の一部繰上げを選んだ。老齢基礎年金の5分の4の部分を30％減額して受給している。65歳に到達すると、老齢基礎年金の残り5分の1の部分が支給される。結果として老齢基礎年金の減額率は24％となる。計算式は以下のとおりである。1－（4／5×0.7＋1／5）＝0.24

　4歳半違いの姉弟であっても、老齢年金の受給開始年齢に差があり、複雑で多くの情報が氾濫しているので、誤解を招きやすい。これから年金を受給する人は、安易に他者をまねたりせず、とくに早く年金を受給したい人ほど、減額率やリスクを伴うことがあるので、慎重な対応が必要である。

〔2016年11月21日号掲載〕

② 繰上げ、繰下げ

繰下げ受給のための注意点

Q 私は昭和27年1月生まれ。昭和49年4月以来会社員を続けてきたが、65歳を迎えた今年1月末に退職した。65歳までの老齢厚生年金（報酬比例部分）は在職により全額支給が停止していた。

今回の退職を機に、これから年金で生活することになるのだが、厚生年金の金額をもっと増やすため、繰下げ受給を希望したい。私には、昭和55年8月に結婚して以降、現在まで専業主婦を続けてきた妻（昭和31年4月生まれ）がいて、子はいない。繰下げは1か月繰り下げると0.7%増額、5年繰り下げると42%増額されると聞いていて、この低金利の時代、非常に大きい増額率だと考えているが、繰下げにあたっての注意点は何か教えてほしい。 （K県Y市　H.T）

A 老齢年金の繰下げ選択は単純に1月0.7%増しの金額だけではない

年金の繰下げ率は確かに月0.7%増ではあるが、実情は下記に述べるような諸事情を考慮して、請求手続きをすることが肝要である。

まず、65歳以降に年金を受給するためには手続きが必要だが、繰下げ受給は66歳からでないとできない。65歳11か月に年金の請求手続きを行うと65歳受給スタートの老齢年金を遡って受給するということになり、繰下げによる増額はない。言い換えると、最低12か月分（66歳で繰下げ受給）の繰下げが可能である。

次に、65歳未満で厚生年金被保険者期間が240月未満の妻がいるため、本人が65歳から老齢厚生年金を受給する場合は、加給年金（平成28年度年額：390,100円、29年度年額389,800円の予定）が、妻が65歳になるまで支給されるが、繰下げ受給のために待機している期間は加算されないことになる。70歳（平成34年1月）から繰下げ受給する場合、その時点で妻は65歳を過ぎているため、加給年金は一度も加算されないことになる。もし例えば妻が65歳になる前に、本人が67歳0か月（平成31年1月）から繰下げ受給をした場合は、加給年金自体は付加されるものの、この加給年金については繰下げによる24月分の増額はない。

また仮に今後、再就職をして厚生年金保険に加入した場合、老齢基礎年金と経過的加算は在職による支給停止にはならず、繰下げをすればその月数に応じた増額がされるが、老齢厚生年金については、在職期間中の支給停止分は繰下げによる増額がない点も、注意が必要である。もっとも、60歳台後半の在職老齢年金は、基本月額と総報酬月額相当額が46万円（平成29年度）を超える場合に停止されるため、60歳台前半の場合よりもその基準が緩やかである。

繰下げは最大5年（60月）までで、今回の場合は70歳まで繰下げが可能である。仮に70歳を過ぎて、72歳0か月で繰下げ受給の手続きを行った場合でも、繰下げ増加率は、最大の42%（60月・5年）となり支給開始は70歳まで遡る。遡求分はまとめて支払われ、その後も増加された年金を受給することとなる（平成26年4月改正）。

なお、繰下げ受給は、老齢基礎年金と老齢厚生年金の片方ずつ可能なため、リタイアメントプランに応じた受給ができる。 〔2017年3月27日号掲載〕

25

第1章 老齢給付

65歳以降に受給する繰下げ年金のポイント

Q 65歳で地方公務員を退職し、翌日、民間企業に就業した男性。この民間企業には70歳まで在職予定。65歳までは共済年金を受給していたが、今後70歳まで繰り下げて受給するのがよいのか。私の65歳からの年金額はどうなるか。　　　（Y県S市　S.T）

A 繰下げ待機中は支給停止。繰下げ期間は最長5年、長寿が得を呼ぶ

　65歳の相談者が受給できる共済年金額は、報酬比例部分（65歳以降は3号老厚）132万円（基本月額11万円）、職域加算額24万円、加給年金額（妻は5歳年下）約39万円、合計約195万円で、現在の標準報酬月額は50万円（賞与はなし）である。相談者の65歳以降の年金の概算額を上記数値により概算で検討してみる。なお、支給停止調整額は46万円とし、経過的加算額および1か月加入後の1号老厚額は、煩雑性を避けて計算では考慮していない。

1．年金支給繰下げに係る基本的留意事項

（1）繰下げをする場合、下記の選択ができる。

ⅰ老齢基礎年金と老齢厚生年金の両方繰下げ　ⅱ老齢厚生年金のみ繰下げ　ⅲ老齢基礎年金のみ繰下げ

（2）繰下げ待機期間中（本来の年金の受給権が発生したときから繰下げ申出月まで）は、年金は支給されない。繰り下げることができる月数は最大で60月（5年）である。

（3）加給年金は繰下げ加算の対象とならず、在職中の全額支給停止の場合も加算されない。

2．相談者の70歳以降の年金額

　仮に相談者が老齢厚生年金を繰下げ選択したとして70歳までの繰下げ時の年金額を試算すると約184万円になる（③算式参照）。

①65歳過ぎて在職年金を受けた場合、報酬比例部分は約90万円支給停止される。

《（標準報酬月額＋基本月額－46万）×1/2×12》　（50万＋11万－46万）×1/2×12＝約90万

②繰下げ加算率は、1か月0.7％増額され1年で8.4％、5年で42％である。よって繰下げ加算額は約28万円になる（次算式参照）。

《（報酬比例部分＋職域加算額－支給停止相当額）×42％》　（132万＋24万－90万）×42％＝約28万

③したがって繰下げ加算額を加えた70歳以降の年金額は約184万円と5年間加入した1号老厚額の合計額になる（次算式参照）。

《報酬比例部分＋職域加算額＋繰下げ加算額》　132万＋24万＋28万＝約184万　＋5年間加入した1号老厚額

3．繰下げ受給の損得

①次に、65歳以降繰下げせずに本来的に支給される年金額は、在職中は支給停止が継続されるため、共済年金合計額195万円より支給停止額90万円を差し引いた105万円になる。

　一方、加給年金は一部支給停止の場合は支給されるが、妻が65歳になると加算されない。

　よって65歳から70歳までの5年間の本来支給分は105万円×5年で525万円になる。

②したがって、70歳以降の繰下げ加算額28万円（在職中の停止適用）を取り戻すには、18.7年を要する。繰下げの損得勘定は寿命との相談となる。　525万÷28万＝約18.7（年）

　上記を参考に有利な年金請求をしてほしい。　　　　　　　　　　〔2017年7月10日号掲載〕

② 繰上げ、繰下げ

在職年金繰下げ支給における年金額の誤差

Q 私は65歳から70歳まで5年間、在職していた。70歳になり会社を退職することになり、厚生年金を繰下げで受給することにした。繰下げによる加算額が私の計算した予想額と合わない。私の65歳時の状態は、給与は47万円。厚生年金は月10万円で、給与は70歳まで変わっていない。下記の計算式に基づき、70歳で繰下げ受給する額の試算をしてみた。

124万円×0.5×0.007×60＝260,400円（経過的加算を4万円、年金額は本来水準、0.5を正しい平均支給率とし算出）。私が求めた額と実際の加算額と比べると、少し違う気がする。このような違いが生じる原因は何かを知りたい。 　　　（K県D市　F.O）

A 誤差の発生要因は物価変動・再評価率等の支給率の変動による

1．平均支給率の変動による誤差

在職老齢年金の繰下げ計算の式は、「（受給権発生時の報酬比例の額＋経過加算額）×平均支給率×0.007×繰下げ月数」である（厚年法施行令3条の5の2）。このうち、「受給権発生時の報酬比例の額＋経過加算額」の額は124万円で変動はない。また加算率も、0.007×60となり変動はない。変動の可能性があるのは0.5の平均支給率である。

平均支給率は、「繰下げ待機中の各月の支給額÷65歳時の報酬比例の額」である（厚年法施行令3条の5の2第2項）。このうち分母となる65歳時の報酬比例の額は10万円で変動しない。ここで変動するのは、「繰下げ待機中」の各月の支給額である。

2．支給率の変動要因

① 物価と再評価率による年金額の変動

年金額の計算は毎年の物価変動と賃金の再評価率によって変動する。したがって65歳時の年金額は70歳までに最大4回変化する。年金額の変化は支給停止額の変化を伴う。例えば65歳時1月10万円だった標準報酬額が66歳時に1月1,000円増えて、101,000円に増加したとする。在職停止の規定との関係で、増加額の2分の1が支給停止額の増加になる。したがって、支給額は500円下がり、49,500円になる（厚年法46条）。これを65歳時の報酬比例額の10万円で割ると、支給率は0.495となり0.005下がる。67歳のときに1月にもう1,000円上がれば、支給率は0.01下がることになる。支給停止額はその年度の支給額増加額の2分の1であるが、支給率はあくまで65歳時の報酬額を基準としているため、このような支給率の変化が生まれる。

② 従前額保障による変動

今までの説明は本来水準によるものである。それとは別に従来水準でも同様な計算が行われる必要がある。両方の計算で、従前額の支給率が本来水準の支給率より高いときは、従前額の支給率が使用される。支給率計算での端数処理の過程でこれが起きることがある（従前額保障、平成16年改正法付則27条）。

③ 物価、再評価の動き

現在は物価、再評価の変動はそう大きくはないので、これらによる計算の誤差は500円～1,000円の範囲内に留まっている。ただし、今後は物価動向等により大きく変動する可能性もあり得る。 　　　〔2017年9月4日号掲載〕

第1章 老齢給付

老齢年金遡及請求での繰下げの選択

> **Q** 昭和13年生まれの女性。自身の老齢年金は請求していなかったが、夫の死亡による遺族年金の請求の際、記録を確認したところ、昭和61年3月までの厚生年金加入者の配偶者としての合算対象期間があり、保険料納付済期間と合算対象期間を合計し300月以上の条件を満たしていることが確認できた。平成30年2月に老齢基礎年金を遡及請求することとなったが、その際、繰下げの申出についてどうしたらよいか教えてほしい。
> （T県O市　S.H）

A 繰下げ支給制度は改善されている

　本件については、年金未請求につき時効が適用されるため、繰下げしない場合、遡って支給される年金は、平成25年2月支給分である平成24年12月分から平成30年1月分までの62か月、ということになる。ただし本件の場合、平成26年4月の改正に伴い、70歳以降に繰下げの申出をした場合、平成26年4月1日に繰下げの申出があったとみなされ、繰り下げて増額された年金が平成26年5月分から支給される。相談者の場合、生年月日から旧取扱いでの88％の増額が適用され、遡及支給額は「45か月分×1.88＝84.6か月分」の支給となり、遡及分・将来分とも支給額が増額となるため、繰下げが有利になるとアドバイスした。

　上記事例は旧制度での増額率が適用される場合であるが、現制度の増額率で考えても、遡及支給額は「45か月分×1.42＝63.9か月分」の支給となり、支給額は増額となる。年金額全体に占める増額対象にならない部分（加給年金や振替加算等）の割合によって金額は違うが、平成26年4月から請求日までの期間が丸5年となる将来に向けて、老齢年金遡及請求においては繰下げを申し出る方が有利になる場合が多くなると思われる。

　現在でも、合算対象期間を知らなかった等で老齢年金を請求しておらず、遡及請求の相談を受けることが少なくないので気をつけたい。

　ここで、繰下げ制度の新（現行）旧の取扱いの違いについて整理しておく。まず、老齢基礎年金と老齢厚生年金では、新旧の違いがスタートする時期が微妙に違う。受給権が65歳に発生することを前提とした場合、基礎年金は昭和16年度生まれ以降（受給権発生が平成18年度以降）が新取扱い、それまでは旧取扱いとなる。厚生年金は昭和17年度生まれ以降（受給権発生が平成19年度以降）が新取扱い、昭和12年度から昭和16年度生まれ（受給権発生が平成14年度から18年度）は繰下げができず、昭和11年度以前生まれ（受給権発生が平成13年度以前）は旧取扱いとなる。

　また、現在の取扱いは、受給権発生時の対象期間に対して月単位で増額（0.7％）する。受給権発生後に、退職改定（厚年）や3号特例（基礎年金）で被保険者期間が増加しても、それらは増額の対象にならない。それに対して旧取扱いでは、繰り下げた年齢（期間）に応じた繰下げ率（1年12％、2年26％、3年43％、4年64％、5年88％）を、繰下げしなかった場合の本来の金額すべてを対象にして増額する（例として、2年繰り下げて受給している者がその後新たに被保険者期間が追加になった場合、その新たな被保険者期間分に対しても増額する）。

　繰下げ支給は、増額率のみならず、取扱いについても新旧で異なることに注意が必要である。

〔2018年4月23日号掲載〕

③ 振替加算、加給年金

厚生年金加入期間と振替加算

Q 私は昭和25年3月生まれの女性。高校卒業後に就職し、25歳のときに結婚し退職した際、厚生年金の脱退手当金を受け取った。夫はサラリーマンで、結婚直後は経済的な理由もあり、国民年金には任意加入しなかった。子育ても一段落した頃から、家計を助けるためパートで働きはじめ、40代後半からはフルタイムで経理の仕事をして、厚生年金に加入している。60歳で年金の請求をしたが、給与が高いため全額支給停止になりがっかりした。65歳になり「裁定請求書」（ハガキ）を郵送したところ、振込通知書が送られてきた。夫の厚生年金は減額したが、その代わりに元々少額だった私の年金に振替加算が付き、急に増額したようで嬉しい。勤務先は定年がなく、このまま継続勤務してほしいと社長から言われたが、厚生年金の加入が18年（216月）になったら、振替加算（年間86,900円、月額7,241円）が付かなくなると言われた。どうしてか。 （K県U市　I.S）

在職中は再計算されず

　質問は、現在60歳代以上の女性に多いケースと言えよう。旧法の厚生年金保険法では、60歳に到達したとき、または60歳に到達したあと、被保険者資格を喪失した人が老齢厚生年金の受給要件を満たさない場合は、脱退手当金を請求できた。結婚による退職が一般的であった当時、昭和53年5月31日以前に資格を喪失した女性（被保険者期間が2年以上ある）の多くは、脱退手当金を受け取ったようだ。昭和61年3月31日までは、被用者年金に加入している者の配偶者の国民年金の加入は任意であった。脱退手当金の対象になった期間、任意加入しなかった期間は、合算対象期間（カラ期間）であり、権利はあるが年金額に反映しない。ゆえに、主として相談者のような年金額が少ない女性を救済すべく現行の振替加算の制度が創設された。

　夫婦共にいわゆる老齢満了（加給年金の対象になる）の年金を受給できる場合は、加給年金・振替加算は支給停止になる。しかし、相談者が65歳以降も同会社に在職しているかぎり、70歳到達前に厚生年金の加入期間が216月に達しても、振替加算が支給停止になることはない。年金額は、65歳に到達した（老齢基礎年金の受給権を取得した）月以降、被保険者期間は計算の基礎とせず、退職後（再就職せずに資格喪失後）1か月を経過した日の属する月に改定する。

　相談者は、年2回の賞与を含む年収が360万円であるので、仮に平均標準報酬額を30万円として、70歳までの60月を加入した場合に増額する年金額を本来水準額で計算すると以下のとおりである。

①報酬比例額　300,000円×5.481／1,000×60月＝98,658円
②経過的加算額　1,626円（27年度）×60月＝97,560円
　①＋②＝196,218円

　よって振替加算（86,900円）が支給停止された場合よりも多く受給できる。また、中高齢特例により、35歳以降の厚生年金加入月が216月以上であれば、240月未満であっても、経過的加算を計算する場合は240月とみなして計算されるので、ぜひ、継続勤務されることを勧める。

〔2015年8月24日号掲載〕

第1章 老齢給付

長期加入の老齢厚生年金と加給年金

> **Q** 昭和33年1月生まれの男性で、今の会社に42年間継続勤務している。60歳で定年を迎え、再雇用か退職して繰上げ支給の老齢厚生年金を受けるかどうか、迷っている。44年の長期特例に該当すると加給年金も受けられると聞いたが、詳しく教えてほしい。
>
> （T県H市　J.M）

A 定額部分と加給年金は、特例支給開始年齢から支給される

　昭和28年4月2日生まれから昭和36年4月1日生まれの男性が、経過的な繰上げ支給の老齢厚生年金を請求する場合は、同時に老齢基礎年金の繰上げ支給を請求することになる。

　被保険者期間が44年を満たして退職している長期加入者が請求する場合は、報酬比例部分のほかに「繰上げ調整額」が加算され、この場合は、老齢基礎年金の繰上げは「一部繰上げ」となる。このときには、加給年金も特例支給開始年齢（61歳～64歳）以後に加算される。

　このことについては、厚生年金保険法附則13条の5第1項において、経過的な繰上げ支給の老齢厚生年金の受給権を取得したとき、被保険者でなく、かつ、その者の被保険者期間が44年以上あるときは、当該老齢厚生年金に「繰上げ調整額」を加算することと規定されている。

　次に、被保険者期間が44年以上に満たないまま在職中に繰上げ請求をし、その後も加入し続け、被保険者期間44年を満たして退職したとしたらどうなるか検討してみる。

　繰上げ請求したときに、厚生年金被保険者期間が44年以上なければ、厚生年金保険法附則13条の5第1項には該当せず、「繰上げ調整額」は加算されない。

　その後に被保険者期間が44年以上になったとしても、加給年金は65歳以後に加算されることになる。

　65歳前に加給年金を受けるためには、「繰上げ調整額」が加算されていることが必要で、被保険者期間が44年以上なくて、その後に44年以上となり退職した場合は、長期特例該当として特例支給開始年齢になっても加給年金は加算されない。

　相談者の場合、定年の60歳まで勤めれば被保険者期間44年を満たし、退職していれば、特例の報酬比例相当分の支給開始年齢と同時に定額部分と加給年金も受けられる。

　なお、昭和28年4月1日以前生まれの男性は、長期特例に該当すれば、60歳以降、該当した翌月から報酬比例部分と定額部分相当の合算額が支給され、加給年金が加算される。

　また、昭和42年4月1日以前に生まれた特定警察職員等で退職共済年金（報酬比例相当部分）の支給を繰上げ請求した場合で、かつ長期加入者の場合は、退職共済年金（定額部分相当額）に政令率を乗じた額の「繰上げ調整額」が加算される。

　被用者年金一元化後、厚生年金と共済組合等の加入期間がある場合、長期特例に該当するかはそれぞれの期間で計算し、合算はされない。また、改正前から長期特例に該当する厚生年金の受給者が施行日前から引き続き私学共済の被保険者であるようなときは、その定額部分について支給停止とならないよう政令で定められた。

〔2016年3月28日号掲載〕

③ 振替加算、加給年金

離婚後の内縁関係と配偶者加給年金

Q 私（昭和25年9月生まれの女性）は厚生年金に20年以上加入していて年下の夫（昭和29年11月生まれ）を対象とした配偶者加給年金を受給している。60歳のときは夫と婚姻関係にあり、特別支給の老齢厚生年金の請求時には戸籍謄本と世帯全員の住民票、そして夫の所得の証明書を添付して年金の請求をした。私が63歳のときに厚生年金（報酬比例部分）に定額部分が加算され、夫を対象とした配偶者加給年金が支給され始めた。その後、夫とは平成26年1月に離婚したが、実態は内縁関係の状態が継続している。

このたび、夫が厚生年金の請求手続きをした際に、離婚後も私の年金に配偶者加給年金が支給されていることについて過払いを指摘され、加給年金の不該当届と返納申出書の提出を求められた。法律上の離婚はしたが、実態は夫婦であったので返納金が発生するということに納得できない。何とかならないものか。離婚した理由は、双方の実家の財産分与の問題に起因したものである。 （I県K市　S.K）

A 婚姻解消効果利用の離婚は非合法

相談者は平成25年9月から夫を対象とした配偶者加給年金を受給していたが、その後離婚した時点で「加算額・加給年金額対象者不該当届（様式第205号）」を提出し（不該当理由：離婚）、配偶者加給年金の受給をストップしなければならない。しかしながら、相談者のように法律上の離婚をしても引き続き内縁関係を有する場合は、その事実を証する書類（以下①～⑥）を添えて申出をし、年金機構に協議依頼をすることができる。

①戸籍謄本、②住民票、③加給年金対象者の課税（所得）証明書、④事実婚関係および生計同一に関する申立書（具体的な離婚理由も記載）、⑤その他事実婚関係の裏付けとなる書類、⑥不該当届と返納申出書

年金機構での協議とは、戸籍簿上の離婚日から離婚後内縁の申立てがあった日に至るまで事実婚関係が引き続いているか、かつ生計同一関係があるか、提出された資料等から判断される。そこで加給年金の支給が認められれば、「加算額・加給年金額対象者不該当届（様式第205号）」は取下げとなり、引き続き加給年金が支給される。

年金法による「配偶者」とは必ずしも法律婚の配偶者に限定していない。ただし、当事者間に婚姻の実態を解消しようとする意思がないにもかかわらず、離婚による婚姻関係解消の効果を利用して何らかの利益を得るなど目的を達成するために離婚した場合には、事実婚関係にあったものと認めることはできないとされている。

相談者のように「双方の実家の財産分与の問題に起因したもの」が、離婚によって利益を得ようとしたものとなるかが問われるであろう。

相談者には、まず年金事務所に、離婚後内縁関係の申出を提出することを勧めるが、その協議結果によっては過払い金が生じ、返納金が発生する場合もある。返納金が発生した場合に備えて、返納方法をどうするかも併せて相談する方が望ましい。 〔2016年5月16日号掲載〕

第1章 老齢給付

老齢満了者の振替加算消滅

Q 6歳上の夫は会社を経営していたが、平成15年に体調を崩し、平成25年に死亡。夫の死後、私（昭和21年8月生まれ）も役員として厚生年金に加入して、現在も加入中である。私は65歳のときから現在まで、振替加算の付いた老齢基礎年金を受給している。私の65歳時点での厚生年金加入月数は全体で166月。そのうち、35歳以降は130月である。今年8月に70歳になり、厚生年金の被保険者資格を喪失するので、今まで掛けた保険料が年金の受給額にどう反映するのか教えてほしい。　　　　　　　　（H県D市　S.E）

A 老齢満了者に該当し、振替加算は消滅する

現在の相談者の受給内容を確認すると、老齢基礎年金55万円、振替加算11万円、老齢厚生年金25万円（在職による停止なし）、先充て（自分の老齢厚生年金を優先的に受給する）として調整された後の遺族厚生年金支給額は68万円、合計159万円を受給している。

今年8月に相談者は70歳になるため、厚生年金の被保険者資格を喪失し、年金の改定が行われる。このため、厚生年金の加入期間は65歳時点の166月に60月足され226月、うち35歳以降190月となり、240月には満たないが、「中高齢の特例」により、老齢満了者となる。

老齢満了とは、次の条件を満たしたときの状態をいう。厚生年金加入が20年（240月）ある場合を中高齢特例といい、男性なら40歳以降、女性や船員なら35歳以降、生年月日に応じて次の表の月数を満たしたときに該当し、240月みなしとされる。なお、平成27年10月1日に被用者年金一元化法が施行されたが、この特例は公務員厚年等の期間は合算せず、一般厚年の期間のみを対象とする。

生年月日	年金加入期間
昭和22.4.1以前	180月（15年）
昭和22.4.2～昭和23.4.1	192月（16年）
昭和23.4.2～昭和24.4.1	204月（17年）
昭和24.4.2～昭和25.4.1	216月（18年）
昭和25.4.2～昭和26.4.1	228月（19年）

このため、相談者は35歳以降180月を超えるので、70歳の改定により老齢満了となり、振替加算が消滅する。もし、養子縁組等で、70歳の改定時において、18歳到達年度末までの子もしくは障害のある20歳未満の子がいる状態であれば、子の加算がつくが、現実的には難しい。

次に相談者の老齢厚生年金だが、65歳以降の5年間の加入により、25万円から44万円（報酬比例7万円、差額加算12万円増）になり、19万円増える。しかし、これは遺族年金の先充てとなるため、受給する年金の総額がその分増える、というわけではない。この老齢の増額分は、遺族厚生年金額の停止額となり、68万円から49万円へ減額される。

これにより、今まで159万円を受給できていた年金が、これからは振替加算の11万円分が減り、合計で148万円になってしまう。

保険料を真面目に払い続けたにもかかわらず、遺族の先充てと振替加算が消滅することで受給する年金額が減る結果となるが、特別な救済措置はないので制度を理解してほしい。

〔2016年5月23日号掲載〕

③ 振替加算、加給年金

配偶者が共済満了者の振替加算

Q 私（昭和23年10月生まれ）は60歳から特別支給老齢厚生年金（20年未満）を受給し、65歳からは老齢基礎年金と老齢厚生年金を受給している。配偶者である夫（昭和26年1月生まれ）は、65歳までは特別支給退職共済年金（20年以上）と特別支給老齢厚生年金（20年未満）を受給していた。夫は平成28年1月に65歳になり、老齢基礎年金、老齢厚生年金（一般厚年）および老齢厚生年金（共済）の手続きをした。平成28年3月になってから、日本年金機構から私あてに「老齢基礎年金への加算金に関する手続きのお知らせ」が届いたが、手続きに必要な届と添付書類について教えてほしい。　（K県Y市　O.S）

A ## 共済満了でも振替加算の勧奨状を送付

　通常、年下の配偶者が65歳（定額開始年齢）になったときに、日本年金機構から「老齢基礎年金への加算金に関する手続きのお知らせ」が届くが、これは振替加算の開始手続きの勧奨状（以下「勧奨状」と称す）である。配偶者の厚生年金期間（一般厚年）が20年以上の場合は、配偶者が65歳になった月に「勧奨状」が届く。一方、配偶者の共済期間が20年以上（共済満了）の場合は、この「勧奨状」は届いていなかった。

　しかし、被用者年金一元化法施行により合算満了（複数の厚生年金種別を有する場合はすべての共済期間を含む老齢厚生年金の期間を合算して20年以上かどうか判定すること）となったので、配偶者の共済期間が20年以上の場合にも、「勧奨状」が届くようになったようだ。

　ただし、「勧奨状」が届いたのは、配偶者が65歳になった月ではなく、配偶者の65歳からの老齢厚生年金の裁定通知が届く頃（この相談者の場合では65歳になった月の2か月後の平成28年3月）と少し遅れている。

　ところが、この相談者の配偶者は、特定警察職員の特別支給退職共済年金を受給しており、平成25年2月分（配偶者62歳）から平成25年10月分（相談者65歳）まで加給年金が支給されていたことがわかった。すでに配偶者に加給年金が支給されていた場合、「老齢給付年金請求書（65歳ハガキ）」の提出のみで自動的に「振替加算」が加算されるのが通例であるのに、なぜか、相談者には「勧奨状」が届いた。

　そこで、対応方法を年金事務所に問い合わせたところ、相談者の受給者記録等を収録している原簿の配偶者の状態が、自動的には振替加算されないケースだったためとの説明を受けた。

　そこで、相談者には、改めて「国民年金　老齢基礎年金額加算開始事由該当届（様式第222号）」と戸籍謄本、世帯全員の住民票、65歳時点である平成25年度の（非）課税証明書に加え、共済組合発行の通知書等（配偶者の退職共済年金に加給年金が支給されていたことの記載があるもの）が必要と説明した。これにより、振替加算が平成25年11月分から遡及して、支給される。

　被用者年金の一元化により、多岐にわたって手続き方法が変更されたが、いまだ、不明点が多い。相談事例の蓄積に努めて適切なアドバイスをする必要がある。

〔2016年9月12日号掲載〕

第1章 老齢給付

「生計維持関係」証明の方法

Q 昭和15年生まれの女性。日本年金機構から振替加算の手続きをするよう手紙が来たので、「老齢基礎年金額加算開始事由該当届」に戸籍謄本と世帯全員の住民票を添えて年金事務所に出向いたが、担当者から、「戸籍の附票が必要だ」と言われた。市役所に問い合わせたところ、「戸籍の附票は、保存期間経過のため廃棄した」と言われ、添付することができない状態である。そもそも「戸籍の附票」とは何か。また、どうすればよいか教えてほしい。

(N県M市　S.H)

A 「戸籍の附票」は住所の移転履歴

平成29年11月、日本年金機構では、夫婦のいずれかの年金に加給年金が加算されていたにもかかわらず、その配偶者に振替加算が支給されていない事例の総点検を行い、その結果、全国約10万人の受給者に、振替加算の手続きをするよう勧奨の手紙が送付された。対象者には、65歳時点（振替加算開始の時点）の生計維持関係の確認を行い、生計維持関係があれば、戸籍の謄本と世帯全員の住民票を添えて手続きするよう案内されている。

振替加算は、原則老齢基礎年金の受給開始の65歳から加算されるが、例えば、老齢基礎年金を受給している妻（夫）が65歳になった後に、夫（妻）が厚生年金保険および共済組合等の加入期間を併せて240月以上の老齢年金または障害年金（1、2級）を受けられるようになった場合や、夫（妻）が受けている年金が退職による年金額改定によって、厚生年金保険および共済組合等の加入期間を併せて240月以上の老齢年金になった場合等、必ずしも65歳から振替加算を受けられない場合がある。この場合は「老齢基礎年金額加算開始事由該当届」を提出することで老齢基礎年金に振替加算の支給が開始される。

ただし、65歳時点（振替加算開始の時点）で生計維持関係がなければ、振替加算は受けられない。その確認のため、戸籍により夫婦の関係が継続しているかどうか、住民票上、世帯を同一としているかどうかの確認が必要とされる。

今回の場合、引越しをしており、現在の住民票では、65歳時点での生計維持関係が確認できなかった。そのため、「住民票の除票」でも確認可能な場合があるが、古い記録であれば、住所の移転履歴を記録した「戸籍の附票」が必要となる。

「戸籍の附票」は、本籍地の市区町村でのみ交付され、「戸籍の附票全部事項証明書」等の名称で発行される。申請には、その本籍、筆頭者の氏名の記入が必要となる。附票には、戸籍の表示（＝本籍および筆頭者）、氏名、住所（戸籍が作られた時点の住所から記載）、住所を定めた年月日が記載される。戸籍の構成員全員が除籍になると、戸籍の附票も除附票となり、5年間保存されるがその後廃棄されてしまう。

相談者の場合、「戸籍の附票」が廃棄され、65歳時点（振替加算開始の時点）の状態の確認がとれなくなってしまった。そのときは、市区町村から、戸籍の附票がすでに廃棄され、発行できないことを証明する「廃棄済証明書」を交付してもらい、同時に第三者の証明を受けた「生計同一関係に関する申立書」を提出する。

〔2018年4月2日号掲載〕

③ 振替加算、加給年金

妻の特老厚受給権発生時の夫の配偶者加給年金

Q 昭和32年7月生まれの女性。昭和58年3月の結婚後、30年以上夫婦共働きである。子はいない。60歳になってからも給与こそ大幅に下がったが、勤務を続け、厚生年金被保険者となっている。働いている場合は年金がもらえないと聞き、まだ年金の請求手続きをしていない。

夫（昭和25年12月生まれ）は60歳のときに請求手続きをしたものの、仕事をしていたため、65歳までは年金がもらえなかったが、平成27年12月に65歳になり、退職してから年金を受給している。

私も65歳まで仕事をし、夫のように65歳から年金を受け取ろうと思っているので、手続きも65歳になったときにしようと思っているが、これでよいのだろうか。

（S県A市　A.I）

A 夫の加給年金に過払いの可能性があり得るため即請求手続きを

厚生年金被保険者期間が240月以上ある老齢厚生年金の受給権者には、その翌月から、当該受給権者の配偶者が65歳に到達する月まで配偶者加給年金（平成30年度：389,800円）が加算されるが、配偶者に240月以上の厚生年金被保険者期間があり、老齢の年金を受けることができるときは、夫に加算される加給年金は支給停止となる（厚年法44条第6項）。

夫が65歳になったのは平成27年12月で、その翌月（平成28年1月）から妻の65歳になる月である平成34年7月までが加算対象となる。妻本人に特別支給の老齢厚生年金の受給権が発生するのは、平成29年7月の誕生日の前日であり、妻の60歳到達月の平成29年7月分までは加給年金は支給されるが、翌月分（平成29年8月分）からは原則支給停止とされなければならない。

ただし、妻が在職中で、妻自身の年金が在職老齢年金制度により全額支給停止になっているときは、夫に加給年金が加算される。本件の場合、過払いとなるかどうかは、平成29年8月以降各月の妻の基本月額、総報酬月額相当額次第であり、もし在職中の妻に1円でも年金が支給されると計算され、夫に加給年金が加算されていると、その月の加給年金は過払いとなり、その分について夫は返納しなければならない。

過払いは妻本人が請求したときに判明するものであるため、妻は早めに請求をしなければ、過払いがさらに増えることにもなりかねない。最大で5年分（平成29年8月分～平成34年7月分）の過払いが発生し得ることが考えられるが、配偶者加給年金の年間389,800円に、単純に5を乗ずると、約195万円になる計算である。ここまで過払いの発生が判明したときには、簡単に返納することができず面倒になることも多い。

よって、相談者は早めに年金事務所等に請求手続きをして、夫の加給年金に過払いがあるかどうかを確認する必要がある。過払いがあった場合の返納方法については、年金支給日に振り込まれる夫の年金からの天引きによる返納と、納付書を用いた現金による返納の2種類の方法がある。それぞれ、一括返納だけでなく分割返納の方法もあるので、無理のない返納をしていく必要がある。

〔2018年4月16日号掲載〕

第1章 老齢給付

海外赴任中の夫が加給年金対象者になるか

Q 昭和33年３月生まれの女性。現在、厚生年金に加入中で約35年になる。65歳までは勤める予定なので年金請求手続きはしていない。給与はそれほど高くないのでいくらかの年金がもらえるらしいが、請求をしたほうがよいか。

また、夫は昭和35年４月生まれで厚生年金加入歴は約40年あるが、現在、中国（CHINA）に出向していて、単身赴任中である。夫は中国の会社からの給与が年間約50万元ある。夫は私の加給年金対象者になるか？ （Ｔ県Ｎ市　Ｔ.Ｎ）

A 対象者になるが年金請求日に注意

相談者は60歳で特別支給の老齢厚生年金の受給権が発生しているので、65歳まで勤める予定であっても、また現在の給与の額に関わりなく手続きを行い、受給権を確定すべきと考える。在職老齢年金の規定により減額調整されるが、年金が受給できるからである。

また、加給年金が加算されるのは65歳になったときからであるが、その時点で夫は63歳なので、夫の特別支給の老齢厚生年金受給開始年齢である64歳までの約１年間が、支給対象期間となる。ただし、夫の年金が全額支給停止になる場合には、夫が65歳になるまでの約２年間が支給対象期間となる。

そして、実際に加算されるためには生計維持関係があることが条件になる。生計維持関係とは簡単に言うと、夫婦の生計が同一であり、夫の収入が850万円未満であれば認められる。そこで、年金請求手続きのために、「夫婦の年金手帳またはマイナンバーがわかるもの・雇用保険証・戸籍謄本・夫婦それぞれの世帯全員の住民票（夫は海外在住につき在留証明書または居住証明書）・夫の収入がわかるもの（所得証明書）・生計維持を証明する書類」等が必要になる。

「生計維持を証明する書類」は、年金事務所等にひな形（生計同一に関する申立書）があり、これに必要事項（別居していることの理由、経済的援助についての申立て、定期的な音信・訪問についての申立て）を記入し、第三者の証明を受けて提出する。第三者とは、民法上の三親等内の親族以外であれば誰でもよいことになっている。

また、夫の収入は50万元とのことだが、日本円に換算すると850万円近辺になる。為替レートをみると１元は16円～17円半ばくらいで推移している。17円換算でちょうど850万円になる計算となり、現時点では加給加算条件に該当するか微妙なラインにいることになる。

海外の現地通貨で収入を得ている場合、日本円への換算はどの時点で行うのかについて年金事務所で確認すると、「年金請求書提出日の終値のレート換算で判断する」との回答であった。そうすると、場合によっては、請求書の提出は為替レートを見ながら、いつ提出するかを考えながら行わなければならないという、興味深い事例である。

とはいうものの、実際に加給年金が加算されるのは65歳時点からであり、60歳請求時の生計維持確認は仮登録のものなので、現時点で該当しなくても65歳時点で再度状況を確認し、条件に該当すれば再度書類を整え、手続きを行う（加給年金額加算開始事由該当届）ことができる。

〔2018年７月23日号掲載〕

④ その他

在監者の老齢年金請求

Q 現在、矯正施設に収監中の62歳。老齢厚生年金の受給年齢に達したが、手続きを代行してくれる家族や知人がおらず、金融機関に口座を持っていない。年金事務所に問い合わせたところ、郵送での年金請求は可能だが、年金を振り込む口座がなければ、送金（ゆうちょ銀行の窓口での現金受取り）による受給となり、支払期ごとの受取りとその金銭管理の代行者が必要になると言われた。刑期終了まで５年以上あり、社会復帰後の生活が不安である。受給できる方法を教えてほしい。　　　　　　　（〇県〇市　A.Y）

A 代理人による銀行口座の開設

　相談者は、60歳から老齢厚生年金の報酬比例部分の受給権が発生している。このまま手続きを行わない場合には、厚生年金法第92条第１項の規定により５年を経過した部分の年金を受ける権利が時効消滅することになる。受取方法を送金にして裁定請求を行った場合、ゆうちょ銀行の窓口で現金と引き換えに提出する「年金送金通知書」には１年の有効期限があり、実際に受け取れなければ、手続きを行わない場合と同様に時効消滅が行われてしまう（ただし、年金送金通知書の期限後も、受給権発生より５年以内の部分については償還請求により受給可能）。

　送金で受け取る場合、受給者本人がゆうちょ銀行へ行けないときは、代理人に受取りを委任することができる。代理人は、受給者が裏面の委任欄に代理人の住所・氏名、受給者の住所・氏名を記入・押印した年金送金通知書、年金証書、印鑑および身分証明書をゆうちょ銀行の窓口に持参して現金を受け取る。相談者は、この受取りと金銭管理を社会保険労務士に委任したいと考えていたが、社会保険労務士は在監者の法定代理人にはなれず、個別の契約により長期にわたって金銭管理を行うのは困難である。

　法務省は、在監者が将来年金受給資格を得れば出所後の更正につながるとし、平成25年９月に国民年金保険料の免除申請の利用を促す通達を出している。これを受け矯正施設では、看守が定期的に在監者の免除申請の希望を取りまとめ、手続きの代行を行っている。法務省成人矯正課によると「国民年金の免除申請については徹底できたが、年金の受取りまではまだ対応ができていない」とのこと。

　一方、在監中に口座開設を行う場合にも、厳しい壁がある。テロ資金供与の防止やマネー・ロンダリング対策を目的とした「犯罪による収益の移転防止に関する法律」が平成25年４月に改正され、より厳格な本人確認を要請している。ほとんどの金融機関がこの法律に基づき、親族以外の代理人が口座開設を行うことを認めていない。また、金融機関では反社会的勢力との取引の未然防止に努めているため、金融業界等で保有する反社会的勢力のデータベースと照合し、該当する場合には口座開設が一切できない。

　相談者は、幸いに欠格事由に該当していなかったため、代理人による口座開設を認めてくれる金融機関で口座を開設し年金の受取りが可能になったが、口座開設が不可能な在監者も多い。国民年金の免除申請と同様に在監者の年金の受取りについて早急な法整備が求められる。

〔2015年５月18日号掲載〕

第1章 老齢給付

年金額を増額したい会社経営者

Q 私は昭和33年生まれの男性。24歳で大学を卒業後、厚生年金には20年以上加入しているが、転職して失業期間中は国民年金には加入していない。現在はベンチャー企業を経営し、年収も3000万円ほどある。一昨年、前妻と離婚し、年金分割の手続きをとった。先日、日本年金機構から届いた「ねんきん定期便」を見て、年金見込額の少なさに落胆した。実は、離婚後再婚し、後妻は私より17歳年下で、2人の娘が誕生した。私が高齢になり、稼得能力を失った場合、若い妻子を養うべくもっと年金を増やしたい。何か方法はないか。

（T県N市　I.H）

A 配偶者・子の加給で65歳から増額、さらに賞与を支給すれば年金増額

　将来を見据えて公的年金を増やしたい相談は、過去に保険料未納の期間を持ち、現在の収入の多い人から、比較的多く聞かれることである。

　質問者が見て落胆した「ねんきん定期便」の年金見込額は、あくまでも独身者を想定したものである。相談者はすでに厚生年金に20年以上加入しているので、現行法では65歳に到達した際（平成35年）、生計を維持している配偶者や、幼い子がいた場合は加給年金が付くことになる。参考までに平成27年度の加給年金は、対象が配偶者の場合は年間390,100円（特別加算含む）であり、配偶者が65歳に到達するまで、最長17年間加算支給される。また、2人の子おのおのの対象に、年間224,500円が加算される。子に対する加算は18歳に到達する年度末まで（高校卒業するまで）である。仮に子が障害等級1・2級の状態にあれば、20歳の到達月まで加算される。

　また質問者は、厚生年金のみの加入とのことで、本来なら国民年金の加入が義務づけられている失業期間中の保険料が未納であるので、国民年金の後納制度を勧める。通常は2年の時効で納めることができなかった国民年金保険料を、特例（平成24年10月から平成27年9月までの3年間に限り）により、過去10年分まで遡り納めることができる制度である。

　質問者は、多額の年収（役員報酬）を得ているが、標準報酬月額が605,000円以上は一律同額で、現在最高の30等級である（掲載当時）。

　平成15年から総報酬制が導入され、賞与からも同一の社会保険料率で保険料を納めることになったために、賞与が支給されない会社役員よりも、一般社員が受け取る年金が多い現象も起きている。将来に向かって厚生年金を増額希望であれば、年間の役員報酬額はそのままにし、月額の報酬を下げ、賞与を支給することを勧める。標準賞与額の上限は、健康保険では年度の累計額540万円だが（毎年4月1日から翌年3月31日までが1年度）、厚生年金保険は1か月当たり150万円とされている。

　厚生年金受給額の計算式は以下のとおりである（平成27年度）。

　平均標準報酬額×5.481／1000×加入期間（被保険者期間）

　150万円の賞与を年3回支給した場合、平均標準報酬額が375,000円増額し、65歳まで108月厚生年金に加入すると、受け取る年金額が、年間22万円ほど増額する計算になる。

〔2015年6月1日号掲載〕

④ その他

時効特例分の受給と生活保護費

Q 昭和15年7月生まれの女性。身寄りはなく一人暮らしをしている。また、病気がちで働くことができず20年前から生活保護を受けている。10年前に当時の社会保険事務所で年金記録を確認したところ、保険料納付済み期間と免除期間を合わせて300か月に満たなく受給資格がなかった。今回年金記録を確認したところ、若いころの厚生年金記録が85か月見つかり国民年金記録と合わせて300か月以上となり、60歳から年金受給資格を有していたことが判明した。年金の総額は15年間で750万円（5年遡及分300万円、時効特例分450万円）になるが、これまで受けた生活保護費（総額3,000万円）はどうなるのか教えてほしい。　　　　　　　　　　　　　　　　　　　　　　　　　（S県K市　H.N）

A 時効特例分は生活保護費の返還対象外

　相談者は、年金記録について再度調査したところ、厚生年金の記録が見つかった。よって、60歳から年金を受給する資格があることになる。この場合は、遡及の5年分の年金だけではなく、「年金時効特例法」により、60歳まで遡って年金が支給される。

　相談者は、20年ほど前から生活保護を受けているという。生活保護法は、「憲法第25条に規定する理念に基づき、国が生活に困窮するすべての国民に対し、その困窮する程度に応じ、必要な保護を行い、その最低限度の生活を保障するとともに、その自立を助長すること」（生活保護法第1条）を目的としている。相談者にはこれまで収入がなく、生活に困窮していたので生活保護を受けていたが、今回年金という収入が生じたことにより、「被保護者は、収入、支出その他生計の状況に変動があったとき、（中略）速やかに保護の実施機関又は福祉事務所長にその旨を届出なければならない」（生活保護法第61条）により、相談者は、年金の収入があったことを住所地の福祉事務所長に届け出る義務がある。

　また「被保護者が、急迫の場合等において資力があるにもかかわらず、保護を受けたときは、（中略）その受けた保護金品に相当する金額の範囲内において保護の実施機関の定める額を返還しなければならない」（生活保護法第63条）とあり、年金収入750万円は「資力」とされるので返還の対象となる。

　しかし、そのすべてを返還するのではなく、時効特例分の450万円は返還対象とはされない（厚生労働省社会・援護局平成19年12月28日事務連絡）。

※年金が遡及して支給された場合の年金は、以下のとおりの取扱いとなるので留意されたい。

(1) 遡及して支給された年金のうち、5年以内の年金について＝従来どおり、生活保護法第63条に基づく費用返還請求の対象となる（費用返還が決定された日から遡って5年間分の保護費相当分が対象）。

(2) 遡及して支給された年金のうち、5年以上前の年金について＝生活保護法第63条による返還対象とせず、保護の要否の判定、あるいは保護費の算定上、支給月において収入認定するものとして取り扱うこと。

　この結果、相談者は、今後受け取る年金や時効特例による年金収入によって、生活保護取扱いは変更されることになる。　　　　　　　　　　　　　　　〔2016年1月18日号掲載〕

第1章 老齢給付

合算対象期間と老齢基礎年金の受給権発生

Q 私（昭和10年3月生まれ）の保険料納付済期間は、夫（退職共済年金受給者）の被扶養配偶者であった国民年金第3号の期間107月のみである。私が年金を受けられる可能性はあるだろうか。 （M県S市　H.U）

A 合算対象期間と免除期間を併せ受給権が発生

国民年金の保険料納付済期間が300月に満たなくても、合算対象期間と保険料免除期間を加えて300月以上あれば、老齢基礎年金を受給できる。

相談者は会社勤めをしたことがなく、また自分自身で保険料を払った記憶もない。相談者は平成12年3月に65歳になったが、相談者の保険料納付済期間は夫が公務員だったときの第3号被保険者期間107月だけで、年金受給の可能性はないと思っていた。

最近、保険料納付記録漏れの期間が新たに見つかり、被保険者記録が訂正されて年金を受給できることになった、とのニュースをしばしば耳にし、相談者にも保険料納付済期間があるのではないかと思い、年金事務所に被保険者記録の調査を依頼した。その結果、国民年金制度が発足した昭和36年4月にはすでに結婚して夫の被扶養配偶者となっており、その後、昭和61年3月までの間の300月は国民年金に任意加入していなかったため、この期間は合算対象期間とされ、老齢基礎年金の受給資格があることが判明し、平成26年4月に裁定請求をした。

また、この婚姻期間が記録訂正期間と判断されて、時効特例法の適用対象となり、本来ならば時効（5年）により平成21年3月以前の年金は受けられないはずであったが、65歳になった翌月の平成12年4月に遡って支給されることになった。その結果、老齢基礎年金（基本額）217,300円、振替加算額182,100円（計399,400円）の年金が今後支給されることとなった。時効特例適用分については、基本額についてのみ適用され、平成12年4月からの分として、遅延加算金を加えた約197万円が一括支給された。

その後、時効特例法が振替加算額に対して適用されなかったことを不審に思い、振替加算額についても同法を適用すべきとして、時効により消滅とされた平成12年4月から平成21年3月までの振替加算額の合計約162万円の支払いを求めて審査請求を行ったが、この請求は認められなかった。

その理由は、昭和36年4月から昭和61年3月間で合算対象期間が300月あり、昭和60年改正法附則15条1項の規定（合算対象期間を25年以上有する者に対しては、振替加算と同額の老齢基礎年金を支給する）により、年金支払いの請求ができたにもかかわらず、この請求を失念した単なる請求遅延であり、時効特例法の適用はできない、ということであった。

本ケースでは、一部時効により受給チャンスを逸したが、保険料納付済期間と保険料免除期間の合計が300月に満たない場合、合算対象期間により救済されるケースが多い。また、合算対象期間のみ300月以上でも、振替加算相当額の年金を受給できる。

〔2016年2月8日号掲載〕

④ その他

障害者特例と月末日退職者の年金

Q 昭和30年3月10日生まれの男性。今年の3月末日で37年勤めた会社を退職した。55歳から障害厚生・基礎年金の2級を受給している。退職後に受給できる年金について詳しく教えてほしい。 （M県T市　A.O）

A 障害者特例には退職日起算の扱いがなく1か月ずれて支給される

相談者の男性は60歳で定年退職し、その後再雇用になり、今年の3月末日で退職している。

受給している障害年金は、障害厚生年金が年額約100万円と障害基礎年金が年額約80万円の合計約180万円である。老齢厚生年金は、61歳になる平成28年3月9日に受給権が発生し、翌月の4月分から受給できる。すると、障害年金と老齢年金の一方を選択することになるのだが、以下でその中身を検討してみる。

3月31日に退職したので、退職時改定は4月分の年金からが対象になる（一元化後の厚年法43条3項により、退職日を起算日として1か月を経過した後に改定されることになった）。また、障害年金を受給しているので、退職後の老齢厚生年金は障害者特例の扱いになり、報酬比例部分に加えて定額部分および年下の配偶者がいるので配偶者加給年金が受給できる。

相談者の障害年金と老齢年金のおよその年金額を比較すると次のとおりである。

（イ）　障害年金（2級）の試算額

障害厚生年金：年額約100万円（基本額：約78万円＋加給年金：約22万円）

障害基礎年金：年額約80万円　　合計約180万円

（ロ）　老齢年金の試算額

報酬比例部分：年額約120万円

定額部分：年額約72万円

配偶者加給年金：年額約39万円　　合計約231万円

上記により、（ロ）＞（イ）であるから、退職後は老齢年金を受給する方が金額は多くなる。

ところが、退職改定された4月分の老齢厚生年金は障害者特例の対象とはならずに、報酬比例部分のみの120万円が受給でき、翌5月分から障害者特例扱いになり、年額231万円が受給できる。これは障害者特例には退職日を起算日とする規定がないために生じてしまう事態である。

障害者特例はもともと請求年金であり、資格喪失日以降でないと請求ができないから、という理由のようであるが、年金機能強化法により遡り請求が可能となっており、請求年金の取扱いを改善したものであったはず。いまさら過去の取扱いに従うというのは、解釈としてもいささか納得がいかない。ここは、早期の行政解釈等の改善を望む次第である。

なお、ちなみに長期加入者特例（44年以上の加入）については、退職日を起算日とするので、月末退職の場合は翌月から退職時改定される。

ただ、この相談者の場合は、退職後に失業給付を受けるので、障害年金を選択した方が金額は多くなり、失業給付終了後に老齢年金に選択替えをする予定なので問題は生じないが、失業給付がない場合（役員等）には大問題になってしまいそうな案件である。

〔2016年6月13日号掲載〕

第1章 老齢給付

年金額を増額する方法

Q 昭和32年5月生まれの男性。年金納付歴は厚生年金が15年と国民年金が合計5年ある。年金事務所に行くと後納を勧められた。その結果、5年後納して、65歳時、合計で73万円程度（国年48万円、厚年25万円）とのことであった。これではあまりに少ない。せめて120万円程度にする方法はないか。現在、自営でコンピューター関係の仕事をしており、70歳くらいまではこの仕事ができると思う。　　　　　　　　（Ｔ県Ｍ市　E.N）

A **2通りの支給繰下げを検討し対処**

第一の方法は、両年金の繰下げである。

まずは60歳から65歳まで国民年金に任意加入し、65歳から70歳までは国民年金、厚生年金両方の繰下げを行う方法である。この方法だと現在73万円の国民年金、厚生年金の合計額が、65歳時83万円程度（国年約10万円増加）になり、繰下げ増額率の1.42を掛けると70歳時、約118万円程度になる。

この方法のよい点は、一つに費用がかからない。二つに手続きが簡単である。65歳までの任意加入の保険料納入は、口座振替にすることになる。70歳までの繰下げは、ただ70歳まで時の経過を待つだけである。

欠点は、一つに、65歳以上の人は年金をもらっているというのが世間では一般常識であり、各種制度もそれに合わせているのでいろいろ気を遣うことになる。二つに、65歳以上で不意の出費の必要があったときに対応できない。

第二の方法は、60歳から70歳まで厚生年金に加入し、国民年金は65歳から70歳まで繰り下げる方法である。

60歳で会社を作り社会保険に加入する。この場合の会社とは「株式会社」ではなく、「合名会社」の設立である。株式会社は会社債権者の債権の担保が株式拠出金のみなので、資本金に見合う財産が会社に存在する必要がある。そのために、手続きが煩雑になり費用もかかる。しかし、合名会社は経営者が会社債権者に対して個人財産での責任を負うので、煩雑な手続きはなく、簡単に設立できる。事例で60歳加入、給与が40万円で計算すると、厚生年金は10年で60万円程度（差額加算・前25万円含む）、国民年金が70歳まで繰下げで69万円程度（65歳時48万円程度）、合計129万円程度になる。

この方法のよい点は、一つに65歳前は全額支給停止になり、65歳から厚生年金がもらえる。在職老齢年金になるが、年金額が少ないので減額はない。この部分は5年間で125万円になる。さらに、65歳から厚生年金に差額加算が支給され、国民年金の任意加入と同額になる。二つに、不意の出費のための予備金ができる。

よくない点は、一つに、費用がかかる。給与を40万円とすると社会保険料の会社負担分として月約6万円かかる。合計で46万円になる。二つに、会社設立の手続きは簡単でも、法人になると税務上は財務諸表の作成作業等が必要になる。この点が不慣れな人には厄介である。

結論として、相談者の意向に沿って、合名会社設立の方法を採用することになった。問題の2点も、現在の状況からみて46万円の負担は可能であり、また、財務諸表についても経験があるということであった。　　　　　　　　〔2016年6月27日号掲載〕

④ その他

65歳到達時における老齢厚生年金額

Q 昭和26年2月生まれの女性。厚生年金の加入月数156月、国民年金（第1号）の加入（納付）月数が312月ある。前々から気になっていたことだが、65歳を迎え、老齢基礎年金の支給が始まったのはよいが、それと同時に老齢厚生年金の金額が減額した。一体どういうことなのか知りたい。

（N県T市　M.S）

A 「定額部分」は老齢基礎年金へ移行

近年、60歳代前半の特別支給の老齢厚生年金の支給開始年齢が段階的に引き上げられている。そのため、老齢給付の請求者に対しては、定額部分について、あまり説明する必要がなくなってきているが、つい先年までは、必ずといってよいほど、相談者から「年金額が減った」という質問が寄せられていた事例である。

繰上げ受給を選択、開始した場合を除き、基本的に60歳到達時から65歳到達時まで支給される老齢厚生年金は「特別支給」である。

このなかには、昭和16年（一般厚年女性は昭和21年）4月1日以前に生まれた者には「定額部分」が含まれている。またそれ以降も、長期特例・障害者特例・船員、坑内員特例・共済厚年の警察、消防特例等のケースを除き、一般的には昭和24年（一般厚年女性は昭和29年）4月1日までに生まれた者には年齢に応じ途中から「定額部分」が開始され、それ以降に生まれた者には「定額部分」が支給されない。

ちなみに長期特例、障害者特例制度は、本人が属する世帯を保護するための「定額部分」の前倒し受給制度である。

一方、65歳以降に支給される老齢厚生年金には、基本的には「定額部分」の考え方はない。定額部分については「第2号被保険者」として国民年金保険料を納付したとの考え方から、他の種別（第1号・第3号）と併せて、「老齢基礎年金」の計算のなかに取り込まれるからである。

つまり、65歳前の特別支給の老齢厚生年金受給時と比べ、「定額部分」がなくなった分、額面が少なくなるように見えてしまうことを留意しておきたい。

相談者には、①国民年金（第1号・第3号）期間のみでの老齢基礎年金額を仮に手計算で算出してみて、これと65歳直前まで支給されていた特別支給の老齢厚生年金額を合わせた金額が、65歳以降の本来の老齢厚生年金額、老齢基礎年金額の合計と（若干端数違いがあるが）ほぼ同一になること、②そのうえで、65歳以降の実質の増加は国民年金（第1号・第3号）期間のみであること、③厚生年金の定額部分は「国民年金の第2号被保険者」分として老齢基礎年金のなかに取り込まれていることを十分説明し、納得してもらった。

なお、65歳以降の老齢厚生年金におけるいわゆる「経過的加算」は、本来の説明は定額部分と老齢基礎年金の計算方法が異なることに伴う差額補填制度である。

相談者には、厚生年金保険料は年齢に関係なく徴収されるが、基礎年金の計算は、20歳以降60歳までの期間である、そのため、20歳未満および60歳到達後に掛けた厚生年金の「定額部分」補填制度であると説明を加えてもよいかもしれない。

〔2016年7月4日号掲載〕

43

第1章 老齢給付

共済年金の定額部分の支給方法

Q 昭和16年2月生まれの男性。昭和38年4月より地共済に加入したが、昭和61年3月31日にその資格を喪失。その後、昭和61年4月1日に私学共済に加入し、平成18年3月末日でその資格を喪失した。すでに両方の共済組合から退職年金を受給しているが、最近、私学共済の部分の「老齢基礎年金が支給されていない」旨説明を受け、半信半疑のまま老齢基礎年金の受給手続きを行ったところである。どうして私学共済の期間分のみ老齢基礎年金の支給対象となるのか教えてほしい。　　　　　　　　　　（Y県M市　S.H）

A 旧制度定額部分は共済より支給

　昭和61年4月1日施行の「基礎年金」制度創設に伴い、基本的には大正15年4月2日以降に生まれた者は新制度の適用となるが、これについてもいくつかの例外があり、この相談者の場合もその例外の一つである。

　共済年金については、基礎年金制度施行日（昭和61年4月1日）の前日において、①240月（期間要件の特例により240月以上とみなされる者を含む）の組合員期間を有し、②施行日の前日までに退職（喪失）し、同日付で再任用や出向していない場合は、若年停止や在職停止により年金の支給が開始されない場合であっても、旧制度の「退職年金（あるいは減額退職年金）」の支給対象となる。この場合、「年齢要件」がないことにも注意が必要である。

　厚生年金もそうであるが、旧制度による老齢、退職給付を受ける場合、その金額のなかには「定額部分」が含まれているため、当然、旧制度の受給資格対象となった期間については「老齢基礎年金」の給付の対象期間とはならず、その計算をする場合には「合算対象期間」となる。

　つまり、相談者の共済年金加入期間における「定額部分」の支給方法は、①地共済加入期間については、加入期間が240月以上あり、昭和61年3月31日以前に資格を喪失し、同日付で再任用や出向をしていないことから、「旧制度」の適用となり地共済からの支給、②私学共済加入期間のうち、昭和61年4月分から60歳到達月の前月分までの間については「老齢基礎年金」の支給対象となり厚生労働大臣（日本年金機構）からの支給、③その後の部分については「経過的加算」の対象となり私学共済からの支給、となる。ただし、支給は5年分しか遡れないので留意が必要である。

　なお、この相談者のように、共済組合加入期間の証明は、共済組合から「年金加入期間確認通知書」を取得し、その内容（通知書下部に旧制度受給の有無の記載あり）に基づき判断されていたが、平成27年10月以降は、同通知書の提出が省略できることになった。

　また、共済組合から交付されている「年金証書」をみれば、新・旧制度のどちらの年金かが判断できる。共済年金の年金証書に記載されている「年金種別」をみると、新制度での決定者には「退職共済年金」と記載されているのに対し、旧制度での決定者には「退職年金」あるいは「減額退職年金」と記載されている。表記に「共済」の文字がないことがポイントであり、容易に新旧の判別が可能である。　　　　　　　　　　　　　〔2016年7月11日号掲載〕

④ その他

短時間労働者に係る特例該当者の経過措置

Q 平成28年10月の「短時間労働者の社会保険適用拡大」に伴い、週22時間勤務の定年再雇用者を新たに社会保険に加入させたが、長期加入特例を受けていた社員から「定額部分の支給を停止された」との苦情があった。「経過措置」により、施行日前から長期加入特例を受けていた者は、施行日後も長期加入特例を受けられると聞いたが…。

(S県I市　T.S)

A 従業員が常時500人以下の企業は原則、「短時間労働者の社会保険適用拡大」の要件には当たらない

　「年金機能強化法」(平成24年8月22日公布)に基づき、特定適用事業所(常時501人以上の企業)に勤務する短時間労働者は、下記の要件を満たせば、厚生年金保険・健康保険に加入しなければならなくなった。

①週の所定労働時間が20時間以上あること　②雇用期間が1年以上見込まれること
③賃金の月額が8.8万円以上であること　④学生でないこと

　したがって、当該社員が常時501人以上の企業で上記の要件を満たして働いている場合は、平成28年10月から厚生年金保険に加入しなければならないことになる。

　厚生年金保険に加入すると、特別支給の老齢厚生年金について、報酬比例部分は年金額と給与の合計額に応じて在職支給停止が行われ、特例(長期・障害者)により支給されていた定額部分は全額支給停止されることになる。

　しかし、激変緩和措置として、

・施行日前において特例(長期・障害者)該当の特別支給の老齢厚生年金の受給権者であって、
・施行日前から引き続き短時間労働者として勤務しており、施行日に当該短時間労働者として適用拡大の対象に該当し、被保険者になった場合、
・当該被保険者資格を喪失するまでの間に限り定額部分の支給停止を行わず、報酬比例部分についてのみ年金額と給与の合計額に応じた在職支給停止を行う「経過措置」を設ける、

となっている。

　したがって、当該社員が施行日前から長期加入特例による定額部分の支給を受けている場合は、「経過措置」により定額部分の支給停止にはならないことになる。

　ただし、常時500人以下の企業については元来、「特定適用事業所」(短時間労働者の社会保険適用拡大)の要件には当たらないため、通常の社会保険の加入要件を適用することになる。

　通常の社会保険加入にかかる労働時間要件は「週の所定労働時間の4分の3以上」(40時間労働の場合は30時間以上)につき、資格取得そのものが適切ではなかったため、平成28年10月に遡って資格取得を取り消す必要がある。

　なお、平成29年4月からは「持続可能性向上法」(平成28年12月26日公布)に基づき、常時500人以下の企業でも、平成30年4月30日までに労使合意に基づく申出が行われ、当該申出が受理された場合、前記①～④の要件を満たしていれば、特例(長期・障害者)による定額部分の支給を受け続けることができることになった。　〔2017年4月24日号掲載〕

45

第1章 老齢給付

年金請求手続き後の本人死亡

Q 私の妻は昭和22年11月生まれ。年金期間は、厚生年金だけで34年である。69歳になって、遡った老齢厚生年金と老齢基礎年金の手続きをしたが、その後2か月経って急死してしまった。裁定請求した年金はいまだもらっていない。この年金は、請求者本人（妻）死亡により、もらえないのだろうか。　　　　　　　　　　　（I県E市　S.G）

A 未支給年金として夫が受給できる

1．なぜ69歳まで手続きしなかったか

相談者は夫婦2人でずっと会社を経営していた。60歳になって金融機関の年金相談を受けたとき、「このまま在職の場合、この給与では年金は全額支給停止になる」という答えがあった。その時点では、妻の給与は50万円で、特別支給老齢厚生年金の年金額は月額16万円（定額部分を含む）であった。その際、社労士から妻を非常勤にすることを勧められたが、「二人三脚でなければ会社の経営はできない」と断った。夫婦は、60歳時の回答を「現在の給与のままでは一切の年金を受けられない」と誤解してしまったため、60歳時および65歳時も年金裁定手続きをしていなかった。

しかし、65歳時点では、妻の給与は50万円、老齢厚生年金（報酬比例部分のみ）の年金額は月額11.5万円なので、本来年金は一部受給できる状態であった。69歳時に友人に勧められて年金相談を受けたところ、65歳からは現在の給与で在職していても1月当たり10万7500円（老齢基礎年金含む・支給停止調整額47万円で計算）の年金が受け取れることがわかった。

そこで妻は、あと1年（70歳）まで待って繰下げによる割増のついた年金を受け取るか、それとも4年分を遡って受け取るか迷った。最終的には、繰り下げた場合に金額的に同額になる時点が81歳11月であることを聞いて、妻は持病があるのでそこまで元気でいるかどうかわからないと考え、4年分の遡及額を受け取ることに決めた。そして、手続きをしてまだ遡及年金部分も受け取らないうちに急死してしまった。

2．受給権者死亡で年金の受取りはどうなるか

受給権者の死亡により年金受給権はなくなる（国民年金法29条、厚生年金保険法45条）。年金は国が政策により特別に与えるものであり、その地位は、他に引き継ぐことができないので、相続財産としない取扱いになる。

3．手続きをした後受け取る前に死亡した年金はもらえないか

本来から言えば、受給権者死亡で失権してしまうことになる。しかし、本件では妻が手続きしたときに権利は発生しているので、実際の受取りに時間がかかるのは単に事務手続きの都合に過ぎない。そこで公的年金はこのような場合、妻が元気でいたらもらえるはずであった年金を「未支給年金」として一定の者に与えることにしている（国民年金法19条、厚生年金保険法37条）。この年金の法的性質は、相続としての承継ではない。相続と異なり、単に親族というだけでなく「生計同一」という条件が付いているからである。

4．結　果

相談者の夫は、同居していたので生計同一は問題なく、未支給年金を請求し、500万円を超す金額を受け取った。　　　　　　　　　　　　　　　〔2017年7月17日号掲載〕

④ その他

60歳以降の厚生年金加入

Q 昭和32年生まれの60歳独身女性。厚生年金加入期間が15年（うち自身の加入期間は6月、離婚分割でのみなし期間が14年6月）、国民年金加入期間が10年ある。現在パートの働き口を探しているが、同じ月収10万円ほどでも勤務時間等により社会保険に加入できるものとできないものがあるようだ。社会保険加入できる勤務先で働くとすると、その効果はどのようになるだろうか。 （F県F市　M.A）

A 40年未満の厚年加入期間による効果は低報酬の場合とくに大きい

相談者には以下の内容を説明し、本人に判断を委ねることにした。

（1）支給の開始時期

繰上げ受給も検討されたが、昭和33年4月1日以前生まれの女子は65歳からの本来の厚生年金の繰上げは請求できず、老齢基礎年金のみを繰り上げることになる。また、自身の厚生年金期間を6月増やし1年となった場合は、その翌月から、離婚分割でのみなし期間の14年6月を計算に含めた特別支給の老齢厚生年金が支給される。

（2）低報酬者の厚生年金のメリット

とくに60歳以上で年金加入期間の少ない相談者から、「これから厚生年金に加入してもどうなの？」といった質問が多い。

老齢厚生年金の基本年金額は、報酬比例部分と20歳前、および60歳以降加入の定額部分（経過的加算と表示）とに分かれており、平成29年度の定額部分1月当たりの単価は1,625円で、これは標準報酬月額32万円の場合の報酬比例部分の金額に近い額である。①標準報酬月額の下限、②被保険者保険料額が国民年金保険料とほぼ同額の18万円、③健保協会の平均である28万円、④上限の場合で、被保険者が負担した保険料がどのくらいの期間で給付されるかを比較してみる（下表参照）。

なお、平成28年10月より厚生年金保険の等級月額の1等級が8万8千円となり31等級となった（被保険者の保険料負担は18.3％の半額の9.15％、再評価率は0.947、本来は平均報酬月額とするところ標準報酬月額で仮定）。

標準報酬 （万円）	保険料 （円）	定額＋報 酬比例（円）	回収期間 （年）
8.8	8,052	2,082	3.87
18	16,470	2,559	6.44
28	25,620	3,078	8.32
62	56,730	4,843	11.71

＊老齢基礎年金（厚生年金480月以上加入者）

保険料	1月分当たり給付額	回収期間
16,490円	1,624円	10.15年

＊厚生年金（報酬比例のみ、480月以上加入者）

保険料	給付率	回収期間
9.15％	0.519％	17.63年

計算し、表にすると、保険料額（標準報酬）が低いほど、定額部分の比率が相対的に高まるので回収期間が短くなる、という結果が出る。

もちろん、「回収期間」が短いということだけをもって考えるものではないが、社会保険の政策的効果が色濃く出ている。 〔2017年7月31日号掲載〕

第1章 老齢給付

年齢・会社・給料同一夫婦の年金差額

Q 私たち夫婦は、ともに昭和28年5月生まれの高校の同級生である。高校を出てすぐに結婚し、夫婦で親の会社に入りそのまま42年経った。60歳になったのでお互いに体力の限界を感じて仕事を辞め、2人ともに厚生年金を繰上げ受給することにした。会社を経営しているときは話し合いでいつも同額の給与にしていた。ところが、年金証書を見ると年金額が違っている。なぜか。2人の報酬比例部分は120万円で老齢基礎年金は満額である（780,100円、平成28年度額）。 （H県K市　S.I）

A 過去における支給開始時年齢の男女差（5年間）が大きく影響

　厚生年金の支給開始年齢は、以前は60歳であったが、現在は65歳になっている。ただし、一挙にこれを行うと年金を生活の基盤として退職後の生活設計を立てていた世代に打撃を与えるので、昭和16年4月2日以降の生まれから開始して、昭和41年4月1日までの25年間にわたって経過措置が定められている。この経過措置は2つの原則からなる。①2年ごとに1年の割合で支給開始が遅れる。②男性に比べ女性は5年遅れで支給繰延べされる。この理由は過去に女性については定年年齢が5年早いという制度があったことや、また社会的な男女差、風潮もあったためと思われる。

　以下、この女性の支給開始年齢繰延べが男性より5年遅れる具体的影響の差を考察する。

(1) 妻には定額部分が64歳から支給されるが夫には支給されない。さらにこれを繰り上げた場合に、繰上げによる一般的意味の減額はなく、単純に1年分が5等分されるだけである。この5等分された額は夫には全くない。この差額は156,096円になる（厚生年金法本法附則8条の2、平成6年改正法附則27条6項、平成6年経過措置令16条の2）。

(2) 報酬比例部分について繰上げの影響が異なる。妻には報酬比例部分が60歳から支給されて減額はないが、夫は61歳支給なので6％の減額が生じる。この6％は額にして72,000円の差に相当する（厚生年金法本法附則13条の4第4項、同法施行令8条の2の3）。

(3) 付随の老齢基礎年金の繰上げ部分が異なる。妻の場合は、一部繰上げになるので老齢基礎年金の5分の4を繰り上げるだけだが、夫の方は全部繰上げになる。夫の全部繰上げ額分から妻の非繰上げ分を引いて繰上げ減額分30％を掛けると、その差は夫の方が109,214円多い（厚生年法本法附則13条の4第2項）。

(4) 経過加算について、夫婦ともに18歳から働いているので厚生年金期間は42年になるが、定額部分は40年頭打ちなので、経過加算額が、それぞれ380円になる。妻には、このうち5分の1が定額部分として先に支給されているためこの分を差し引くと76円の差が生じる。これから繰上げ減額の30％を差し引くと、夫の方が53円多くなることがわかる（施行令8条の2の3）。

　以上の個別結果を総合すると、妻の方が118,829円多い年金となる。

〔2017年10月2日号掲載〕

④ その他

昭和32年10月以前の第三種被保険者の取扱い

 昭和13年1月生まれ男性の配偶者。夫は昭和30年1月から昭和31年12月まで炭鉱で働いており（厚生年金第三種被保険者期間）、その後、昭和32年1月から平成3年4月まで一般企業で働いていた（厚生年金第一種被保険者期間）が、最近死亡。
　遺族厚生年金の請求に年金事務所に出向いたが、その際、年金事務所で「炭鉱で働いていた期間について、『第三種被保険者』としてではなく『第一種被保険者』として計算した方が年金額が多くなる」と説明があった。これはどういうことなのか？

（T県N市　M.S）

A 年金額の計算方法に特例措置あり

　厚生年金被保険者期間が20年（中高齢特例による短縮措置該当を含む）以上ある場合で、第三種被保険者（坑内員または船員・基金は「第七種」）としての被保険者期間がある者の「報酬比例部分」の年金額は、昭和61年3月以前の第三種被保険者期間については実期間を3分の4倍、昭和61年4月から平成3年3月までの第三種被保険者期間については実期間を5分の6倍し、これ以外の被保険者期間について平均標準報酬月額と報酬比例の年金額を計算し、それらを合算した額となる。

　しかし、それぞれを独立した期間で年金額を計算し合算すると、平均標準報酬月額が低廉になることもまれに散見される。

　厚年法附則（昭和55年改正法）第63条には、「第三種被保険者であった期間が第一種被保険者であった期間とみなして計算した額に満たない場合、その者の請求により、第三種被保険者であった期間を第一種被保険者であった期間とみなして当該保険給付の額を計算するものとし、その請求をした日の属する月の翌月から当該保険給付の額を改定する」と規定されている。また、但書きとして「老齢厚生年金および遺族厚生年金であって、その額の計算の基礎となる厚生年金保険の被保険者期間の月数が240月未満であるものについては、この限りでない」と規定されている。

　このため、相談者が老齢厚生年金を受給していた者の死亡で来所した場合で、老齢厚生年金の受給金額が上記の方法による計算をした場合、第三種被保険者であった期間を第一種被保険者であった期間として計算した方が、第三種被保険者期間として計算をした年金額より上回ったとしても、遡って年金額を改定することはできず、遺族厚生年金の請求時に「厚生年金保険老齢・障害・遺族厚生年金額改定請求書（様式第227号）」を添付することが必要となる。

　このような事例は、老齢厚生年金の受給者が死亡し、親族が遺族厚生年金を請求する際に判明することが多く見受けられる。条文記載のとおり、この「様式第227号」提出の事例については遡及する規定にはなっていない。年金受給権者が生存しているときに、これらのことを判明できることが強く望まれる。

　昭和32年10月以前に炭鉱で働いていた、あるいは船員として働いていたことがある（第三種被保険者期間を有する）者は、ぜひとも今のうちに年金事務所へ出向き、年金額の改定をする必要があるか、年金見込額を確認することを勧める。

〔2018年4月9日号掲載〕

第1章 老齢給付

特定保険料納付の終了と年金額の減額開始

Q 第3号被保険者不整合期間を有する年金受給者。平成30年3月で「特定保険料」の納付が終了し、納付状況によっては本年4月以降の年金額（6月入金分）から減額が開始される、との話を聞いた。そもそも「特定保険料」とは何か、その経緯とともに制度の内容について教えてほしい。 （T県T市　M.S）

A 第3号被保険者の記録不整合問題が発端

「特定保険料」ができた発端は、サラリーマンの妻（第3号被保険者）の年金手続きにかかる切替え漏れが多発した問題に遡る。

厚生年金加入者（第2号被保険者）の被扶養配偶者である第3号被保険者が、配偶者の厚生年金が資格喪失したにもかかわらず、第1号被保険者への種別変更（切替え）をせず、第3号被保険者の記録のままになっている場合等を指す。

この原因として、配偶者の厚生年金資格喪失に伴い、自動的に3号が喪失する仕組みにはなっていないことが問題とされ、平成26年12月からは事業主経由で届出が義務化された。

1．法律に規定された救済措置

平成23年1月から通知でいわゆる「運用3号」が実施されたが、不公平・不公正が生じる等の理由から、同年3月8日付で廃止になっている。その後、「主婦年金追納法案」が国会提出されたが廃案となり、その後、平成25年7月から「公的年金制度の健全性及び信頼性の確保のための厚生年金保険法等の一部を改正する法律」により、以下の措置が実施されている。

①特定期間とする　不整合期間を年金事務所に届け出ると「特定期間」とされる。「特定期間」は届出日以後、受給資格期間（カラ期間）に算入される。「時効消滅不整合期間に係る特定期間該当届」に、年金手帳や年金証書等を添付して年金事務所に提出をする。

②特例追納の実施　平成27年4月〜平成30年3月の時限措置で、本人の希望により過去10年間（60歳過ぎは、60歳前の10年間）の保険料の特例追納が実施された。この保険料を「特定保険料」という。

③特定受給者の年金額の減額と減額幅　時効消滅不整合期間を「保険料納付済期間」として年金を受けている人を「特定受給者」といい、平成30年3月までの間は年金額が維持されていた。しかし、平成30年4月以降は正しい記録による年金額に訂正される。すべての時効消滅不整合期間を特例追納できなければ減額となるが、減額幅は10％が上限になる。

なお、「時効消滅不整合期間に係る特定期間該当届」を提出せず、記録訂正後の年金記録で受給資格（10年）を満たさなくなる場合、平成30年3月31日に年金が支給停止される。この場合、届書の提出により届出の翌月から支給が再開されるが、受給資格期間への算入は届出日以降につき、遅れて届けても届出日以前の遡及支給はないので、早急に届け出ることが必要である。

2．特定受給者への対応

4月以降の年金額（6月入金分）から正しい年金額に訂正され、結果として減額になる人がかなり出てくると思われる。なお、本件の場合、特例として従前の年金額の9割が保障されるため、特例追納しても年金額に反映されないことがあり得るので、併せて注意する必要がある。

〔2018年6月4日号掲載〕

障害給付

第2章

❶ 初診日関連 ……………………………………52

❷ 障害給付と他の年金との関連 …………59

❸ その他 …………………………………………62

第2章 障害給付

平成3年3月以前の学生期間中の初診日

> **Q** 私は21歳の大学生の頃、体育の授業中、バスケットボールが目に当たったのが原因で網膜剥離となり手術をした。国民年金には加入していなかったが身体障害者手帳も2級に該当している。現在も同じ病院に通院しているが、65歳を前にして障害年金の請求ができるか教えてほしい。
> （T県T市　M.H）

A 特別障害給付金の請求は可能

相談者は、大学生であったため、ケガをした初診日は国民年金に加入していなかった。そのため、障害年金ではなく特別障害給付金の請求に該当する。

特別障害給付金制度とは、国民年金の制度の過程で、強制加入とせず、任意加入していなかった期間に初診日がある障害により障害基礎年金1・2級相当の障害の状態にあるにもかかわらず、請求ができない障害者について、その特別な事情に配慮して、福祉的措置として平成17年4月に創設された。

本制度の支給対象者は、平成3年3月以前に国民年金任意加入対象であった大学生（大学院生）、短大生、高等学校および高等専門学校の昼間部の学生と昭和61年4月から平成3年3月までの専修学校と一部各種学校の昼間部の学生も含む。

また、昭和61年3月以前に国民年金任意加入対象であった被用者年金加入者等の配偶者が対象となる。

ただし、65歳に達する日の前日までに障害の状態に該当していて、障害基礎年金や障害厚生年金、障害共済年金などを受給することができる場合は、特別障害給付金制度の対象とならないので注意が必要である。

相談者は平成3年3月以前の国民年金に任意加入していなかった大学生の期間に初診日があり、障害の状態については、視力の和が0.04以下で身体障害者手帳2級に該当しているので、障害基礎年金1・2級相当の障害状態にあると推測され、特別障害給付金請求に該当する。

特別障害給付金の請求に際しても、網膜剥離の手術をした病院に現在も通院しているので、初診日の証明を取るのは、可能であろう。

ただし、特別障害給付金は福祉的措置として創設されたので、日本国内に居住していなければならず、また、所得が一定の基準以下でなければならないなどの要件を満たす必要がある。

さらに、老齢年金、遺族年金、労災補償等を受給している場合は、その年金額との差額分の支給となるため、老齢年金等の額が特別障害給付金の額を上回る場合は支給されない。

平成27年度の特別障害給付金額は、1級相当で51,050円、2級相当で40,840円であり、老齢年金が年額49万円以上であれば、請求しても支給されない。

また、参考までに、特別障害給付金の受給にあたっては、重度の特別障害児に対する「経過的福祉手当」の受給者が、その経過的福祉手当の資格を喪失するなど調整がかかる。

結果として、相談者の場合、初診日や障害の状態から特別障害給付金を請求できると推測できるが、老齢年金の額によっては支給されない場合があるので、年金額等十分に確認を行ったうえで請求するようアドバイスする。

〔2015年10月12日号掲載〕

① 初診日関連

障害年金の初診日確認要件の緩和

 平成27年10月から障害年金を請求する際の初診日を確認する方法が緩和されたと聞いたが、具体的内容を教えてほしい。　　　　　　　　（N県H市　Y.H）

A 第三者証明で初診日を確認

　障害年金を受給するためには、①加入要件（原則として被保険者期間中に初診日があること）、②保険料納付要件（一定の保険料を納付するか、または免除を受けること）、③障害程度要件（一定の障害の状態にあること）を満たす必要がある。

　年金制度は福祉ではなく、社会保険であることから保険料の納付は絶対であり、障害年金もその例外ではなく、受給要件の有無を確認するためには、初診日を明らかにできる書類（診断書等の医療機関の証明）の添付が必要とされている。

　しかしながら現実問題として、初診日が障害年金を請求する時点から10年以上前ということが多々あり、医療機関におけるカルテの保存期間が終診から原則として5年（医師法第24条第2項）となっていることから、初診日を証明することは容易ではない。

　そのため、かねてから請求者の利便を図るべく初診日証明の緩和策が取られていたが、今般それをさらに具体的に次のように推し進めることとなった（平成27年9月28日年管管発0928第6号）。

(1) 第三者証明について

　20歳前に初診日がある障害基礎年金については、請求者が少なくとも20歳前に医療機関で診療を受けていたことが明らかであるとの確認が取れればよいことから、第三者証明のみであっても原則的に認められていた。今回の見直しにより、20歳以降に初診日がある場合であっても、第三者証明と初診日について参考となる他の資料とを併せて、初診日として認めることができるとされている。

　なお、第三者とは民法上の三親等以内の親族以外の者であり、具体的には隣人、友人、民生委員等である。証明とは請求者が医療機関で診療を受けていたことについて第三者が申し立てることにより証明したものであり、具体的には、①発病から初診日までの症状の経過、②初診日頃における日常生活上の支障度合い、③医療機関の受診契機、④医師からの療養の指示など受診時の状況、⑤初診日頃の受診状況を知り得た状況等とされている。また、参考となる他の資料とは診察券や入院記録等の初診日について客観性が認められる資料をいう。

(2) 初診日が一定の期間内にあると確認された場合の初診日確認

　初診日を具体的に特定できなくても、参考資料により一定の期間内に初診日があると確認された場合であって、当該期間中のいずれの時期においても保険料納付要件を満たしている場合は、一定の条件下で、当該期間中で請求者が申し立てた初診日を認めることができるとされた。

(3) その他の初診日の取扱い

　上記以外でも請求の5年以上前のカルテに請求者が申し出た初診日の記載がある場合は認めることができるなど、請求者の利益を図った見直しが行われている。

　少しでも不明な点は年金事務所、専門家等への問合せを勧める。

〔2016年10月3日号掲載〕

第2章 障害給付

初診日の新基準における実務対応

Q 55歳の男性。現在、慢性腎不全により血液透析療法を導入中。最初に医療機関を受診したのは20年ほど前で、このときは健康診断で尿蛋白を指摘され受診したが、経過観察として1回の受診で通院は終了している。その後、健康診断による指摘はあったが医療機関を受診することはなく、2年ほど前に急激に容体が悪化し、間を置かずに血液透析療法を導入せざるを得なくなった。

初診日の医療機関では診療録がすでに破棄されていたが、運よく受診記録は取得することができた。最近初診日の取扱いが変わったと聞いたが、私の場合はどのようになるか。なお、私は22歳の大学卒業以後は現在まで一貫して厚生年金被保険者である。

（F県F市　S.Y）

A 新基準により初診日は原則として医療機関受診日に

平成27年9月24日に厚生年金保険法施行規則等の一部を改正する省令が施行され、これに基づき平成27年9月28日に厚生労働省年金局事業管理課長通知が発出され、初診日を明らかにすることができる書類を揃えることができない場合についての新基準が示されている。

この新基準においては、20歳以降に初診日がある場合の第三者証明など新規に取り扱われる内容に加え、健診日の取扱いなど新基準発出まで通例であった初診日に対する扱いについて変更となる点もあり、初診日証明に疑義が残る場合には慎重に請求を行う必要がある。

従来、腎疾患の場合は長期にわたり徐々に腎機能の低下が起こるのが通常であり、また、健康診断により腎機能に異常が見つかるケースも多いため、健康診断受診日を初診日とする扱いとなっていた。これに対し新基準導入後は、初診日は原則として医療機関受診日となり、健康診断受診日を初診日としない取扱いの変更がなされているため、相談者のケースでは初診日は医療機関受診日ということになる。

ただし、健康診断受診記録が残っており、ただちに治療を要する記載が認められる場合には、申立てにより健康診断受診日を初診日として請求することも可能である。

次に、健康診断受診日を初診日として申し立てない場合は、医療機関受診日での証明ということになるが、受診記録による申立てのケースでは、受診科が複数ある医療機関であるなどの理由により、請求傷病での受診であると確認できない場合は初診日不明として請求が却下されることがある。

この点、相談者の医療機関受診時点は受診記録で判明しており、終期が体調の急激な悪化時点だとすると、一定期間の始期と終期が判明しており、かつ大学卒業以後から現在まで厚生年金被保険者であるので、初診日が一定期間内にあると確認された場合の取扱いに該当する可能性が出てくることとなり、このとき主張を裏付ける診療報酬明細書等の補足資料があることが望ましい。

相談者の初診日については、上記のように新基準を考慮して主張を組み立てることになるが、新基準については、正当な主張の根拠として用いるべきものであることを付言しておく。

〔2017年2月27日号掲載〕

① 初診日関連

診療情報等の提供に関する指針

Q 障害年金を請求したが、初めて病院を受診した時期が30年近く前であり、初診日が確認できないという理由で不支給となった。眼の障害を持つ身として不服申立てをしたいと思うが、どのように進めたらよいか。 　　　　　　（Ｔ県Ｆ市　Ｙ.Ｔ）

A 情報開示により初診日の確定が可能

　相談者は障害年金の請求に際して、初診日当時に受診していたＡ病院に問い合わせたところ、「カルテは廃棄しているが、医事コンピュータには初診日、診療科、傷病名の記録がある」と言われたことから、病院に対して医事コンピュータ画面のコピーの提供を要請したところ、「カルテを破棄しているので医事コンピュータのコピーは提出できない」という理由で断わられたとのことであった。

　相談者はやむを得ず上記顛末を記載した書面を添付して請求したが、結局、「初診日が確認できない」という理由で不支給決定となり、その後、本相談に及んだ。

　本件に関しては、平成15年9月12日付で医政発第0912001号各都道府県知事あて厚生労働省医政局長通知が指針として発出されている。次はその「診療情報の提供等に関する指針」の要約である。

(1) 本指針は、インフォームド・コンセント（医師と医療受診者間で情報を得た上での合意）の理念や個人情報保護の考え方を踏まえ、医師、歯科医師、薬剤師、看護師その他の医療従事者および医療機関の管理者の診断情報の提供等に関する役割や責任の内容の明確化・具体化を図るものであり、医療従事者等が診療情報を積極的に提供することにより、患者等が疾病と診療内容を十分理解し、医療従事者と患者等が共同して疾病を克服するなど、医療従事者等と患者等とのよりよい信頼関係の構築を目的としている。

(2) 医療従事者等は、患者等が患者の診療記録の開示を求めた場合には、原則としてこれに応じなければならない。

(3) 患者本人から代理権を与えられた親族およびこれに準ずる者も診療記録の開示を求め得るものとする。

(4) 医療従事者等は、診療記録の開示の申立ての全部または一部を拒む場合には、原則として、申立人に対して文書によりその理由を示さなければならない。また、苦情処理の体制についても併せて説明しなければならない。

　そこでＡ病院に対し、この通達を根拠に、当方から上記内容を文書化してコンピュータ画面の開示請求を強く迫ったところ、応じてくれた。そして、提出された当該コピーを添付して審査請求をした結果、処分変更により障害等級1級の年金受給が決定した。

　個人情報の開示については、以前に比べてかなり世間に知れわたっているとの感触を持ってはいたが、今回のこの相談は、当該指針が求めるインフォームド・コンセントの徹底が浸透していないもどかしさを感じる事例であった。

　この状況では、一般の人々もほとんどが知らないであろう。医療機関運営者・医療従事者はもとより、年金専門家である私たちも、相談者・依頼者のための情報収集に常日頃からさらに努力する必要があると痛感させられた事例でもあった。 　　　　〔2017年6月5日号掲載〕

55

第2章 障害給付

発達障害と他の精神障害が併存する場合の初診日

Q 請求者は現在28歳。発達障害により小学校卒業まで専門の病院に通院。知的障害はない。中学は周囲の協力もあり卒業したが高校は中途退学。徐々に精神的に不安定になった。22歳頃から精神科に通院し始めたが、医師、看護師への不信感から複数の病院を転々とした。

このたび、障害年金請求のため、通院中の病院に診断書を依頼したところ、病名は統合失調症であることがわかった。22歳頃を初診日にすると保険料納付要件を満たさない。この場合、20歳前の発達障害を初診日として障害年金を請求できるか。　（S県S市　N.K）

A 発達障害と統合失調症は原則別疾患

「初診日」とは、当該傷病で初めて医師等の診療を受けた日であって、当然意図して変更することはできない。ここでの問題点は、既存傷病に発達障害があり、後発で統合失調症を併発している場合、当該両疾患は同一疾患と判定されるのか否かであり、これによって初診日や障害状態の認定契機が整理される。

厚生労働省年金局の疑義回答（平成23年7月）によると、「発達障害や知的障害である者に、後から統合失調症が発症することは極めて少ないとされていることから原則『別疾患』とする。ただし、『同一疾病』と考えられるケースとしては、発達障害や知的障害の症状の中にはまれに統合失調症の様態を呈するものもあり、このような症状があると作成医が統合失調症の診断名を発達障害や知的障害の傷病名に付してくることがある。したがって、このような場合は『同一疾病』とする」とある。

《発達障害・知的障害と精神疾病の併発例》

前発疾病 ➡ 後発疾病 ➡ 判定		
① うつ病・統合失調症 ➡ 発達障害 ➡ 同一疾病		
② 発達障害 ➡ うつ病・精神病様態 ➡ 同一疾病		
③ 知的障害 ➡ うつ病 ➡ 同一疾病		
④ 知的障害 ➡ 発達障害 ➡ 同一疾病　（例外：3級不該当程度の知的障害は別疾病）		
⑤ 知的障害 ➡ 精神病様態の神経症 ➡ 別疾病　（例外：統合失調症・うつ病併発の場合は各基準に準じて判断）		
⑥ 発達障害・知的障害 ➡ 統合失調症 ➡ 別疾病　（例外：統合失調症の様態を示す発達・知的障害は同一疾病）		

複数の精神疾患を併存している場合、その初診日を特定するのは困難な場合が多い。とくに自己判断により転院を繰り返しているような場合、病院ごとに傷病名が異なることは珍しくなく、ますます混乱することになるであろう。

この事例の場合、初診日を特定するためには、医師に幼少期からの通院歴、病態、日常生活について詳細に伝え、統合失調症は発達障害の病態として出現しているのかを確認する必要がある。相談者としては幼少期から変わらぬ病態を呈しているにもかかわらず、その病名により同一疾患と判定されない場合がある、ということ自体理解し難いかもしれない。そうであればなおのこと、医師に自身の病気について時間をかけて説明することが、障害年金請求のため、何より今後の治療のためにも必要である。　　　　　　　　〔2017年9月25日号掲載〕

① 初診日関連

「植物状態」による障害請求

> **Q** 51歳の男性の親族。本人は大手運送会社で長距離トラックのドライバーをしており、2年前の春に勤続30年の表彰を受けたが、その年の夏頃、会社の休日に心臓発作で倒れる。
>
> 救急車で運ばれる途中、心肺停止状態となり、搬送先の病院で救命措置を受け、一命は取り留めたものの意識は戻らず、担当医から「現在、植物人間状態となっており、回復の見込みはない」旨宣告を受けた。
>
> 倒れたときから健康保険の傷病手当金を受けているが、それも所定給付期間の満了（1年6か月）が間近に迫っている。この場合、労災の給付や、あるいは年金の支給を受けることはできないのか。
>
> （H県N市　N.T）

A 症状固定による障害給付の請求が可能

相談者からは労災給付にかかる相談を受けているが、この受給にあたっては、傷病と就労との因果関係（業務起因性）や発症前の就労状況（業務遂行性）を問わなければならず、また、受給できたとしても、現在受けている療養の給付（療養費）や休業の給付（傷病手当金）についての調整が必要になってくることに加え、障害給付については年金（国民年金・厚生年金保険）との調整がかかることから、今回は「業務外の傷病」として、健康保険・厚生年金保険・国民年金（基礎年金）の給付に絞り内容を展開することとしたい。

国民年金・厚生年金保険の障害年金請求にあたり、一般的には「障害認定日」における症状を確認し、障害等級に該当した場合はその日から、また、「障害認定日」の時点では症状は軽かったものの、その後重症化して障害等級に該当するに至った場合は「事後重症」として障害年金請求日から支給することとされている。

また、この「障害認定日」については、一般的に「初診日から1年6か月を経過した日」とされているが、これにもいくつかの例外が定められている。

国民年金・厚生年金保険の「障害認定基準」（平成29年12月1日現在）には、「（遷延性）植物状態」に関し以下の記述がある。

①遷延性植物状態については、日常生活の用を弁ずることができない状態であると認められるため、1級と認定する。

②障害の程度を認定する時期は、その障害の状態に至った日から起算して3月を経過した日以降に、医学的観点から、機能回復がほとんど望めないと認めるとき（初診日から起算して1年6月を超える場合を除く）とする。

本件の場合、担当医から「現在、植物人間状態となっており、回復の見込みはない」旨宣告を受けていることから、上記要件に該当することが見込まれるため、早期に障害年金の請求をすることを勧める。

なお、本件に関しては、現時点まで健康保険の傷病手当金を受けているが、同一傷病による傷病手当金と障害（基礎・厚生）年金との並行受給はできないため、遡って障害給付が決定された場合、健康保険の保険者に対し、障害年金の受給額相当額（傷病手当金の額が少ない場合はその額）を返納する必要があることにも留意する。　　〔2018年3月5日号掲載〕

第2章 障害給付

20歳前障害年金受給者の別傷病の取扱い

Q 平成9年6月生まれの男性。特別児童扶養手当を受給していたので、20歳になってすぐ知的障害による障害基礎年金を請求し、障害等級2級に認定された。その後、平成30年1月に、10歳のときに遭った交通事故の後遺症による股関節の状態が悪く（肢体の障害）なってきた。この場合、両方の障害の程度を併せて1級の障害年金として受給できないか。また、受給できる場合は手続きを教えてほしい。　　　　（K県T市　O.M）

A 「額改定による請求」が可能

　質問内容を整理すると、20歳前発症による障害基礎年金（知的障害・2級）の受給中に、20歳前に発症した別の傷病（肢体）による障害が重くなったので、両方を併せて1級にならないか、という内容である。

　知的障害と肢体障害、いずれの障害認定日も20歳前であるのに、なぜ両方の請求をしなかったのか相談者に確認したところ、20歳到達当時「特別児童扶養手当の診断書の写し（知的障害のみ記載）」で障害基礎年金を申請していた。また、股関節（肢体障害）については、20歳の時点で治療を受けておらず、診断書も提出できなかった、との回答であった。

　20歳前に認定日がある障害による障害基礎年金の場合、診断書の提出の有無にかかわらず、20歳の時点にあるすべての障害を併せて等級が判断される、と考えられている。

　相談者の場合、20歳のときに、知的障害と肢体の障害があった。ただ、肢体に関しては障害等級に該当せず、その後、状態が重くなったので併合や改定ではなく、「額改定による請求」という扱いになる。

　ただし、「額改定による請求」は、年金機能強化法で規定された省令に定められた障害の程度が増進したことが明らかである場合を除き、「障害年金の受給権を取得した日又は厚生労働大臣の障害の程度の審査を受けた日から起算して1年を経過した日」後でなければ行うことはできない。

　相談者の場合は、受給権が発生した日から1年経過した日でなければ、「額改定による請求」ができない、ということになる。

　仮に、20歳の時点で肢体の障害についても障害等級が2級以上に該当していたことが判明した場合、肢体の診断書の提出漏れとして、障害年金の決定のやり直し（再裁定）ができる。そのときは、20歳の時点前後3か月以内の現症日の肢体の診断書を添付し、審査の結果、1級に認定されれば、20歳の時点に遡って年金が支給される。

　しかし残念ながら、今回の場合、20歳時点で肢体の障害に関する診察を受けておらず、当時の状態のわかる診断書は作成できないと思われるため、決定のやり直し（再裁定）はできないと考える。

　「額改定による請求」の手続きは、受給権が発生した日から1年経過後に、肢体を含めた内容の障害基礎年金の請求書と額改定請求書に、請求日前1か月以内の現症日の診断書を添えて、手続きを行う旨アドバイスした。

　審査の結果、障害等級1級として認められれば、請求日に増額改定されるので、1年経過後の6月中には手続きをすることを勧める。　　　　　　　　　〔2018年3月12日号掲載〕

② 障害給付と他の年金との関連

労災障害補償年金受給者の年金

Q 私（64歳）は在職中で、労働者災害補償保険法による障害補償年金と障害厚生年金（3級）を受けているが、障害の状態が重くなったので、65歳で退職する予定。特別支給の老齢厚生年金は、全額停止されていた。年金支給はどうなるのか。（Ｔ県Ｎ市　Ｔ.Ｗ）

A 65歳以降の年金は3通りから

　同一の支給事由による「労災の障害補償年金」と「障害厚生年金・障害基礎年金」を受給する場合、「障害厚生年金・障害基礎年金」は全額支給され、年金の種類により定められた一定の率で、減額調整された「労災の障害補償年金」を受給することになる。

労災保険法15条・18条・別表第1

併給される年金の種類	障害厚生	障害基礎	障害厚生と障害基礎
調整率	0.83	0.88	0.73

　相談者のように、障害の状態が重くなったのであれば、「障害給付額改定」の請求を検討することを勧める。障害等級が2級以上に認定されれば、障害基礎年金が受給でき、65歳以降の年金の受給方法として次の3つの組合せのうちいずれか1つを選択して受給できる。
①障害基礎年金（2級）・障害厚生年金（2級）　②老齢基礎年金・老齢厚生年金　③障害基礎年金（2級）・老齢厚生年金

　ただし、①の「障害基礎年金（2級）・障害厚生年金（2級）」を受給したときは「労災の障害補償年金」の27％が減額されて73％の受給、③の「障害基礎年金（2級）・老齢厚生年金」なら12％が減額されて88％が受給できる。なお、労災の障害補償年金が減額されても、付随して受給できる「特別支給金」は労働福祉事業なので減額されず、満額受給できる。ちなみに、「障害厚生年金・障害基礎年金」と「労災の障害補償年金」の受給事由の傷病が同一でなければ、併給調整の対象とならない。

　相談者が、先の①〜③の組合せのなかで、仮に年金額が最も少ない②「老齢基礎年金・老齢厚生年金」を選択したとしても、「労災の障害補償年金」は減額されないので、総受取額が一番高くなることもある。

　障害等級が3級のままであれば、次の2つの組合せからの選択となる。
ⓐ「障害厚生年金（3級）」＋「労災の障害補償年金（17％減額）」
ⓑ「老齢基礎年金・老齢厚生年金」＋「労災の障害補償年金（減額なし）」

　当然ⓑの「老齢基礎年金・老齢厚生年金」と「労災の障害補償年金（減額なし）」の組合せが高くなるはずだが、「老齢基礎年金・老齢厚生年金」は雑所得として所得税の対象となり、税金だけでなく前年度の所得により算定される国民健康保険料や介護保険料等にも影響があるので、税務署や市役所に確認が必要である。

　以上、障害の状態が重くなったのであれば、「障害給付額改定」を請求し、障害等級が2級以上に認定されれば、障害基礎年金を受給できることなど総合的に判断して、65歳時には、「老齢給付年金請求書（ハガキ様式)」と選択届を提出する。なお、併せて労災保険の障害補償年金の等級が上がることもあるため、手続きが必要である。　　　　〔2015年5月25日号掲載〕

第2章 障害給付

旧法障害年金受給者の老齢年金

Q 昭和21年4月生まれの男性。高校を卒業して昭和40年4月に就職し、厚生年金に加入したが、昭和52年4月に交通事故で大ケガをして、旧法厚生年金の障害年金3級に該当した。そこで会社を辞めたが、国民年金には加入しなかった。このたび、日本年金機構から短縮用ターンアラウンドの老齢年金請求書が送付されてきたが、手続きについて教えてほしい。
（N県O市　Y.K）

A 年金事務所に年金額試算を依頼し税等も考慮して有利な方を選択

相談者は、旧法厚生年金の障害年金を受けている。旧法厚生年金の障害年金受給者の場合、当時の国民年金は任意加入制であったので手続きを取らなかったのであろう。この未加入となった期間のうち、昭和52年4月から昭和61年3月までの間は合算対象期間となる。

昭和61年4月1日以降は国民年金の強制加入者となるが、旧法厚生年金の障害年金受給者の場合は、障害等級3級でも法定免除となる（新法の障害年金受給者の場合、障害等級2級以上で法定免除）。相談者は、障害厚生年金受給者なので、永久固定と認定され、昭和61年4月から60歳になる平成18年3月までの20年間は、国民年金に加入し法定免除期間となる。厚生年金の期間と合算対象期間、国民年金の法定免除の期間を合わせれば、本来の受給資格期間である25年を満たす。受給権の発生日は、法施行日の平成29年8月1日ではなく、本来の特別支給の老齢厚生年金の受給権発生日、平成18年4月となる。

ただし、相談者は、60歳の特別支給の老齢厚生年金の受給権発生時に旧法厚生年金の障害年金を受給しているため、1人1年金の原則によりどちらかを選択しなければならない。65歳になっても、旧法厚生年金の3級の障害年金と新法老齢基礎・厚生年金は完全選択となる。旧法厚生年金の3級の障害年金額は、障害年金の受給権を取得した月までが算入されるが、その月数が240月未満である場合は、240月として計算し、また基礎年金額の満額が最低保障される。

65歳からの老齢厚生年金は実際の加入月数で計算され、老齢基礎年金は20歳以上の厚生年金加入期間に20年間の国民年金法定免除期間を合わせて計算した額が支給される。

税金面では、障害年金が課税対象外となる半面、老齢年金は「雑所得」として課税対象となるものの、年額158万円を超えなければ非課税となる。年金事務所で見込額を試算してもらい年金受給額を比較し、その他税金や保険等も踏まえて総合的に判断することを勧める。

とくに相談者の場合、時効により老齢年金の支給は5年しか遡れない。その5年間のうちで、旧法厚生年金の障害年金と新法の老齢基礎・厚生年金とどちらか有利な方を選択しなければならない。このため直接年金事務所へ出向き相談し、納得したうえで手続きを進めてほしい。

確かに短縮用ターンアラウンド用指定請求書には、あらかじめ年金請求に必要な年金加入記録なども含め基本項目が表示されているので、年金事務所に出向かず郵送で年金請求手続きができ利便性はあるが、相談者の場合は上記選択の決定もあり、年金事務所に出向いてほしい。

〔2017年8月7日号掲載〕

② 障害給付と他の年金との関連

労災年金と基礎・厚生年金との併給調整

Q 28歳の女性。私の夫は3年前、会社からの帰宅途中にバイクによる自損事故を起こし、脊椎損傷、下半身不随による車椅子生活となり、身体障害者手帳1級が交付された。年金機構から1級の障害厚生・基礎年金と、労災保険から障害等級1級の年金を、減額調整して受給していた。

先日その夫が突然死した。解剖の結果、死因は心筋梗塞であった。車椅子生活になってからのストレスが原因かと思われるが、私は今後、厚生年金および労災保険からどのような年金が受けられるのか教えてほしい。なお現在、子どもはなく、妊娠もしていない。

(K県K市　A.S)

A 労災保険の遺族給付は対象外。遺族厚生年金は5年有期の支給

相談者の夫は、労働者災害補償保険法（以下労災保険という）から、障害等級1級に認定され、給付基礎日額（労働基準法上の平均賃金）の313日分の障害給付（年金）を受給していた。さらに、厚生年金の被保険者期間中に初診日のある傷病につき、被保険者期間が300月に満たなくても、300月あるものとみなし計算された額に25％割増された、1級の障害（基礎・厚生）年金（厚生年金は配偶者加給付加）を受給していた。

労災保険による障害給付（年金）と、日本年金機構の障害厚生・基礎年金が併給される場合は、労災の障害給付（年金）は減額調整される。これは、両制度からの年金が未調整のままの場合、受け取る年金額の合計が、被災前に支給されていた賃金よりも高額になってしまうからである。また、保険料負担について、厚生年金は被保険者と事業主とが折半で、労災保険は事業主が全額負担していることから、事業主の二重負担の問題が生じてしまうからである。

今回のように、労災保険（年金）の障害補償年金（通勤災害の場合は「障害年金」）と、障害基礎・厚生年金の両方の権利を有する場合、労災保険（年金）の額に0.73の調整率を掛けることとされているが、この減額に当たっては、調整された労災保険（年金）の額と基礎・厚生年金の額の合計が調整前の労災保険（年金）の額より低くならないよう考慮されている。

さて、労災保険（年金）では、業務または通勤途上の事故が原因で死亡した労働者の一定の遺族には、遺族（補償）給付（年金・一時金）が支給される。ただし、労災保険の受給に当たっては、傷病と就労との因果関係（業務起因性）や発症前の就労状況（業務遂行性）を問わなければならない。

今回の相談者の夫の死亡原因は「心筋梗塞」で、受給していた労災保険の障害年金の原因傷病（＝通勤災害）との因果関係はないものと認めざるを得ず、結果その対象とはならないものと思われる。ただし、相談の内容から、障害年金の受給済額が労災保険で定めている一定額（障害1級の場合は1340日分）に満たないと考えられるため、その差額が一時金として、生計を同じくしていた妻に支給される。

なお、相談者には、遺族厚生年金が受給できると思われるが、受給開始当時の年齢が30歳未満で、なおかつ18歳到達年度の末日までの子がいない場合、その受給は「5年間の有期給付」となるので、併せて注意が必要である。　　　　　　　　　　　　　　〔2018年7月2日号掲載〕

第2章 障害給付

障害年金受給者の国年保険料納付への対処

Q 現在25歳。国民年金に未加入（未納）であったが、中学生のときに発症した傷病が
もとで最近障害状態となり、20歳前障害による事後重症の障害基礎年金が受給でき
るようになった。年金事務所から障害年金受給前の国民年金保険料の納付案内のほか、後
納制度の案内も届いているが、これはどのように対処したらよいか教えてほしい。

（S県E市　K.M）

A 納付方法の多様性に対処、本人の意思を尊重することが肝要

　無年金、低年金の防止を図るため、平成24年10月から国民年金の後納制度が創設されており、
現在の制度は過去10年分が納付可能である。さらに平成27年10月からは納付可能期間が短縮（過
去5年分）となり、保険料が割高となるものの、制度自体は平成30年9月まで継続される予定
となっている。

　また、平成26年4月から、障害年金受給権者等を対象にした国民年金の「法定免除期間の納
付申出」が開始されており、これに伴い付加保険料の納付や国民年金基金への加入も可能となっ
ている。

　障害年金受給者から相談を受けた場合、どうしても現時点での「損得勘定」が先行しがちで
あるが、障害年金受給前の年金加入歴が個々まちまちであること、また若年者の場合、今後ど
のような人生を送るか不明なうえ、昨今の障害者雇用の拡大も併せ、厚生年金・共済年金加入
の可能性も広がっていると思われることから、以下の内容をていねいに説明のうえ、判断は本
人の意思を尊重すべき、と考えられる。

①年金の金額の対比

　障害基礎年金の2級は老齢基礎年金の満額、1級はその1.25倍である。一方、老齢基礎年金
は加入（納付、免除）期間に応じた金額であるが、付加保険料を納めた場合は「付加年金」、
国民年金基金に加入すれば「基金年金」が受給できる。

　また、条件が整えば「振替加算制度」もあるので、加入（納付、免除）の状況によっては障
害基礎年金より多額の老齢基礎年金を受給できる可能性が否定できない。

　なお、障害基礎年金を受給しながら国民年金基金の基金年金を受給することも可能だが、こ
の場合、基金年金に含まれる「代行部分」（付加年金相当分）は支給停止となる。

②障害年金の種別に注意

　「20歳前障害」による障害基礎年金の場合、60％国庫負担の年金であることから本人の所得
制限がある。また海外転出した場合は支給停止されることに注意が必要である。

③「永久固定」と「有期認定」

　その障害が一生軽快しないことが明らかであると「永久固定」となるが、障害基礎年金受給
者の障害状態が軽快し、「1、2級不該当」となった場合は支給停止、あるいは失権の扱いと
なる。そうなると老齢基礎年金しか選択肢はなく、まさしく加入（納付、免除）期間の多寡に
左右されることとなる。

　なお、上記①〜③のほか、厚生年金・共済年金に加入した場合の「受給選択」方法、とくに
65歳以降の選択についても説明が必要になる。　　　　　　　〔2015年4月20日号掲載〕

③ その他

繰上げ受給者の障害年金認定日請求

Q 私は、62歳の誕生月に老齢基礎年金を繰上げ請求した。61歳のときからうつ病で入退院を繰り返していたが、医療費の支払いに困窮していたところ、病院のソーシャルワーカーから障害年金を請求してみてはどうかと言われた。老齢基礎年金繰上げ請求時に事後重症の障害年金が請求できないことは説明を受けたが、障害認定日の請求はできないか。60歳以降、国民年金の任意加入や厚生年金にも加入していない。（A県S市　T.K）

A 繰上げ受給者の障害年金は、初診日の時期と加入状態で判断

　相談者は、61歳で繰上げ請求をする際に、「本来65歳から支給される老齢基礎年金を繰上げ受給すると65歳に達したものと見なされる。そのため、繰上げ受給していなければ請求可能な障害年金の事後重症請求ができなくなる」、また、「ずっと３級のまま一度も障害基礎年金の受給権を得ていない障害厚生年金の受給者が、繰上げ請求後に２級に該当しても、障害基礎の請求はできない」などとの説明を受けていた。

　しかし、ソーシャルワーカーに認定日による障害年金の請求を勧められた。繰上げ受給権発生前に初診日がある傷病により認定日請求ができるのは、次の場合とされる。

①初診日において被保険者（60歳前の被保険者、60歳〜65歳までの国民年金任意加入被保険者、厚生年金被保険者）であるときの認定日請求（認定日が繰上げ請求後でも請求可能）

②60歳以後の被保険者でないときに初診日があり、障害認定日が繰上げ受給権発生前である認定日請求

③繰上げ受給権発生前に初めて２級に該当した場合の初めて２級請求

④障害基礎年金２級を受給していた人にその他の傷病が発生した場合は、その他傷病に関する繰上げ受給権発生前の障害認定日以降繰上げ受給権発生前において、２級とその他障害を併せて１級の認定を求める額改定請求

⑤障害基礎年金２級を受給していたが支給停止となっている人が、その他傷病により支給開始を求める場合は、その他傷病に関する繰上げ受給権発生前の障害認定日以降繰上げ受給権発生前までにおいて、支給停止となっている障害基礎年金２級と、その他障害を併せて２級に該当することにより支給再開を求める請求（支給停止事由消滅届）

　以上から老齢基礎年金繰上げ受給者の障害認定日請求は、事後重症請求と異なり、条件によって請求可能な場合とそうではない場合がある。

　この相談者の場合は、60歳以降国民年金に任意加入せず、被保険者期間でないときにうつ病の初診日があり、その障害認定日は繰上げ受給権発生後となるため、残念ながら認定日請求はできない。

　障害のある者は、労働が困難で収入が少ないことから医療費や生活費に困窮し、老齢基礎年金を繰り上げて受給しようとするケースが少なくないが、後で取り消すことはできないだけに熟慮する必要がある。　〔2015年８月17日号掲載〕

第2章　障害給付

障害厚生年金の妻の加給年金

Q 私は現在58歳で、民間企業に22歳から継続して勤務している。最近、糖尿病が悪化し人工透析治療を行っている。5か月前に障害厚生年金の請求を行い、障害厚生年金2級の支給を受けることになった。妻（56歳）は民間企業に11年勤務している。妻には家賃収入を含め年間1,200万円の収入があるが、60歳の定年を機に退職する。障害厚生年金に妻の加給年金は支給されるか。
（T県N市　M.S）

A 障害厚生年金の加給年金の支給は現在の収入・所得要件で判断

　老齢厚生年金と遺族厚生年金の生計維持認定における収入要件は、下記に該当することが必要である。なお、「年収－必要経費＝所得」である。

①前年の収入（前年の収入が確定しない場合にあっては、前々年の所得）が850万円未満であること。

②前年の所得（前年の所得が確定しない場合にあっては、前々年の所得）が655.5万円未満であること。

③一時的な所得があるときは、これを除いた後、前記①または②に該当すること。

④前記①、②または③に該当しないが、定年退職等の事情により近い将来（おおむね5年以内）収入が年額850万円未満または所得が年額655.5万円未満となることが認められること。

　つまり、老齢厚生年金と遺族厚生年金の生計維持認定の場合、請求時点で収入や所得が超えていても、近い将来（おおむね5年以内）該当することが認められれば支給される。

　しかし、障害厚生年金の生計維持認定における収入要件については、下記に該当することが必要である。

①前年の収入（前年の収入が確定しない場合にあっては、前々年の収入）が850万円未満であること。

②前年の所得（前年の所得が確定しない場合にあっては、前々年の所得）が655.5万円未満であること。

③一時的な所得があるときは、これを除いた後、前記①または②に該当すること。

④前記①、②または③に該当しないが、定年退職等の事情により、今後、収入が減り年額850万円未満または所得が年額655.5万円未満となったとき。

　相談者の場合、妻の定年が4年後であり、退職後に収入または所得が下がっていれば、その時点から要件を満たせる。

　老齢厚生年金、遺族厚生年金の生計維持認定における収入要件では、近い将来（おおむね5年以内）の見込みで判断されるが、障害厚生年金では、現在の収入・所得をみて判断する。

　平成23年4月以降、障害年金の場合、受給権発生後でも、結婚、出産、および収入減などの事実が発生し生計維持が認定されれば、配偶者の加給や子の加算がされる扱いとなっている。

　障害厚生年金（2級以上）の受給者である相談者の場合、受給権発生後でも、妻が一定以下の収入になり生計維持の要件を満たしたときに加給年金の申請ができ、妻が65歳になるまで加給年金の受給が可能である。
〔2015年11月23日号掲載〕

③ その他

家族構成の変化による障害年金の加算

Q 私（47歳）は夫と子ども２人（児童扶養手当の対象外）の４人暮らしで、現在障害厚生年金の２級を受給中である。夫（52歳）の収入と年金だけでは生活が苦しく困っている。夫や子どもがいる場合は障害年金に手当が付くと聞いたが、私の年金状況を調べてほしい。 　　　　　　　　　　　　　　　　　　　　　　　　　　（Ｔ県Ｏ市　N.K）

A 障害年金加算改善法の適用を考慮

　相談者は、平成16年３月から傷病名はうつ病で障害厚生年金３級を受給していた。当時は離婚後の独り身で、その後平成18年に現在の夫と再婚し、平成20年に子（双子）をもうけた。環境の変化と育児ストレスで症状が悪化し、平成23年１月には障害厚生年金２級に額改定された。

　相談者の質問にある夫や子どもを対象とした障害年金の手当というのは、配偶者の加給年金や子の加算額（以下、加給年金等）のことだと思われたが、相談者の年金にはいずれも加算されていなかった。

　従来、加給年金等は障害年金を受ける権利が発生した時点で要件を満たす配偶者や子がいる場合に加算されていたが、平成23年４月に施行された「障害年金加算改善法」により、障害年金を受ける権利が発生した後に結婚や子の出生等により新たに生計維持要件を満たす配偶者や子がいる場合にも、年金受給者の届出により加給年金等が加算されることになった。障害者の所得保障の充実を図ろうとする法律である。

　つまり、相談者の配偶者の加給年金については障害厚生年金の受給権を取得した当時（平成16年３月）には対象者がいなかったものの、後に結婚し、すでに２級改定済のため「障害年金加算改善法」が施行された平成23年４月には加算されることになる。また、子の加算額については障害基礎年金の受給権を取得した当時（本事案では３級から２級へ額改定された平成23年１月時点）には２人の子（年齢や障害状態の別途要件あり）がいたのであるから、本来ならばその時点で加算されるべきであったが、届出がなされておらず子の加算漏れが発生していた。

　上記の説明により、相談者は改めて夫と子どもの加給年金等の加算開始の手続きを行った。届出は「障害給付加算額・加給年金額加算開始事由該当届（229号−１）」を使用し、配偶者や子が年金受給者と生計を同じくしていることを証明するための戸籍謄本と世帯全員の住民票に加え、配偶者（本事案では夫）の年収が850万円未満であることを確認するために平成23年度以降から現在に至るまでのすべての年度の所得の証明書を添付した。結果、平成23年１月からは２人の子の加算額、平成23年４月からは配偶者の加給年金額も遡及して支給されることとなった。

　本事案は、相談者からの問合せで加給年金等の漏れがわかったが、仮に、障害年金の等級の変更（額改定）時や家族構成に変化があった場合などは、加給年金等が適正に加算されているかを年金事務所に確認することを勧める。

　なお、平成26年12月からは子が児童扶養手当を受けることができる場合は子の加算を優先して受け取り、その上で子の加算額が児童扶養手当額を下回る場合は、差額分を受け取るようになっている。 　　　　　　　　　　　　　　　　　　　　　　　〔2016年４月25日号掲載〕

65

第2章 障害給付

障害年金受給者と相続遺産

Q 私は昭和29年生まれの62歳。生まれたときから耳が聞こえないため、１級の障害基礎年金を受給している。このたび親が亡くなり土地を相続したが、この土地を売却することを考えている。相続や土地の売却で私の受けている障害年金は支給が止まるのか。また、障害年金より金額は少ないが、特別支給の老齢厚生年金の受給権もある。いつどのような手続きをすればよいのだろうか。　　　　　　　　　　　　（K県H市　F.A）

A 土地売却の翌年と翌々年の２段階に分け、年金支給替えの届出を

　相談者は障害福祉年金から障害基礎年金に裁定替えされた年金を選択受給している（60年改正法附則25条）。相談者の福祉年金は20歳前の傷病による補完的障害福祉年金で、拠出制の障害年金の２分の１程度と低額であった。

　そこで法律は、障害者間における不公平の是正ということで、昭和61年４月１日から障害福祉年金は国民年金法30条の４第１項（20歳前の傷病による障害）に該当するものとみなして名称を障害基礎年金とし、年金額も拠出制と同額に制定した。そしてこの年金は保険料の拠出を要さない無拠出年金であるため、20歳前障害による障害基礎年金の所得制限（国年法36条の３）が適用されるとしている。

　障害基礎年金を支給停止する場合の受給権者の所得は、住民税の課税対象となる所得であって、本人の前年の所得が政令で定める限度額を超えるときは、その年の８月から翌年の７月まで年金額の全額または２分の１が支給停止される。

　全額支給停止の場合の所得限度額は、462万1000円（扶養親族なしの場合）。２分の１支給停止の場合の所得限度額は、360万4000円（扶養親族なしの場合）である。

　この20歳前の傷病による障害基礎年金の受給権者には、毎年７月初めに日本年金機構から「所得状況届」が郵送されてくる。ハガキ様式の場合は、住所、氏名、電話番号など必要事項を記入し、７月中に住所地の市区町村役場の国民年金の窓口に提出することになっている。

　さて、相談者の場合についてであるが、土地を相続した場合は相続税の対象であって、住民税の課税対象ではないので所得制限はかからない。

　次に、相続した土地を売却した場合は譲渡所得で、これは住民税の課税対象となり、限度額を超過すると所得制限の対象となる。

　そこで、土地を売却した翌年の７月に「所得状況届」と一緒に老齢厚生年金に選択替えする「年金受給選択申出書」を提出し、さらに次の年の７月に障害基礎年金に選択替えする申出書を所得状況届と一緒に提出する。

　わずらわしさはあるが、このように２段階に分けての届出をすれば、障害年金支給停止月から特別支給の老齢厚生年金が支給され、給付制限終了の翌月から金額の多い障害年金の支給に戻すことができる。

　相談者が年金の支給されない月のないよう、そして金額的に不利益を被らないようにアドバイスすることを心がけたい。　　　　　　　　　　　〔2016年９月26日号掲載〕

③ その他

人工透析開始による障害年金請求

Q 現在50歳の男性。22歳で大学を卒業後、一般企業に就職し、厚生年金に継続加入している。20歳からこの間、年金の加入期間に空きはない。

30歳頃より糖尿病を指摘されて以来、現在まで治療を続けているが、最近、腎臓障害により人工透析を始めた。人工透析を開始後3か月経ったところで障害年金の請求ができると聞いていたので年金事務所に相談に行ったところ、「すぐに請求手続きをしなさい」との説明だった。なぜか教えてほしい。

（N県S市　K.T）

A 人工透析での請求は「本来」よりも「事後重症」の可能性が大きい

相談者の場合は、「事後重症」による障害年金請求となることが考えられ、請求日以降の支給となるので請求手続きを急ぐよう指示されたものと推察される。

障害給付の請求にあたり、一般的には「障害認定日」における症状を確認し、障害等級に該当した場合はその日から支給される。また「障害認定日」の時点では症状は軽かったものの、その後重症化して障害等級に該当するに至った場合は、「事後重症」として請求日から支給とされている。

この「障害認定日」について、現制度においては一般的に、「初診日から1年6か月を経過した日」とされているが、これもいくつかの例外があり、初診日から1年6か月を経過する前であっても、①手足の切断の場合はその日、②心臓ペースメーカー、人工弁、人工関節等の装着・増設の場合は装着・増設日、③人工肛門（ストーマ）の増設、尿路変更術を行った場合は施術後6か月経過した日、④人工透析を開始したときは開始3か月経過後、⑤脳血管障害による四肢麻痺等で初診日から6か月経過後に症状が固定したと認められる場合はその日、⑥咽頭癌等を原因とする咽頭除去術を行った場合はその日に症状が固定したものとみなされる。

このなかで気をつけなければならないのが③および④のケースである。両者とも施術等を行った日から数か月の期間を置いているが、これは、あくまで原因となった傷病の初診日から1年6か月以内のケースなので注意が必要である。

原因傷病の初診日から1年6か月経過した後に施術等を行った場合は、認定日を過ぎているのでその日から「事後重症」として障害給付の請求が可能となることに気を付けたい。

一般的に人工透析を開始した場合、「初診日、即人工透析開始」という場合もなくはないが、相談者のように腎疾患で長年通院を続けていることが多く、またその原因も糖尿病等の治療から続いていることが多い。相談者も、初診日は糖尿病の初診日まで遡るので、透析開始後3か月待つ必要はなく、すぐ「事後重症」請求をすることを勧める。

なお、③および④の場合において、認定日まで数か月の期間を置いているのは、両方のケースとも原因傷病の根本治療を行うために一時的に施術等を行うことがあり、日常生活において常時その施術等が必要になるか見極めるために期間を置いているもの、と推察される。

〔2016年10月10日号掲載〕

第2章　障害給付

原因傷病による障害年金請求の可否

Q 現在45歳の女性。18歳で高校を卒業し一般企業に就職、厚生年金に継続して加入していて、加入期間に空きはない。

会社の定期健診で乳がんを指摘され、最近乳房切除術を受けた。手術に伴い筋肉を少し傷つけて、腕が少々上がりにくくなり、この間リハビリを続けていたが、これもそろそろ解消されそうだ。

最近、病院の掲示板に「がんでも障害年金がもらえます」旨の広告が貼ってあった。私のような傷病でも障害年金の請求ができるのか。　　　　　　　　（A県M市　S.H）

A 障害年金は原因傷病により選別されない

最近、「〇〇（傷病名）でも障害年金がもらえます」旨の広告が増えており、こうしたことから自分も罹患したが障害年金を請求できるのか、との相談が増えてきている。これは、障害年金に関する周知・広報が不足しており、結果、障害年金に対する理解が不足しているからだと思われる。

結論から言うと、もともと障害年金には、この傷病で請求できるかできないかという、原因傷病により選別される要素はない。

つまり、傷病を原因としてどのような障害が生じ、その障害が日常生活・就労にどの程度影響を及ぼしているか（障害認定基準に該当するか）、が判断要素である。脳出血や脳梗塞等の脳血管障害の場合における、原因となる血管障害により判断するのではなく、そこから起因する四肢麻痺に対する肢体状態や、高次脳機能障害に対する心身（精神）状態、および失語症に対する言語障害での判断を行う事例等がわかりやすいかもしれない。ただし、原因傷病の特定は、その傷病から考えられる障害であるか否か、またその傷病でこの障害はあり得ないのではないか、との判断材料として必要であると考える。

また、障害者手帳等を所持していなければ障害年金が受給できない、ということもない。実際、最近症例が出始めている「慢性疲労症候群」や「線維筋痛症」等は、現状で障害者手帳の交付対象とはなっていない。ただ障害者手帳等を所持している場合、同一傷病による障害年金請求にあたり、判断基準が違うこと自体問題があるため、この整合性を取ることも必要になる場合もあり得ると考える。

相談者のように、悪性新生物による障害については、具体的な日常生活状況等により総合的に判断することとされており、長期にわたり日常生活や就労に相当程度制限を受けることが条件とされている。

今回のケースについては、おそらく、障害認定基準には該当しないと思われる。請求は可能であるが、障害年金に該当するか否かは別問題であるので注意が必要である。

なお、障害を持ちながら障害年金が未請求となっているケースは数多く、その原因は前述した周知・広報の不足による理解不足と請求事務の煩雑さから来ていることは容易に想像がつく。

関係機関に対し、誰でも障害年金の概略が理解できるよう、周知・広報にさらに工夫を求めると同時に、障害年金に精通する職員を増やすべく職員教育の徹底を求めるところである。

〔2016年11月14日号掲載〕

③ その他

がんによる障害請求

Q 昭和28年生まれ、来月65歳になる男性。大学卒業以来勤務をしていた会社から10年ほど前退職勧奨を受け、退職後現在までフリーランスのシステムエンジニアをしている。退職の1年前にがんと診断され、右の腎臓の摘出手術を受けた。その後は幸い再発せず、日常生活を送るには支障はないが、健康人と比べ免疫力が低下し、かぜをひきやすい体質になった。少額の特別支給の老齢厚生年金は受給しているが、最近は年齢が原因か仕事が減り、収入も不安定な状況にある。先日、がん患者も障害年金を受けられると聞いた。私のような場合はどのような取扱いになるのだろうか。　　　　（K県S市　S.A）

A 請求は可能だが認定基準非該当と判断

　日本では、3人に1人以上ががんに罹患すると言われ、社会問題となっている。また、最近、「がんでも障害年金がもらえます」旨のキャッチフレーズを掲げた広告も散見され、自分も障害年金を請求できるのか、との相談も目立つ。本件も、相談者は収入の減少などの将来の不安から、障害年金に該当するか否か、年金の増額を期待して相談に来た。

　障害年金は、傷病を原因として障害が生じ、日常生活・就労にどの程度影響を及ぼしているか（障害認定基準に該当しているか）が判断要素であり、この傷病で請求できるか否かといった、原因傷病により選別される要素はない。

　さて、がんによる障害年金については、厚生労働省策定の「国民年金・厚生年金保険　障害認定基準」には、「悪性新生物による障害」の項目があり、概要は以下のとおりである。

　「悪性新生物による障害の程度は…具体的な日常生活状況等により、総合的に認定するものとし、当該疾病の認定の時期以降少なくとも1年以上の療養を必要とするものであって、長期にわたる安静を必要とする病状が、日常生活の用を弁ずることを不能ならしめる程度のものを1級に、日常生活が著しい制限を受けるか又は日常生活に著しい制限を加えることを必要とする程度のものを2級に、また、労働が制限を受けるか又は労働に制限を加えることを必要とする程度のものを3級に該当するものと認定する。」

　また、この認定基準を読み進めていくと、悪性新生物による障害の程度として、著しい全身倦怠や、衰弱または障害を伴わないと認定できない旨読み取ることができる。

　咽頭がんを原因とする咽頭除去を行った場合の失語状態や、大腸がんを原因とする人工肛門の増設、膀胱がんを原因とする尿路変更を行った場合等の例外的ケースはある（それぞれの障害に対し別の認定基準あり）ものの、今回の相談の内容から察するに、健康人と比べて免疫力が低い、かぜをひきやすい体質だといった事情だけでは上記要件には該当せず、障害認定基準には該当しないと思われる。障害年金の請求は可能だが、障害年金が受けられるか否かは別問題であるので注意が必要。

　なお、相談者の場合、配偶者たる妻は年下で、パート等の収入は、100万円未満とのこと。よって65歳到達時には、特別支給の老齢厚生年金に代わり、老齢基礎年金、老齢厚生年金、ならびに配偶者加給年金と配偶者特別加算が付与支給される。　　　〔2018年3月26日号掲載〕

第2章 障害給付

本人死亡後の障害年金の請求

 病気療養中だった会社員の夫が40歳で死亡した。本人死亡後でも障害年金の請求はできるのか。　　　　　　　　　　　　　　　　　　　　　　　　　（M県T市　K.H）

 障害年金の認定日請求ができる

1．障害年金の受給要件

　障害年金を受給するためには、次の3要件を満たす必要がある。

①初診日要件　初診日に年金制度（国民年金、厚生年金保険）に原則として加入していること。

②保険料納付要件　初診日の前日において、前々月までの保険料を全被保険者期間の3分の2以上納付していること。または、65歳未満であれば、初診日の前々月までの直近1年間に保険料の未納がないこと。

③障害認定日要件　障害認定日（原則として初診日から1年6月を経過した日）において、障害等級に該当していること。国民年金は1級と2級の等級があり、厚生年金保険は1級から3級がある。

2．障害年金の請求方法

　障害年金の請求方法を大別すると、「認定日請求」と「事後重症請求」がある。

　「認定日請求」とは、障害認定日において障害等級に該当する程度の障害状態であるときに行う請求方法である。受給権は障害認定日に発生し、その日の属する月の翌月から支給される。

　「事後重症請求」とは、障害認定日に障害等級の状態にない者が、その後悪化したときに行う請求方法である。請求できるのは65歳に達する日の前日までであり、支給開始は請求日の属する月の翌月からとなる。

3．死亡後の障害年金の請求

　認定日請求は本人が死亡した後でも可能である。厚生年金保険法47条は認定日請求について規定しており、「障害厚生年金は…その者に支給する」とある。「支給する」とは受給権が発生することであり、障害認定日に生存し、3要件を満たしていれば、死亡月までに受け取れたはずの年金が「未支給年金」として支給される。ただし、未支給年金の請求は5年を経過すると時効により消滅し、それ以降は請求できないため、それに伴う裁定請求は行うことができない。

　一方、本人が死亡した後の事後重症請求はできない。事後重症請求について規定している同法47条の2には「障害厚生年金の支給を請求することができる」とあり、いわゆる請求年金であるため、本人死亡の場合は請求できない。

4．遺族厚生年金につながる可能性

　死亡後に障害厚生年金を請求することは、遺族厚生年金の受給につながるメリットもある。遺族厚生年金の受給要件に「障害等級1級若しくは2級の障害厚生年金受給権者の死亡」があるからである。例えば、一定の要件を満たす妻がいる場合には、死亡した夫の厚生年金加入期間が短くても300月みなし計算が行われ、かつ、中高齢寡婦加算（約58万円）の加算された遺族厚生年金が支給されることがある。

　なお、障害等級3級の場合でも、その後傷病が悪化し、死亡時2級以上に該当していたとして遺族厚生年金が支給されたケースは多々ある。　　　　　　　〔2018年6月11日号掲載〕

③ その他

審査請求と支給停止事由消滅届

Q 20歳前障害年金受給者の母。私の娘（20代後半）は軽度の知的障害があり、障害基礎年金（2級）を20歳より受給していた。今回、更新ということで、前回と同じ近所のクリニックで診断書を作成してもらい、前回と同様に市役所へ提出したところ、不支給の通知が届いた。娘の知的障害は先天性なので、状態が良くなったわけではないし、仕事も障害者雇用の枠で、前回の更新時と変更はない。この年金がないと生活が成り立たないので非常に困っている。年金を再び受け取れるようにするにはどうしたらよいか。

（K県Y市　N.R）

A 不服申立てと支給停止事由消滅届を同時に行う

　相談者の娘は、今回3回目となる障害基礎年金の更新で障害等級が「3級」相当と認定され、年金を受給できなくなった。慌てて市役所の国民年金課や近所の年金相談会に行ったら、「厚生年金保険に加入するくらい立派に働いているからですよ」と言われた。診断書にある傷病名は、「先天性軽度知的障害および広汎性発達障害」とある。幼少時より養育センターや支援学校に通っていたということから、先天性であることは疑う余地はなく、状態の変化もない。ただ、状態が安定しているということで、とくに受診の必要性を感じることがなかったため、「主治医（かかりつけ医）」がいなかった。この主治医不在が、今回の不支給につながってしまったと思われる。

　このクリニックは3年前の更新時にも診断書を作成依頼したが、その時の担当医は院長で、今回は初めて会う非常勤医師であった。本人は、とくに初対面の人の前では緊張してしまうため、医師からの質問に対し下を向いて「はい」としか返事をしなかったようだ。そのため、診断書の「⑩障害の状態（ウ　日常生活状況）」もほとんど「できる」の項目にチェックされており、「⑪現症時の日常生活活動能力及び労働能力」の欄にも、庇護的環境の障害者雇用枠とは一切言及せずに「毎日仕事に行っている」とだけ記載されていた。

　最後の備考欄には「特に問題なし。家族とも仲良く暮らしている」とあった。これでは、2級に認定されなかったのは当然であろう。そこで、すぐに転医し、本人の様子をしっかり診ていただける専門医に改めて診断書の作成を依頼した。その後、この診断書をもって『老齢・障害給付　受給権者支給停止事由消滅届』を提出し、同時に審査請求を行った。

　約2か月後に届いた審査請求の結果は、残念ながら「棄却」であったが、『老齢・障害給付受給権者支給停止事由消滅届』の結果は2級となり、無事に障害基礎年金が復活してホッとしたところである。

　本人は、障害基礎年金が再び受給できるようになった後も、親と一緒に定期的に受診している。ここで処方された薬が効いているようで、パニック状態になる回数が減ったという。障害年金の更新には、日常生活能力も含めて実態を正確に反映した診断書の提出が不可欠である。精神の障害年金受給者は本人がその診断書内容を理解できないことも多い。ふだんから主治医との良好なコミュニケーションが大切と考える。〔2018年7月30日号掲載〕

第2章 障害給付

退職後の障害年金受給者の受給選択

 26歳から共済組合員として就労中の61歳の男性。障害共済年金3級を受給中。厚生年金受給開始時（62歳）後に退職するとして、65歳までに障害の程度が増進し、障害等級2級に改定されたときの受給の選択はどうなるのか。なお、これ以外の年金加入歴はない。　　　　　　　　　　　　　　　　　　　　　　　　　　（N県N市　J.K）

A 「障害者特例」および「65歳以降の受給選択方法」に留意する必要あり

1．特別支給の老齢厚生年金受給開始時後に退職する場合
①障害共済年金3級と老齢厚生年金
　現在受給している障害等級3級の障害共済年金額は、報酬比例額80.4万円、職域加算額16.8万円、合計97.2万円であるが、組合員として就労中につき職域加算額は支給停止されている。
　特別支給老齢厚生年金受給権発生時（62歳）額は、報酬比例額126.0万円、職域加算額22.8万円、合計148.8万円だが、就労中の総報酬月額相当額は44.0万円あり、在職支給停止の状態。
②障害者特例
　障害の程度が3級以上の等級に該当し、特別支給老齢厚生年金受給権発生以後に退職した場合、「障害者特例」が適用され、請求のあった翌月から報酬比例額に定額および加給年金額（該当する場合のみ）が加算されるが、障害（基礎・厚生・共済）年金の受給者は、特例の適用を受けられる状態になった時点に遡って請求が可能となる。退職時改定は煩雑性を避けて計算上考慮していないが、この場合定額70.2万円、加給年金額約39.0万円（妻は3歳年下）を加えると、「障害者特例」の年金総額は258.0万円となる。
　65歳から「定額」は老齢基礎年金と経過的加算額となる。経過的加算額は、定額から老齢基礎年金を差し引いた額となるが、経過的加算額も同様に煩雑性を避けて計算上考慮しない。この場合の65歳からの年金額は「障害者特例」と同額の258.0万円となる。

2．65歳までに障害2級に改定された場合の65歳以降の年金選択
①障害共済年金2級
　65歳までに障害等級が3級から2級に改定された場合、障害基礎年金約77.9万円と加給年金額約22.4万円が加算され、障害（基礎・共済）年金の年金額は197.5万円となる。加給年金額は、配偶者が65歳に達するまで支給される。
②65歳以降の受給選択の組合せ
　支給事由が異なる2つ以上の年金の権利を有する場合、1つの年金を選択することになるが、例外の一つとして65歳以後、「障害基礎年金＋老齢厚生年金」の組合せが可能となり、結果、以下3つの組合せ方法ができる。65歳時点での年金額を今回事例で比較してみる。
ⅰ　老齢厚生年金＋配偶者加給＋老齢基礎年金　　148.8万円＋39.0万円＋70.2万円＝258.0万円
ⅱ　障害共済年金＋配偶者加給＋障害基礎年金　　97.2万円＋22.4万円＋77.9万円＝197.5万円
ⅲ　老齢厚生年金＋配偶者加給＋障害基礎年金　　148.8万円＋39.0万円＋77.9万円＝265.7万円
　受給の選択に当たっては、金額の対比のみならず、課税対象となるか否か（障害年金や遺族年金は非課税）等も考慮する必要がある。受給の選択は、いつでも将来に向かって変更できる。

〔2018年8月27日号掲載〕

遺族給付

第3章

① 遺族給付全般 ……………………………………74

② 遺族給付と他の年金との関連 …………81

③ その他 …………………………………………85

第3章 遺族給付

別居の父母の生計維持の認定

Q 夫54歳、妻56歳の夫婦。以前は息子と3人で住んでいたが、高齢で認知症の夫の父（83歳）の介護のため、夫は勤務していた会社を退職し、夫婦だけが父と同居するため転居した。夫は収入が大幅に減少したが再就職することができ、妻は夫の被扶養者（第3号被保険者）となった。ところが、別居中の厚生年金被保険者である息子（25歳）が心不全で急死した。この夫婦は、遺族厚生年金を受給することができるのだろうか。なお、死亡した息子は、父親名義のマンションのローンや管理費の支払いを行い、母親には毎月1万円を生活費として仕送りを続けていた。　　　　　　　　　　　　　　　　　（H県S市　W.K）

A 別居中の独身の子の死亡でも遺族厚生年金の受給は可能

遺族厚生年金を受けることができる遺族は、厚生年金保険法59条に「…被保険者又は被保険者であった者の死亡の当時その者によって生計を維持していたものとする。」と規定されている。ここでいう「生計を維持していた」とは、平成23年3月23日付年発0323第1号「生計維持関係等の認定基準及び認定の取扱いについて」に基づいて、生計同一要件および収入要件を満たす必要があるとされている。

住所が住民票上異なっている場合の生計同一要件とは、生計維持認定対象者および生計同一認定対象者が死亡した者の父母、孫、祖父母または兄弟姉妹である場合は、「生活費、療養費等について生計の基盤となる経済的な援助が行われていると認められるとき」である。

また、仕送り等の額は定まっていないが、たとえ少額でも認定対象者の生活の基盤となる程度の額であれば、生計同一関係があるものと認められる。本事例では、死亡者が独身で、妻子がいないので、遺族厚生年金を請求できるのは、「父母」となるが、55歳以上という年齢要件のため「母」のみが受給権者となる。

死亡した子は、収入が減少した父に代わってマンションのローンおよび毎月の管理費を払ったり、母へ毎月1万円を仕送りしたり、賞与が支給されたときは10万円を渡していたと、送金したときの現金書留の封筒の提出もあった。生計同一関係があるかどうかは、その送金が別居していた母の生活の基盤となっていたかどうかが問題となる。本事例では、転居に伴う転職で夫の収入が大幅に減少したことで、子からの仕送りが途絶えることは、生活に影響が生じるとの母からの申立てがあった。

また、遺族厚生年金請求者が父母の場合の所得要件の確認における、生計同一の認定対象者は、同順位の請求者の父母それぞれが審査される。つまり、死亡者の父母それぞれが認定の対象者となることから、父の被扶養者（第3号被保険者）である母であっても、子との間で生計同一関係をみることとなる。

したがって本事例の場合、父は、年齢要件で遺族年金請求対象者とならず、55歳以上であって、子との生計同一関係が認定された母のみが、60歳に達するまでは支給停止となるが、遺族厚生年金の受給権者となる。　　　　　　　　　　　　　　　　　　　　〔2015年6月29日号掲載〕

① 遺族給付全般

父子家庭における遺族年金

Q 平成27年10月、妻は厚生年金に25年加入した後、会社を辞めて国民年金の第1号被保険者（1年間）加入中に死亡した。

夫である私（昭和33年1月生まれ）と17歳の子ども1人が残された。妻の死亡当時、妻と私と子は生計同一であり、私の前年度（平成26年分）の年収は850万円未満である。遺族年金は受けられるか。 （F県M市　K.A）

A 子のある夫にも遺族年金は支給

従来、遺族基礎年金の支給対象は「子のある妻または子」に限られていたが、平成26年4月1日より一定の要件を満たす「子のある夫」も新たに支給対象者となったので、一定の要件を満たせば、相談者の場合も、遺族基礎年金と遺族厚生年金が受給できる。

まず、相談者である夫が遺族基礎年金を受ける要件として、「18歳に到達した年度末までの子」と生計を同じくしていること、遺族厚生年金を受ける要件としては、年齢が55歳以上であることが必要である。

子が遺族基礎年金・遺族厚生年金を受ける要件としては、障害状態でなければ、18歳到達の年度末までと年齢制限がある。もし、障害の状態にあれば、子が20歳になるまで、遺族基礎年金の受給期間が延長される。

相談者の場合、亡妻は厚生年金25年、国民年金1年、計26年の加入期間により老齢基礎・厚生年金の受給資格期間を満たしている。

相談者である夫と子は、妻の死亡当時、妻と生計を同じくし、かつ、夫と子とも前年の収入は850万円未満であった。妻死亡当時の年齢要件でも相談者である夫の年齢は55歳以上、子は17歳なので、相談者と子に遺族基礎年金と遺族厚生年金の受給権が発生する。

問題になるのが受給の優先順位と子の成長にあわせて受給できる年金が異なることである。

相談者は遺族厚生年金の受給権者になるが、原則60歳になるまでの間、その受給が停止される。ただ、相談者が遺族基礎年金の受給権を有するときは、60歳に達する前であっても、その受給は停止されない。これにより、遺族年金の受給権発生から子どもが18歳到達年度末を迎えるまでの間、相談者である夫が遺族基礎年金と遺族厚生年金を受給でき、相談者が受給している間は、子に対する受給は停止される。

子が18歳到達の年度末を迎えると遺族基礎年金の要件を満たさなくなるため、相談者と子の遺族基礎年金の受給権は消滅する。と同時に、「夫が遺族基礎年金の受給権を有するときは60歳に達する前であってもその支給は停止されない」にも該当しなくなるため、相談者が60歳になるまで遺族厚生年金は支給停止となり、その後、相談者が60歳に到達すると「支給停止事由消滅届」を提出することにより遺族厚生年金が再び相談者に支給されることとなる。

さらに、相談者が65歳になって、自分の老齢厚生年金・老齢基礎年金の受給権が発生すると、相談者本人の老齢厚生年金額と遺族厚生年金額を比較し、遺族厚生年金額が多ければその差額が遺族年金として受給できるが、本人の老齢厚生年金額が高ければ、遺族厚生年金としての給付はなくなる。

〔2015年12月7日号掲載〕

75

第3章 遺族給付

シングルマザーの遺族年金

Q 死亡した妹（シングルマザー）の遺族年金の手続きをするため、先日年金事務所に行って来た。担当者から、子どもには遺族厚生年金は支給されるが、遺族基礎年金は支給されないと言われた。なぜなのか、教えてほしい。　　　（T県S市　A.K）

A 生計を同じくするその子の父がいるときは、遺族基礎年金は支給停止

相談者の妹は、離婚後も働きながら（正社員）、一人で子ども（8歳の男子）を育ててきたが、乳がんを患い35歳で短い生涯を終えてしまった。妹は、離婚の条件として元夫から子どもが20歳になるまで毎月4万円の養育費を受け取っていた（公正証書に記載）。元夫は再婚しており、3歳の女の子がいる。

実家の父母が元気なうちは子どもの日常生活の面倒は見てもらうことになったが、子どもが20歳になる頃には父母も高齢になるため、未成年後見人選任の申立ては相談者である兄が家庭裁判所にて手続きした。未成年後見人は、未成年者の法定代理人であり、未成年者が成人に達するまで身上監護や財産管理を行ういわば親代わりの人で、親権者とほぼ同等の権利を持つ。

本相談の詳細は、養育費を受給していると遺族基礎年金は支給されないと言われたが、今後、元夫から養育費（月額4万円）を受け取らなければ遺族基礎年金（月額約6.5万円）は受給できるようになるのか教えてほしいとのことである。

遺族基礎年金が支給停止されることについて、国民年金法41条2項で「子に対する遺族基礎年金は、妻が遺族基礎年金の受給権を有するとき、又は生計を同じくするその子の父若しくは母があるときは、その間、その支給を停止する」と規定されている。「生計を同じくする」とは、必ずしも同一の家屋に起居していることをいうものではなく、親族間において、常に生活費、学資金、養育費等の送金が行われている場合には、これらの親族は生計を同じくするものとして取り扱われる。離婚に伴う養育費の支払いが①扶養義務の履行として、②成人に達するまで、などを理由として一定の年齢に限って行われる場合には、その支払われている期間は、原則として生計を同じくするものとして元夫の扶養控除の対象とされる。本件相談の場合、公正証書にて子どもが20歳になるまで毎月4万円の養育費を父親が支払うことを定めているため、子とは生計を同じくするものと考えられ、遺族基礎年金が支給停止になったと思われる。

今後、養育費を受け取らないとすれば、元夫と話し合い、公正証書を変更してから「遺族年金受給権者支給停止事由消滅届」に証明書類等を添付して年金事務所で手続きすることにより、遺族基礎年金の受給が可能となる。単純に計算すると、20歳まで受給できる養育費より18歳になった年度の3月31日までの遺族基礎年金額の方が多いと見込まれる。これらの手続きは大変だと思うが、考慮する余地はある。

遺族厚生年金については、受給要件を満たしているため支給される。

ところで、子が直系血族および直系姻族以外の人の養子となった場合は、遺族厚生年金・遺族基礎年金の受給権は消滅するため、兄が亡妹の子と養子縁組する場合は注意が必要である。

〔2016年3月14日号掲載〕

① 遺族給付全般

遺族年金の納付要件

Q 老齢厚生年金受給者で厚生年金加入中の夫（66歳）が死亡した。夫は、死亡月の前月までに、厚生年金で90月、国民年金で150月と海外在住期間を合算対象期間60月として、300月を満たして65歳からの老齢厚生年金を受給していた。遺族年金の見込額と決定された年金証書の金額が違ったが、なぜなのか詳しく教えてほしい。なお、私は63歳で特別支給の老齢厚生年金を受給している。　　　　　　　　　　　（Y県K市　U.N）

A 65歳以降は長期要件で支給のため

　遺族厚生年金額の決定には、短期要件によるものと長期要件によるものがあり、短期要件には、被保険者が①在職中に死亡したとき、②被保険者期間中の傷病がもとで初診の日から５年以内に死亡したとき、③１級・２級の障害厚生（共済）年金受給者で死亡したとき、の３ケースがある。長期要件は、老齢厚生年金の受給権者または受給資格期間を満たした者の死亡である。

　この短期要件の①と②は、国民年金等の納付要件を満たしていなければならず、死亡日の前日において、死亡した日の属する月の前々月までの保険料納付済期間と保険料免除期間を合算した期間が被保険者期間の３分の２以上あること（いわゆる３分の２要件）が必要である。これには、死亡日が平成38年４月１日前の場合で、死亡日に65歳未満であり、死亡日の属する月の前々月までの直近１年間の保険料を納付しなければならない期間に、保険料の滞納がなければ要件を満たせる特例がある（直近１年要件）。

　遺族厚生年金の金額は、死亡者の報酬比例部分の年金額の４分の３で計算されるが、短期要件か長期要件かで、報酬比例部分の計算式の乗率が異なる。短期要件では、平成15年３月以前の期間の乗率は1000分の7.125、平成15年４月以後の期間の乗率は1000分の5.481と一律だが、長期要件では、死亡者の生年月日に応じて乗率が変わる。また、短期要件では、被保険者期間が300月（25年）未満の場合は300月とみなして計算され、40歳以上の生計維持関係のある妻には、中高齢寡婦加算も支給される。長期要件では、厚生年金の加入期間が20年以上ないと中高齢寡婦加算が付かない。

　相談者の夫は、厚生年金加入中の死亡（短期要件）と老齢厚生年金の受給権者の死亡（長期要件）の両方に該当し、直近１年間に未納がなかったので、短期要件の見込額も説明されたのであろう。しかし、相談者の夫は死亡当時、65歳を超えているので、直近１年要件ではなく、３分の２要件を満たさなくてはならず、任意加入期間である海外在住期間を除いても、加入すべき期間全部の３分の２以上の納付や免除であることを満たせなかったと推測する。このため、受給者死亡による「長期要件」で決定され、死亡者が受給していた老齢厚生年金の４分の３の金額となり中高齢の寡婦加算も付かない。

　相談者は、65歳までは相談者自身の特別支給の老齢厚生年金と遺族厚生年金との完全選択となり、65歳以降は、相談者の老齢厚生年金が全額支給され、遺族厚生年金が調整されることになる。

〔2016年９月19日号掲載〕

第3章 遺族給付

夫への遺族基礎年金受給の可能性

Q 今年56歳になる男性。大学卒業後、これまで同一の会社に勤務しており、現在年収は1000万円ある。先月、扶養に入れていた48歳の妻と死別した。妻は平成３年12月から死亡日まで国民年金第３号被保険者であり、それ以前に第１号被保険者として40か月納付があった。厚生年金に加入したことは全くない。現在は中学１年生になる妻との子と二人で一緒に暮らしている。妻の死亡で私または子が年金を受けられるか。

（A県T市　H.M）

A 子のある父も遺族基礎年金の支給対象となる

平成26年４月１日以降、年金機能強化法の施行により、遺族基礎年金の支給対象が、「子・または子のある妻」から、「子・または子のある配偶者」に拡大されたため、相談者のように、第３号被保険者中の妻の死亡であっても、夫にも遺族基礎年金が支給されるようになった。ただし、遺族年金が請求できるか他の要件についても確認しなければならない。

相談者のように、この年齢ぐらいの男性の年収は、850万円以上ある場合が多い。収入については、原則、遺族年金の受給権が発生した前年の年収が850万円未満（所得は655.5万円未満、以下同じ）であることが要件である。

しかし、たとえオーバーしていても、おおむね５年以内に850万円未満に下がる見込みがあれば請求可能である。

では、ここで言う下がる見込みとは何か。就業規則の定年条項や退職規定、会社の内規、役員であれば、議事録等により５年以内に下がる見込みの根拠の証明があることが条件になる。

また、この下がる見込みは、妻死亡当時にすでに見込まれている必要があり、死亡後に後追いでできたような証明では認められない。

相談者は現在56歳。今後の収入は、60歳で役職定年となり、その後は、シニア職員として現状の報酬より半分まで下がることが、勤務先の就業規則および内規で以前より決まっている。したがって、おおむね５年以内に年収850万円未満に下がる見込みの根拠として「就業規則および内規」を遺族年金請求に必要な他の書類に添えて、遺族年金の請求手続きをするようアドバイスした。

もし、この相談者の年収が下がる見込みがないか、下がる見込みはあるものの、その根拠の証明が全く提示できない場合は、相談者には遺族基礎年金の受給権はない。結果、子のみが遺族基礎年金の受給者となるが、父と同居しているため、請求しても全額停止となってしまう。したがって、父と別居しない限り年金は支給されないことになる。

父が収入要件を満たせず、子も親と同居のため遺族基礎年金を受給することができない場合、死亡一時金の請求の可否について考える必要がある。

相談者の死亡した妻には第１号被保険者として国民年金を納付した月数が36か月以上あるので、国民年金の独自給付として死亡一時金の請求ができる。

このように、遺族基礎年金の支給が夫に拡大されても、受給要件を満たせない場合には、死亡一時金の請求を考慮するよう勧める。〔2016年10月24日号掲載〕

① 遺族給付全般

遺族年金の生計同一に関する要件

Q 45歳の男性。40歳の妻は厚生年金に加入中だったが、白血病の治療のため会社を休職し、療養生活の甲斐なく死亡した。死亡時は、6歳の娘を連れて実家で暮らしていた。遺族年金の請求で、「生計同一関係に関する申立書」に第三者の証明をもらい提出するよう説明されたが、第三者の証明といわれてもどうすればよいのか。また、遺族年金はもらえるのだろうか。詳しく教えてほしい。 （K県S市　S.H）

A 遺族年金の受給には、生計同一の確認が必要

　妻が厚生年金加入中の死亡で、納付要件を満たしていても、相談者は45歳のため遺族厚生年金の受給権がない。しかし、6歳の娘がいるので遺族基礎年金の要件を満たす。そのため、6歳の娘には、遺族厚生年金が支給される。

　相談者は、死亡日が確認できる戸籍謄本のみ持参して年金事務所で相談したところ、他に世帯全員の住民票、相談者（請求者）の所得証明書、死亡診断書の写しと、相談者と6歳の子名義の通帳（遺族年金の受取口座）を用意する旨の説明を受けた。

　それらを用意して再び来所したところ、相談者と妻の住民票が別々だったため、追加で「生計同一関係に関する申立書」に別居の理由等を記入し、第三者による証明（署名あり）も提出するよう言われた。

　遺族年金の請求の際、「生計同一関係」にあるかが問われ、住民票が別の場合は、平成23年3月23日年発0323第1号「生計維持関係等の認定基準及び認定の取扱いについて」に次のように定められている。

＜生計同一に関する認定要件＞
① 生計維持認定対象者および生計同一認定対象者が配偶者および子である場合
ア　現に起居を共にし、かつ、消費生活上の家計を一つにしていると認められるとき
イ　単身赴任、就学または病気療養中等のやむを得ない事情により住所が住民票上異なっているが、次のような事実が認められ、その事情が消滅したときは、起居を共にし、消費生活上の家計を一つにすると認められるとき
・生活費、療養費等の経済的な援助が行われていること
・定期的な音信、訪問が行われていること

　相談者の場合、トラック運転手のため勤務時間は不定期で、定時の帰宅は難しい。妻は白血病の治療や入院費の出費等もあり、親元での闘病生活へと切り替える必要があった。健康状態の管理や6歳の娘の小学校入学も親元であれば安心できる。それらが別居となった理由であったが、週に2～3回は訪問し、生活費のほかに病院代金も別途支払ってきた。

　「生計同一関係に関する申立書」には、その状況を記載し、事情をよく知っている第三者である隣人や職場の同僚に証明してもらうようアドバイスする。

　相談者に寄り添う側に立ち、申立書記入の説明をすることはもちろんであるが、相談者にとって「一生涯に一度の出来事」である手続きの負担が減ることを望む。

〔2017年4月17日号掲載〕

第3章 遺族給付

認知された非嫡出子と本妻間での遺族年金

> **Q** 30歳の女性A。Bとは愛人関係にあり、2人の間に生まれた娘C（3歳）はBから正式に認知されていたが、Bは64歳で急死した。娘の将来を案じたAは、Cの名で遺族年金を請求したが、後日年金事務所から他市の年金事務所にBの正妻D（61歳）からも、子のない配偶者として遺族厚生年金の請求が受理されており、事実確認調査を行うので結果は待つようにとの話があった。Cは遺族年金を受給できるだろうか。
>
> （Y県O市　S.A）

認知された子は受給権第1順位

亡きBは、3年前に娘Cの誕生を大いに喜び自ら認知をAに提案し、以後Aのもとに毎月複数回通い、その都度相当額の生活費をA・C親子に渡していたという深い関係の経過が認められている。

Bは在職老齢年金を受給していたが、その死亡により遺族基礎年金と遺族厚生年金が発生する。まず遺族基礎年金については、正妻Dの子は2人とも成人しており、愛人Aの3歳の子Cは非嫡出子ではあるが、Bにより認知され生計維持されていたので、遺族基礎年金の受給権者になる。しかし、Cの年金は実母であるAと生計を同じくしており支給は停止される。

次に遺族厚生年金の受給権は、被保険者または被保険者であった者の死亡当時、その者によって生計を維持されていた①配偶者、子に発生し、②父母、孫、祖父母は①の配偶者または子がいない場合のみ受給権が発生する。また、①の中での受給権の第1順位は子のある配偶者、第2順位は子、第3順位は子のない配偶者で、下位の者は上位者がいる場合、年金は支給停止となり、上位者が失権すれば支給停止が解除され年金が支給される。以上により本件では、遺族厚生年金は認知されたCに優先支給されることとなり、Dも受給権者であるがCが満18歳に達した年度の末日まで支給停止され、Cの失権により停止が解除され、その後支給されることとなる。

なお、B・D夫婦は長年寝食をともにし、生計も完全に同一だったことから、夫婦関係が形骸化しているとは認められず、Aには子のある配偶者としての年金受給権は認められない。

さて、この相談最大の疑問として、Aが添付提出した戸籍謄本にはCの認知事実が記載され、Dが添付した戸籍謄本からはDが子のない配偶者であることが明確に記載されている点がある。BはA親子の存在と認知事実をDに全く知らせず世を去っており、遺族年金請求の際の混乱の原因となっている。

認知した場合、戸籍には認知の事実が記載され保存されるが、唯一、認知した後、他の自治体へ本籍地を転籍すると新戸籍となり、認知の事実は新たな戸籍には記載されない。本件の場合、Bが急死する半年前、Bの強い要望により病気がちで高齢に向かうDの将来を考え、温暖なS県の娘宅に転居（転籍）しており、Cを認知した事実は戸籍から消えていた。事情を知らないDは認知事実の消えた戸籍謄本をそのまま添付提出したのであった（その後、転居前の改製原戸籍にて認知の事実が判明）。この状況下でA・C親子の存在を知ったDの心証はいかばかりであろうか。正に年金相談は人生の縮図である。

〔2017年10月9日号掲載〕

② 遺族給付と他の年金との関連

遺族厚生年金と遺族補償年金の調整

Q 厚生年金被保険者であった67歳の夫が平成27年11月10日に交通事故で死亡した。事故は車で仕事中に、信号無視の大型貨物車が衝突したものだ。私は65歳で子どもは成人している。夫婦ともに厚生年金加入期間が長く、老齢厚生年金の「先充て」の支給停止があるため遺族厚生年金額が12万円しかない。一方、労災保険の遺族補償年金は、約220万円あるが、遺族厚生年金と遺族補償年金の調整はどのようになるのか。なお、交通事故による損害賠償請求の交渉はこれから行う予定である。　　　　（Ｔ県Ｋ市　Ｓ.Ｏ）

A 遺族厚生年金を受けると労災の遺族補償年金は支給調整される

　労災保険と健康保険とが、それぞれ業務上外を分担して縦割りの関係になるのに対して、労働者災害補償保険法（以下、労災法という）と社会保険である厚生年金保険法（以下、厚年法という）による遺族厚生年金および国民年金の受給権が同一の支給事由によって発生する場合は、横割りの関係となっている。

　この場合、労災法と厚年法による給付がともに全額支給されると、二重の填補が行われることになって不合理となる。このような場合は、事業主の負担割合や国の負担割合等を考慮して、一定の方法により調整されることとなっている。

　すなわち、労災法の遺族補償年金が支給されるときに、同一の支給事由により厚年法より遺族厚生年金が支給される場合には、政令で定める調整率を遺族補償年金の所定額に乗ずることによって、減額調整される。今回のケースでは、遺族厚生年金は全額支給され、遺族補償年金の84％（185万円）が支給されることとなる。

　ただし、併給調整の結果、かえって遺族補償年金のみの受給権を有する場合より、受給金額が低くなることのないよう調整限度額を設ける必要がある。そのため、遺族補償年金の所定額に調整率を乗じて得た額が、調整前の遺族補償年金の額から同一の支給事由により支給される遺族厚生年金の額を減じた残りの額を下回る場合には、その調整前の遺族補償年金の額から同一の支給事由によって支給される遺族厚生年金の額を減じた残りの額に相当する額が、遺族補償年金の支給額とされる。その結果、減額後の遺族補償年金の額と遺族厚生年金の額を合算した額が、調整前の遺族補償年金の額と同額となる。

　さらに、本事例のように保険給付の原因となった事故が、保険給付の当事者（国・被保険者）以外の者（第三者）の行為によって発生した場合は「第三者行為」災害となる。厚年法等の被保険者が第三者行為による災害に遭い、死亡した場合、被害を受けた遺族は、相手方である第三者に対し民法第709条により損害賠償請求を行える。同時にその災害により保険給付の受給権も発生した場合は保険給付も受けることになるので、被害を受けた遺族は、二重の生活保障を受けることになる。その調整方法は、厚年法40条により、被害を受けた遺族が損害賠償金を受けたときは、損害賠償を受けた価額の限度で給付を受けられないこととなっており、平成27年10月1日以降の災害の場合は、事故日の翌月から起算して最長36か月の範囲内で支給停止が行われる。

〔2016年3月21日号掲載〕

81

第3章　遺族給付

65歳からの遺族厚生年金と老齢厚生年金

Q 私（昭和26年11月生まれ、女性）は中学卒業後、すぐに就職し、厚生年金に加入して7年3か月（87月）働いた。その後、自営業の夫（昭和22年8月生まれ）と結婚し、2人で国民年金に加入して保険料を納めた。夫は40代から会社勤めをし、厚生年金に85月加入した。その間私は国民年金第3号被保険者だった。夫は退職後、自営業となり、夫婦2人で60歳になるまで国民年金を納めた。

私が61歳のときに夫が死亡。約9万円の特別支給の老齢厚生年金と約15万円の遺族厚生年金の受給権が発生し、遺族厚生年金を選択した。私が63歳になると特別支給の老齢厚生年金の定額部分の支給が開始され、年金額が約23万になったときに選択替えをして、現在特別支給の老齢厚生年金を受給している。今年65歳になるので、年金の選択関係について教えてほしい。

（Y県A市　K.K）

A 65歳以降は本人の老齢厚生年金が優先し遺族厚生年金は差額支給

65歳以降の老齢厚生年金と遺族厚生年金の受給について、まず、遺族厚生年金の金額は、次の2つのうち高い方の金額となる。

①遺族厚生年金の金額

②相談者自身の老齢厚生年金（差額加算含む）×1/2＋遺族厚生年金（経過的寡婦加算含む）×2/3

となり、この2通りのうち、高い金額が遺族厚生年金の額となる。次に、相談者自身の老齢厚生年金の年金額と比較して、上記の計算で決定された遺族厚生年金の金額のほうが高ければ、その差額が遺族厚生年金として支給される。

ここで相談者の老齢厚生年金額をみると、相談者は中学を卒業後、すぐに厚生年金に加入したため20歳前の期間が54月あり、差額加算が約8万8千円になる。結果、9万円の老齢厚生年金と合わせ、およそ18万円になる。

次に、遺族厚生年金①と②を計算すると

①遺族厚生年金の金額＝15万円

②18万円（相談者自身の老齢厚生年金）×1/2＋15万円（遺族厚生年金）×2/3≒19万円

となり、②が有利となる。

平成19年4月以降、65歳以降は受給者自身の老齢厚生年金が全額支給され（基金代行部分がある場合はそれも含む）、その老齢厚生年金額より遺族厚生年金の年金額が高い場合、差額が遺族厚生年金として支払われる。もし、老齢厚生年金の年金額が遺族厚生年金より高い場合は、遺族厚生年金は全額支給停止となる。

相談者の夫は厚生年金の加入が20年に満たないため、相談者には経過的加算は支給されない。したがって、相談者の65歳以降の受給する年金の内訳をみると、

満額の老齢基礎年金：約78万円／老齢厚生年金：約18万円／遺族厚生年金：約1万円

となり、受給額は、およそ97万円になる。

このように、65歳以降では遺族厚生年金の計算方法が2通りとなるので、①②の計算方法で年金額を算出し、さらに受給者自身の老齢厚生年金と併給を考える必要がある。

〔2016年10月31日号掲載〕

② 遺族給付と他の年金との関連

繰下げ待機者の遺族厚生年金の受給権発生

Q 昭和22年11月生まれの女性。20歳から60歳までのうち、厚生年金に80月加入し、その他は国民年金を納めた。60歳から10万円の特別支給の老齢厚生年金（報酬比例部分）を受給し、現在は老齢基礎年金、厚生年金ともに繰下げ待機をしている。平成29年1月、夫が急病で他界した。夫は昭和20年12月生まれ、大学卒業後、厚生年金に469月加入し、特別支給の老齢厚生年金受給後、70歳まで繰下げをした。夫の年金の内訳は、60月繰下げ分の42％増額した老齢基礎年金約104万円と老齢厚生年金203万円（増額分は60万円）と差額加算4万円、合計311万円だった。今後、私の年金がどうなるのか教えてほしい。

（S県T市　F.K）

A 老齢基礎年金のみ繰下げが有利

　昭和17年4月2日以後生まれの者は、原則、66歳に達した日以後に、支給の繰下げの申出ができる。ただし、66歳に達した日以後に、障害厚生年金や遺族厚生年金など、他の年金の受給権が発生した場合、繰下げの申出はできるものの、繰下げの月数は、他の年金の受給権が発生した月を基準として増額率が定められ、繰下げ加算額が計算される。

　また、原則2つ以上の年金を受けられるようになったときは、「年金受給選択申出書」を提出し、いずれか1つの年金を選ぶことになるが、平成19年4月より65歳以上の遺族厚生年金の受給者は、自らの老齢厚生年金を全額受給したうえで、遺族厚生年金との差額を受給する（先充て）と改正されている。

　相談者のケースを考えてみると、ここで注意したいのは遺族厚生年金の金額である。夫は42％増の老齢厚生年金を受給していたが、遺族厚生年金の計算は、夫が65歳（老齢厚生年金の受給権発生）時点での老齢厚生年金の金額を基準として計算される。

　そのため、遺族厚生年金の金額は、夫の老齢厚生年金143万（203万円－60万円）の4分の3である約107万円に、経過的寡婦加算額17万円を加えた合計約124万円となる。

　相談者の場合、65歳まで遡って本来額で受給するか、繰り下げて受給するかいずれかの選択となる。繰下げを希望するとしたら、夫が死亡した平成29年1月を基準として増額率が定められ、繰下げ加算額が計算される。

　したがって、平成29年1月は、69歳2月、50月分の待機となり、35.0％の増額率である。具体的には、老齢基礎年金78万円に対し増額約27万円、老齢厚生年金10万円に対し増額約3万円となる。

　しかしながら、ここで相談者が増額した自身の老齢厚生年金を希望すると、増額分の3万円が遺族厚生年金の先充てとなり、繰下げをした意味がなくなるので、本来請求が有利となる。今後、受給する年金額が最も多くなるのは、老齢基礎年金のみを繰下げするパターンであるとアドバイスする。そうすれば、65歳からの遡及分の老齢厚生年金42万円を受け取り、平成29年2月からは、繰下げした老齢基礎年金105万円と振替加算10万円、自身の老齢厚生年金10万円、先充てされた遺族年金114万円、合計239万円の年金額となる。　〔2017年3月20日号掲載〕

83

第3章 遺族給付

65歳からの遺族年金

Q 私は昭和32年12月生まれ。平成2年4月に結婚した夫との間に子はいない。40年以上会社員を続けていた夫が昨年6月に他界したため、遺族年金を受給している。老齢年金と遺族年金、どちらか高い方を選択受給するのは知っていて、厚生年金被保険者期間が24か月のみの私が60歳になってからは、私自身の特別支給の老齢厚生年金より遺族厚生年金の方が高く、遺族厚生年金を選択受給している。65歳以降は、老齢年金と遺族年金の両方を受け取れるというのも聞いているが、65歳以降の合計の年金額は、65歳前と比べると増えるということになるのだろうか。 (S県A市 A.I)

A 国民年金の未加入・未納期間が多い場合は、むしろ減る可能性がある

まず、65歳までは、金額の高い遺族厚生年金を選択して受給する。遺族厚生年金には中高齢寡婦加算が加算されることになるが、これは満額の老齢基礎年金779,300円（平成30年度）の4分の3の金額である584,500円となる（平成30年度）。65歳になると、この中高齢寡婦加算は加算されなくなる。

65歳以降は、老齢年金と遺族年金の併給が可能であるが、①老齢基礎年金、②老齢厚生年金、③遺族厚生年金から老齢厚生年金相当額を差し引いた差額支給の遺族厚生年金の組合せで、①②③の合計額で受け取ることになる。

つまり、65歳前の中高齢寡婦加算を除いた遺族厚生年金と65歳以降の②③の合計は同じ額である。よって、中高齢寡婦加算と比較して、老齢基礎年金額がいくらもらえるかで、65歳前より増えるか、減るかが決まることになる。

年金額は毎年度改定されることも考慮する必要があるが、①の老齢基礎年金が満額の4分の3を超えれば、②の老齢厚生年金、③の差額支給の遺族厚生年金と合算した65歳以降の年金が、65歳前の中高齢寡婦加算込みの遺族厚生年金よりも増えることになり、4分の3未満であれば、減ることになる計算である。

満額の老齢基礎年金を受け取るためには480月の保険料納付済期間が必要となり、20歳から60歳までに免除や納付猶予、未納の期間があれば、その分減額されることになる。免除期間に該当せず、国民年金保険料を納めていない期間については年金額に反映されない。

したがって、480月のうち、例えば未納期間が120月を超えるような場合は、満額の老齢基礎年金の4分の3未満の金額になり、中高齢寡婦加算の額より少なくなるため、65歳以降の年金の合計額が65歳前の年金額より減ることにもつながる。

本人の生年月日は昭和31年4月2日以降であり、65歳以降に経過的寡婦加算は加算されない世代である。前述の①②③で併給するなら、自身の老齢基礎年金で中高齢寡婦加算がなくなる分を補てんする必要がある。

国民年金への未加入期間や保険料未納期間がある状況で、65歳以降の年金の減額を少しでも防ぐには、あるいは65歳からの年金を増やすためには、保険料の負担はあるが、60歳以降の国民年金への任意加入制度に加入するとよい。 〔2018年5月21日号掲載〕

③ その他

遺族厚生年金と未支給年金の請求者を分けた事例

Q 母67歳の死亡当時、祖母89歳と私（子32歳）の３人で一緒に住んでいた。年金事務所に手続きに行くと、「祖母が遺族厚生年金を、子が未支給年金の請求をするように」と言われた。なぜ別々に請求することになるのか。わかりやすく教えてほしい。

（N県A市　Y.K）

A 二つの年金における請求者の優先順位の違い

　まず、母の老齢厚生年金の未払いの年金（死亡後に支払われた年金を含む）は「未支給年金」と言い、「未支給年金」を請求できる遺族の範囲は、年金を受給していた者が死亡した当時、生計を同じくしていた配偶者、子、父母、孫、祖父母、または兄弟姉妹とその他３親等内の親族である。

　また、請求することができる順位には決まりがあり、①配偶者、②子、③父母、④孫、⑤祖父母、⑥兄弟姉妹、⑦その他３親等内の親族となっており、先順位者がいる場合に、次の順位者は請求できない。

　ただし、子、父母、孫、兄弟姉妹、その他３親等内親族等で、同じ順位の人が複数いても、複数名義で請求することはできず、あくまで１人の代表者の名での請求となる。

　今回、「未支給年金」の請求において、遺族である祖母と子の請求順位は、子である相談者が祖母より優先する。これを先順位と言い、そのため年金事務所では、祖母ではなく子に請求権利があると説明したと推測する。

　次いで、遺族厚生年金の請求については、遺族厚生年金を請求できる対象遺族と未支給年金を請求することができる対象遺族とでは、範囲が異なる。

　遺族厚生年金を受給できる順位は、①配偶者、子、②父母、③孫または④祖父母の順にしたがって請求できる。

　それぞれの受給権利者には年齢要件があり、子または孫（死亡当時胎児であった子を含む）については、受給権発生時（受給者の死亡時点）において、18歳に達する以後最初の３月31日までの間にあるか、あるいは20歳未満で国民年金法に定める障害等級１級もしくは２級に該当する障害の状態であり、現に婚姻をしていないことである。

　また、夫、父母、祖父母については受給権発生時（受給者の死亡時点）において55歳以上であることが、遺族厚生年金を受給することのできる年齢要件となる。

　したがって、（死亡者にとって）子32歳は、子としての遺族厚生年金を受給するための受給年齢要件を満たしていないので請求することができない。しかし、祖母は「55歳以上」の母であり、受給年齢要件を満たしているので遺族厚生年金を請求することができる。

　つまり、祖母、母、子と生計同一の関係にあった場合は、遺族厚生年金を祖母、未支給年金を子といった別々の請求となる。

　ただし、祖母がもし夫の死亡による遺族厚生年金を受給していれば、娘の遺族厚生年金とは完全選択となり、どちらかを受給することになる。　　　　　　〔2015年６月15日号掲載〕

第3章 遺族給付

失踪宣告と遺族年金

Q 夫70歳、妻64歳の夫婦。夫は約3年前に1人で登山に出掛けたまま行方不明となり、現在も発見されていない。2年前に年金事務所に相談したところ、配偶者加給年金の支給が止まったが、夫の年金は支給されている。法律改正により所在不明者の届出が義務化されたと聞いたが、届け出た場合、夫の年金の支給は、どうなるのか教えてほしい。また、それにより夫の年金支給が停止となった場合、遺族厚生年金の請求ができるか知りたい。

(X県Y市　K.N)

A 夫の年金は差し止め、遺族厚生年金は死亡を確認したときに請求できる

平成26年4月から法改正により、年金受給権者の所在が1か月以上、年金受給権者と同一世帯の世帯員により確認できないとき、年金事務所へ「年金受給権者所在不明届」を届け出ることが義務化された。

届出義務者は、所在不明となった年金受給権者の属する世帯の世帯員（世帯分離を含む）で、届出期限は「速やかに」である。

「年金受給権者所在不明届」の届出後、誤って届出された場合の確認のために年金受給権者本人あてに「現況申告書」が郵送される。その後「現況申告書」の提出があった場合、申告内容にかかわらず申告書の真正性を確認するために、年金事務所職員により、訪問調査による本人の生存確認が行われる。また、1か月を経過しても「現況申告書」の提出がない場合は、直ちに年金の差止め処理がされる。

なお、「現況申告書」を提出されても、その後1～2期分の年金の支払いは受けられる。

次に遺族厚生年金だが、夫が遺体となって発見され死亡が確認されたとき、あるいは家庭裁判所により失踪宣告があったときに請求が可能となる。

失踪宣告により、生死不明の者に対して法律上死亡したものとみなす効果を生じさせることになる。失踪宣告には、「普通失踪」と「特別（危険）失踪」があり、今回のケースは「普通失踪」に該当する。

「普通失踪」の場合の失踪宣告の要件は、「消息を絶ったときから7年間生死が不明である」ことで、失踪宣告を受けるためには、家庭裁判所に失踪宣告の申立てをしなければならない。

家庭裁判所はその後、申立人や不在者の親族等に必要な実地調査を行い、公示催告により一定期間家庭裁判所の掲示板に掲示し、官報に掲載する。その期間内に生存に関する届出等がなかった場合、失踪宣告が確定する。

失踪宣告があった場合の遺族厚生年金受給の際の生計維持関係は、年金受給権者が所在不明となった当時で判断されるので、今のうちに、年金受給権者が所在不明となった当時の妻の所得（非課税）証明書を取得しておく必要がある。

最後に、失踪宣告があった場合の遺族厚生年金の消滅時効の起算日であるが、これは「死亡とみなされた日（消息を絶ったときから7年を経過した日）」であり、審判の確定日ではないので注意が必要である。

〔2015年9月14日号掲載〕

③ その他

遺族年金請求時の生計同一関係に関する申立書

Q 国民年金の任意加入をしていた夫（62歳）が2年間の闘病生活の末に死亡した。夫は自営業で厚生年金に加入したことはなく、国民年金の未納もあり、年金の受給資格期間の25年間を満たせず数年前までは年金をもらうことをあきらめていた。しかしながら、平成27年10月より受給資格期間が10年間に短縮されると聞いて、10年間の要件を満たすことを目指して任意加入していた。

夫である私（45歳）は外国人であり日本国籍を有していない。

夫との間に8歳になる息子がおり、親子3人で生活していたが、私と子は、夫の入院中に病院の近くに転居していた。夫が亡くなって落ち着いてから、実際に転居した日を転出入日として遡って住民票を移したが、すでに死亡している夫の住民票は移動できなかった。遺族年金の請求時に注意することを教えてほしい。 （K県Y市　M.N）

A 「生計同一関係に関する申立書」と外国籍妻の身分確認が必要

相談者の夫は、国民年金任意加入中に死亡しており、死亡時において納付要件（死亡日の前日において死亡日の前々月までの直近1年間に未納がない）も満たしているため、8歳の子を持つ相談者は遺族基礎年金を請求することが可能である。

平成27年10月の施行が延期になってしまった受給資格期間の10年短縮だが、制度改正をにらんで任意加入していた相談者の夫にとっては遺族年金を請求できる条件が整うことになり、結果的には無駄ではなかった。

遺族年金の請求時には、戸籍謄本（婚姻、親子関係を確認）、世帯全員の住民票および請求者の所得の証明書（生計維持関係・年収850万円未満であることの確認）が必要となる。なお、8歳の息子は義務教育終了前のため所得確認は不要である。

今回、死亡時の住民票上の住所が相談者および子と亡くなった夫は結果として別住所となってしまっているために、別途、「生計同一関係に関する申立書」（同居についての申立て）が必要となる。本申立書では、今回のケースのように住民票上の住所が手続き上の問題で死亡時に異なってしまった場合に限らず、単身赴任や双方の老親の介護などさまざまな理由で離れて暮らしていても生活の実態は生計を同じくしていた場合、その旨、書面にて申立てすることが可能である。

なお、上記申立てを行うのは相談者のみならず子と亡父の関係についても同様に必要である。

また、相談者は日本国籍を有していないため戸籍謄本がない。相談者の身分を確認するためには、相談者の属する国の公的機関の発行した、これに代わるべき証明書（またはその書類に準ずるもの）を添付することが必要である。

実際の遺族年金の請求時には上記のほかに、死亡診断書の写し、請求者である相談者および子名義の預貯金の通帳の写しが必要である。

なお、本ケースでは死亡した夫は25年間の年金受給資格を満たしていなかったため、寡婦年金の請求はできない。 〔2015年10月19日号掲載〕

87

第3章 遺族給付

65歳以降の寡婦加算

Q 私は65歳の女性。50歳のときに夫と死別し、現在、遺族厚生年金を受給中。私は厚生年金・共済組合の加入歴はなく、国民年金のみの加入。日本年金機構より老齢基礎年金の請求書が届いたため年金事務所に出向き請求を行った。

このとき、老齢基礎年金を受けても遺族厚生年金はそのまま受けられるとの話を聞き安心していたが、最近、遺族厚生年金が減額になる旨の支給額変更通知が届いた。窓口での説明と違うがどういうことか。なお、亡夫は死亡時までに28年（336月）の厚生年金の加入期間があった。

（A県S市　M.K）

A 65歳時の寡婦加算の変更を注視

相談者は、65歳以降も年金額の変更はないと思っていたところ、支給額変更通知が届き、窓口での説明が違うと戸惑っている。

おそらく、遺族厚生年金や65歳での老齢基礎年金を請求したときに、遺族厚生年金の「中高齢の寡婦加算」の終了あるいは減少があることを窓口で説明しなかったのか、説明があっても相談者が失念したかのどちらかであろう。

妻に対する遺族厚生年金や遺族共済年金には、基本金額のほか、亡夫が現職死亡や長期に保険料を納めていた場合であって、夫の死亡当時妻が40歳以上であった場合や、妻が40歳到達時に、遺族基礎年金の受給権を有していた（子を養育していた）場合で、その遺族基礎年金受給要件の対象となった子の年齢到達等により終了した場合に「中高齢の寡婦加算」が加算された年金額が支給される。夫の死亡後、家計収入が著しく減少することが想定され、通常の遺族給付のみでは生活が困窮することが危惧されるため、家計収入を補填する目的で老齢基礎年金の4分の3の金額を加算支給する制度である。

昭和61年4月に基礎年金制度が創設されたことに伴い、被扶養者である妻も国民年金の強制加入者（第3号被保険者）となり、65歳から自身の老齢基礎年金を受給できるようになったため、この「中高齢の寡婦加算」は、夫の死亡当時妻の年齢が「40歳以上65歳未満」であることが要件とされている。

ところが、基礎年金制度の創設時にすでに20歳を超えている場合は、満額の老齢基礎年金を受給できない状態となるため、当時30歳以上（昭和31年4月1日以前生まれ）の者には、中高齢の寡婦加算が終了する65歳以降も経過的にその差額を補う措置として「経過的寡婦加算」が行われている。

なお、老齢基礎年金における「振替加算」制度も、これと同様の考え方により、昭和41年4月1日以前生まれの者を対象としている。

相談者には、65歳からの遺族厚生年金・遺族共済年金と老齢基礎年金との受給選択については、両方併給できるが、遺族年金の「中高齢寡婦加算」と「経過的寡婦加算」がどう適用されるかを具体的に示した。加えて、その後のライフサイクル（相談者の年齢や加算対象となる子の増減等）により、どの時期に金額が増減するかを説明し、その内容とその事由を的確に把握していくようアドバイスをした。

〔2016年4月18日号掲載〕

遺族年金と訴訟の影響

> **Q** 私の夫はある会社に勤めていたが、先月脳溢血で死亡した。死亡前は残業続きで毎日帰宅は23時を過ぎ、休日も仕事に行くことが多い状態であったので、労災を申請したが認められなかった。
> 　先日遺族年金の請求で年金事務所に行き、経緯を話し、労災認定の結果については納得がいかないので、認定訴訟とともに会社に対して損害賠償訴訟を起こす心算であることを述べた。年金事務所では、訴訟が終わるまで年金手続きは進まないと言われた。なぜなのか。
> 　　　　　　　　　　　　　　　　　　　　　　　　　　　　　　　　（T県E市　I.W）

A 労災認定決着までかなりの時間を要するため年金手続きは進まない

1．遺族年金の受給資格

遺族年金は法律が定めた要件を具備した人に支給される。相談者は死亡者の配偶者として遺族厚生年金の受給要件を具備している。したがって遺族厚生年金は支給される。

2．遺族年金の手続きが進行しない事情

その原因は、（会社への損害賠償）訴訟の結果が遺族厚生年金の手続きに大きく影響を与えるからである（労災訴訟は国が当事者であり無過失責任なので直接の影響はない）。

もし裁判の結果、相談者の夫の死亡に対し会社に責任があるとされる場合には、会社は相談者に損害賠償金を支払うことになる。それとともに、年金機構側では遺族年金支払義務が生じたのは会社に責任があることになり、求償請求をすることになる。したがって、この結果をそのまま認めると、死亡につき会社は相談者と機構の両方に責任を負わされることになり、不都合な調整が行われる。仮に年金機構が求償を受け取る前に、相談者が会社から損害賠償金を受け取った場合には、遺族年金の支払いを最高で3年間差し止めることになる。この処理は、もし遺族年金を支払ってしまうと後で返還してもらうことになり、これは実際上困難だからである（厚生年金法40条第2項、国民年金法22条第2項）。逆に、裁判の結果、会社に責任はないということになれば通常の自然死と同じになり、死亡の翌月から遺族年金が支払われることとなる（厚生年金法36条）。

しかし、会社に責任があるか否かの判断は、年金機構側には調査能力がないのでできない。とくに本ケースのように訴訟となる場合には、裁判所の判断を尊重するしかない。そこで、遺族年金を請求する者に当事者の死亡について責任を負う者がいる場合には、「第三者行為事故状況届」の提出を義務づけている。ただし本ケースのように第三者の存在が不明な状態の場合には、どのように手続きを進めてよいか判断ができないので、それが明確になるまで手続きを進めることはできなくなる。

3．本相談の顛末

このように、労災の認定訴訟の決着までは長期化が想定され、この間遺族年金も受け取れず、また会社からの損害賠償も受け取れないという状態も起こり得る。そして、その間の生活費の捻出は相当な額となり、大変な労力を要する。損害賠償訴訟の提起はそれなりの覚悟を持って、慎重に考慮のうえ行うべきである。

〔2017年5月22日号掲載〕

第3章　遺族給付

遺族年金の失権

Q 現在75歳。10年前より亡き妻の遺族厚生年金と生活保護を受給している。7年前に晩年の伴侶となる女性と出会ったが、互いの諸事情により入籍せずに同居（生計同一）している。先日、年金機能強化法が施行され、10年以上年金に加入している私と内妻にも年金を受ける権利があると知り、2人で書類を作成し年金事務所に出向いたところ、私の遺族厚生年金は失権していることが分かった。5年分の過払い金（120万円）の返済を求められたが、生活保護も受給しており生活は困窮している。自己破産することにより免責できないものなのか。　　　　　　　　　　　　　　　　　　（A県G市　F.M）

A 国税徴収法の例により、自己破産しても免責されない。分納の申出を勧める

　今回の相談者は、亡き妻の遺族年金は生涯にわたり受給できると勘違いしていた。老齢年金と異なり、遺族年金はいったん失権事由（年金各法で定める「遺族」の定義から外れた状態）に該当すれば権利を失い、復権することはない。入籍をしていなくても、新しく生計を同一にする女性との同居は事実婚につき、その時点で亡き妻の遺族としての年金受給権はなくなったことになり、相談者は遺族厚生年金の「失権届」提出の義務を怠ったことになる。

　さらに遺族基礎年金の場合、末子が18歳到達年度末（高校卒業年の3月末）までの有期年金である。別段「失権届」の提出は不要であるが、遺族基礎年金の終了をハガキで通知され、年金事務所の相談窓口にクレームをつけにきた人もいる。こちらも、遺族年金が生涯にわたり受給できるとの勘違いによるものである。

　相談者は、自己破産制度による過払い年金の返納免除を希望しているが、年金返納金は国税徴収法の例により徴収されるため、同様に過払い年金の返納も免れることはない（破産法97条および253条参照）。この法律を解説すると、たとえ裁判所で自己破産が認められても、滞納した国税・地方税等の公への債務までは帳消しになることはない。もとより、安易な自己破産は勧められない。破産すれば、官報に住所・氏名が掲載され、社会的な信用が失墜することになるからである。

　年金担保融資制度（国民年金、厚生年金または労災保険の年金を担保として融資することが法律で唯一認められた制度で、独立行政法人福祉医療機構が運用）もあるが、生活保護を受給している相談者は、この制度を利用することもできない。なお、同制度は、老後破産を助長するものと世論の批判を受け、平成22年12月の閣議決定において廃止することが決定しているが、廃止の時期は未定となっている。

　相談者は7年前から事実婚状態にあるものの、5年を経過した部分は時効により消滅（民法169条参照）しているため、日本年金機構へ返納する期間は直近の5年分となる。

　年金機能強化法により新たに権利が発生した自身の老齢年金により、将来にわたり少額ずつでも返納されるよう、年金事務所窓口にて相談することを勧める。〔2018年1月22日号掲載〕

③ その他

高収入でも遺族年金が受給可能なケース

Q 私は現在62歳（昭和30年5月生まれ）で、60歳退職後、再雇用で働いている。在職中は年金が全額停止になると聞いているためまだ請求していない。来年の3月末日で退職し、そのあとは年金とアルバイトで生活する予定である。

　先日、自分の年金請求の相談をしたら、4年前に病死した妻のことに話が及び、遺族年金が請求できるかもしれないと言われた。妻の死亡当時、私の収入が多いため遺族年金は請求できないと言われたが、本当に請求できるのだろうか。また、仮に遺族年金が請求できた場合、自分の老齢年金はどうなるのだろうか。　　　　　　　（K県Y市　H.N）

A 遺族厚生年金の選択受給を検討する

　相談者の妻は独身の頃OLをしていて、60か月の厚生年金の記録を持っていた。結婚後は専業主婦になり、死亡当時は国民年金第3号被保険者であった。妻の記録であれば遺族厚生年金（以下、遺族厚年）の長期要件に該当し、相談者に受給要件があれば遺族厚年が発生する（注：子はすでに成人）。なお、相談者は妻が死亡した当時は58歳で年収が1000万円を超えていた。

　ここで、相談者が妻の死亡当時に受給要件を満たしていたかどうかが問題になる。夫が妻の遺族厚年を受給できる条件として、①請求者が55歳以上であること、②生計を維持されていること、の2条件をクリアしなければならない。

　相談者は、①の年齢要件はクリアしていた。②の生計維持要件には㋐生計を同じくすること、㋑収入（所得）要件（死亡当時の前年（前年分が確定していないときは前々年）の収入が850万円未満もしくは所得が655万5千円未満でなければならない）、の2つの要素を満たす必要がある。㋐の「生計を同じくすること」に関しては同居していたので問題なかったが、㋑の「収入要件」については収入超過と判断され、当時は要件を満たさないとして説明されたのであろう。

　しかしながら、死亡当時には収入要件に該当しなくても、以降、おおむね5年以内に収入要件に該当することが見込まれる場合は、そのことが確認できる資料を添付のうえ、生計維持を申し立てることが可能である。相談者は会社の規定により60歳退職後に継続雇用（高年齢者雇用安定法による措置）されており、以降は新たな賃金体系に基づき給与が支払われている（現在は850万円未満）。妻死亡時には再雇用制度は確立されており、賃金体系も含めた再雇用規定が整備されていたことから、受給権発生時（妻死亡時）から5年以内に給与が下がることは明確であった。よって、今からでも相談者は死亡当時の前年の収入証明に会社の規定等を添付し、遺族厚年の遡及請求を行うことが可能である。

　なお、夫が受ける遺族厚年は60歳まで支給停止されるため（若年支給停止）、実際の支給は60歳以降になる。つまり、相談者の特別支給の老齢厚生年金（以下、特老厚）が支給される62歳までの間は遺族厚年のみが受給でき、62歳から65歳までは特老厚と遺族厚年のどちらか一方を選択して受給することになる（65歳以降は先充て方式）。相談者は、退職までの間は在職支給停止のかからない遺族厚生年金を選択した。　　　　　　　〔2018年2月5日号掲載〕

91

第3章 遺族給付

共済年金受給者の年金未統合記録

Q 現在82歳。夫（大正14年生まれ）が昨年亡くなるまで夫の旧法共済年金の退職年金と自分の国民年金で生活していた。年金事務所で夫の遺族年金の請求手続きをしようとしたものの、夫が共済記録のみで、同時に未支給年金の手続きができないため、未支給年金の請求と一緒に共済組合に郵送で手続きをした。

　遺族年金決定後、遺品の中に夫が若い頃勤めていた民間企業の名刺を数枚見つけた。この会社に勤めていた頃の年金記録はいったいどうなっているのだろうか。

（S県K市　K.T）

A 未統合記録の是正で新受給権が発生

　相談者は、以前夫が「短い期間の厚生年金記録が数社分あるはずだが、どの会社も短期間で辞めているため年金には結びつかない、と年金事務所で説明を受けたことがある」と言っていたことを覚えていた。今回、名刺を見つけてふとその記憶がよみがえり、本当に年金には結びつかないのだろうかと疑問に思ったのである。

　昨年、夫が亡くなった当初、年金事務所で遺族厚生（共済）年金の請求手続きをしようとしたものの、「単一共済」受給者につき未支給年金は「ワンストップサービス」の対象外で、年金事務所では手続きできないため、未支給年金請求と一緒に遺族厚生（共済）年金請求も共済組合で手続きすることにした。このため、年金事務所による相談対応は行われず、夫に厚生年金の記録があるのかどうか確認する手段はなかったことになる。年金事務所では遺族給付の請求の際、死亡者と請求者に未統合の記録（いわゆる「浮いた年金記録」）がないかどうかを必ず確認することになっている。年金事務所で手続きをしていれば、そのときに夫の未統合の厚生年金記録も発見できたと思われる。

　改めて調査すると、夫の名刺と一致する事業所名で4件の厚生年金手帳番号が確認できた。4件はそれぞれ数か月分の記録であったが、合計で21か月になり、共済年金記録の活用により、厚生年金通算老齢年金の受給権が発生することになった。「通算老齢年金」とは、大正15年4月1日以前生まれの人で、複数の年金制度に加入し、それぞれの加入期間が1年以上あるものの、その制度から「老齢年金」を受けられない場合、各制度の加入期間を通算し、受給資格要件を満たした場合、それぞれの加入期間に応じて支給される年金である（通算年金通則法）。

　さらに、相談者には厚生年金記録にかかる遺族厚生年金（長期要件）が発生することになる。さっそく、亡夫の厚生年金通算老齢年金とその未支給年金、厚生年金記録にかかる遺族厚生年金の請求手続きを行うこととした。

　なお、今回のように未統合記録を元の年金記録に統合是正することにより、新たに受給権が発生する場合、「時効特例法」の対象となり遅延特別加算金とともに受給権発生時に遡って年金が支払われることになる（相談者が未支給年金の時効消滅分を受け取る）。手続きをすべて終えた相談者は、夫も諦めていた小さな記録が年金給付に結びつき、驚きと安堵の表情であった。年金未統合記録は未だ1951万件あると言われている。一刻も早い記録の解明が望まれる。

〔2018年2月12日号掲載〕

③ その他

寡婦年金の支給要件（支分権）

Q 私は昭和33年6月生まれの女性。夫は平成29年10月に67歳で亡くなったが、その時点で障害共済年金3級を受給していた。老齢年金は請求すれば受給できたはずだが、障害共済年金より金額が少ないため請求していなかった。

私は寡婦年金を受給することができるだろうか。 （Y県U市　M.O）

A 支分権はすでに発生済みのため、寡婦年金の受給権は発生せず

相談者は昭和52年4月〜54年3月までの24か月間は厚生年金被保険者、昭和57年4月から現在まで国民年金1号被保険者と3号被保険者で、すべて保険料納付済み期間となっている。平成28年時点で収入なし、高校生以下の子はいない。

一方、亡くなった夫は昭和25年10月生まれ。国民年金1号被保険者、納付済み期間が122か月、共済年金被保険者期間10か月、法定免除期間268か月。共済年金加入期間に初診のある病気（心疾患＝心臓ペースメーカー）で3級の障害共済年金（年額105万円）を受給中だった。平成27年10月に老齢厚生年金（地方公務員等共済）と老齢基礎年金の受給権が発生していたはずだが、障害給付の金額の方が多かったため、まだ請求していなかった。結婚は昭和54年10月で、夫が亡くなるまでの婚姻期間は38年に及ぶ。

本件相談の仔細は、夫の死亡に伴い今後の生活設計が心配されるが、これから働くにしても大した収入を期待できず、年金などの公的な制度に頼らざるを得ない。遺族厚生年金（地方公務員等共済）の見込み額を確認したところ、夫自身の厚生年金（共済年金）の加入期間は短く、また、在職中の死亡でなく、障害年金も1、2級に該当しないため、長期要件に該当し、大した額にならない。そこでより高額の死亡関係の給付を調べたら、10年以上国民年金1号被保険者だった者が亡くなったときに、その妻が受給できる寡婦年金の制度を知った。試算してもらうと年額で26万円程度である。亡夫とは婚姻期間10年以上で障害基礎年金の受給権者であったこともなく、老齢基礎年金も受けていなかったので、60歳から65歳まで寡婦年金を受給できるようにしようと思うが、どうだろうかという内容の相談であった。

婚姻期間が10年以上、亡くなった夫の国民年金1号納付済み期間は10年2か月。亡くなった時点で相談者は夫による生計維持関係にあった。一見、条件は揃っているように見えるが、相談者の夫の場合、老齢基礎年金を受けていなかったという条件を満たしていない。

国民年金法第49条1項等にある「老齢基礎年金の支給を受けていたとき」等には支給しないとの規定は、老齢年金の裁定を請求し実際に年金の支払いを受けた者だけではなく、「年金給付を受ける権利＝受給権」に基づき「支払期月ごとに支払うものとされる給付の支給を受ける権利＝支分権」が発生した場合も含むと解釈されている。本件の場合では基礎年金を実際に請求していたかどうかには関係なく、65歳到達月の翌月に支分権が発生しているので、「老齢基礎年金の支給を受けていたとき」に該当する。

相談者の場合は同じ理由で死亡一時金の請求もできないため、62歳までは遺族共済年金を受給し、その後は相談者本人の特別支給の老齢厚生年金との比較で有利な方を選択するのがよい。

〔2018年5月14日号掲載〕

第4章

被用者年金一元化、三共済

❶ 被用者年金一元化、三共済 ……………96

第4章 被用者年金一元化、三共済

被用者年金と雇用保険との調整

Q 厚生年金に加入中の60歳の女性。現在、年金は一部停止されており、平成27年12月末に退職を予定している。失業保険も受給したいが、退職後の年金について知りたい。
昨年退職した夫は、退職後失業給付の受給終了まで厚生年金が全額停止されたが、私の場合は退職した翌月に失業給付の手続きをしても、年金が全額支給される月があると聞いたが、なぜなのか。 　　　　　　　　　　　　　　　　　　　　（E県M市　K.T）

A 一元化以降、月末日退職は退職月まで在職支給停止

　平成27年10月に被用者年金の一元化が施行されると、共済年金と厚生年金の制度の差異については、厚生年金の制度に揃えることが原則だが、退職時の年金額の改定の仕組みや在職老齢年金の支給停止となる期間などは、共済年金の制度内容に揃えて改正される。

　退職時の年金額の改定だが、共済年金では、退職した日から起算して1月を経過した日の属する月から年金額を改定することになっている。そのため、月末日退職をした場合には、一元化が施行される前の厚生年金と共済年金の退職改定の月に、1月の違いが生じる。平成27年の一元化以降は、共済年金に揃えて、退職月の翌月に年金額の改定となる。在職老齢年金の支給停止となる期間も、共済年金は「退職した日の属する月」までだが、厚生年金は「資格喪失日の属する月」までが対象月になっている。

　具体的には、共済年金を受給している厚生年金の被保険者である場合、月末に退職すると、共済年金の支給停止は退職月までが対象となり、喪失月は対象にはならない。一方、厚生年金は、喪失月までが対象となる。これが一元化以降は共済年金に揃えることになるので、退職月までが在職老齢年金の支給停止の対象となる。

　雇用保険との調整において65歳前に失業給付を受けたときは、求職の申込みをした翌月から、特別支給の老齢厚生年金が全額支給停止される。一元化の施行前は、退職月の翌月に求職の申込みを行うと、失業保険を受給する前に支給されることはなかった。相談者の夫の事例は、退職月の翌月に求職の申込みを行ったため、全額支給停止となり、失業保険の受給終了まで、厚生年金が支給されなかったと推測される。

　一元化の施行後は、共済年金を厚生年金に揃えて適用され、在職老齢年金の支給停止が退職月までとなると、退職月の翌月に求職の申込みをしても、求職の申込みをした1月分は、改定後の年金額が全額支給される。

　一元化の施行日以降、在職老齢の支給停止額の計算に関しては、一元化の施行日をまたいで在職している受給者には、「激変緩和措置」が講じられて計算されることになる。雇用保険の高年齢雇用継続給付の支給調整も厚生年金と共済年金とで按分して調整される。

　共済一元化の施行後は、共済年金が厚生年金に揃える事項と厚生年金が共済年金に揃える事項とで取扱いが違うので、具体的な退職や求職の申込み時期を確認し、手続き等のアドバイスをするのはもちろん、支給開始年齢の異なる共済年金の期間があるか否かの確認も必須である。

〔2015年10月26日号掲載〕

① 被用者年金一元化、三共済

一元化後の特別支給の老齢厚生年金の資格要件

Q 昭和30年7月15日生まれの女性。厚生年金の加入期間が11月、国家公務員共済組合の加入期間が9月と国民年金第3号被保険者期間が380月で計400月ある。年金の支給開始年齢について知りたい。 （A県S市　K.S）

A 受給開始年齢は厚生年金と共済部分とは別になる

　平成27年10月1日に、被用者年金一元化法が施行され、受給資格要件を判定する際、第1号厚生年金（一般厚年）と国家公務員共済組合の第2号厚生年金（公務員厚年）の加入期間を通算して判断するようになった。

　相談者のように、厚生年金の加入期間が1年未満の場合、従来、特別支給の老齢厚生年金（特老厚）は65歳からの受給となっていたが、一般厚年と公務員厚年の加入期間を通算して1年以上あれば、それぞれの受給開始年齢から、それぞれの加入していた期間に応じた給付が受けられることになった。

　このケースでは、一般厚年の加入期間が11月、公務員厚年の加入期間が9月、通算して20月なので、上記1年要件を満たすことになる。

　相談者が60歳に到達したのは、被用者年金一元化法施行前の平成27年7月14日で、その時点では1年要件を満たせなかったが、法施行日の平成27年10月1日には、一般厚年の11月分の受給権が発生する。

　被用者年金一元化法施行後も女子の支給開始年齢の特例は適用しないので、公務員厚年期間の9月分は、62歳の誕生日の前日に受給権が発生する。

　相談者は、一般厚年期間分と公務員厚年期間分とで異なる受給開始年齢を持つことになり、65歳以降でも、それぞれの老齢厚生年金として受給することになる。

　平成27年10月1日以降に、日本年金機構から一般厚年分のターンアラウンドの請求書が送付される。公務員厚年分は、受給権発生月の3か月くらい前に国家公務員共済組合から、相談者に別々に送付される。

　請求書の提出はワンストップサービスの対象なので、年金事務所、国家公務員共済組合のどちらの実施機関でも提出できる。その後、それぞれの実施機関からそれぞれの加入期間に応じて決定された年金証書が送付される。

　また、従来、日本年金機構で決定する年金額については、50円以上は切り上げ、50円未満は切り捨てられ、100円単位とされていたが、被用者年金一元化法施行後は、従来の共済組合に合わせて、50銭以上は切り上げ、50銭未満は切り捨てられ1円単位で決定される。

　平成27年10月1日以降に受給権が発生した年金証書の年金額を確認すると、1円単位で決定されている。さらに、従来各支払い月の1円未満の端数は切り捨てたままだったが、切り捨てた金額の合計額は、翌年2月に支払われる年金額に加算されることとなった。

　この1円単位への変更は、平成27年10月以降に受給権の発生や年金額が改定となったときに行われるので、遅くても、年金額の改定が行われる平成28年4月には、受給者全員の年金額が1円単位になる。 〔2015年11月9日号掲載〕

第4章 被用者年金一元化、三共済

一元化後の加給年金

Q 私は昭和30年5月生まれの女性。国家公務員期間が10年、厚生年金期間が15年ある。私の年金は今回の一元化でどのようになるのか。また、夫は昭和25年4月生まれであるが、夫の加給年金はどうなるのか。 （T県C市　I.S）

A 相談者の配偶者加給年金は発生せず、夫は相談者が65歳までは支給

1．相談者の配偶者加給年金

相談者が60歳になった平成27年5月に厚生年金部分15年の報酬比例部分の年金が支給される（改正前厚生年金法附則8条の2）。

2年後62歳になると、一元化法により国家公務員10年分と厚生年金部分の15年分が合算されて、厚生年金25年の被保険者期間になる。これは一元化法により共済期間の10年が厚生年金期間として評価されるためである（被用者年金一元化法附則7条）。したがって、25年分が報酬比例部分として支給される。支給が2年遅れるのは、厚生年金は過去に給与に男女差別があったことを考慮して、支給開始年齢引上げ時期を女性は5年間遅らせたことによる。しかし、公務員の場合は男女の雇用条件は過去も同一であったので引上げ時期を男女同じとしたことによる（改正厚生年金法78条の27、改正厚生年金法附則8条の2）。

では、62歳時点で、一元化法により合算で25年になるので、62歳で配偶者加給年金が支給されるのかというと、それはあり得ない。これは、厚生年金法の報酬比例部分のみの場合は「配偶者加給年金については支給しない」との規定が一元化後もそのままで、改正されていないことによる（改正厚生年金法附則16条）。この結果、相談者の場合は、65歳になって厚生年金が支給されるときに、配偶者加給年金が支給される（改正厚生年金法44条）。

この場合に、配偶者加給年金を第1号厚生年金（旧厚生年金）として支給するのか、第2号厚生年金（旧国家公務員共済年金）として支給するのかが問題になる。政令によると、①先に受給権を得たもの、⑩被保険者期間が長い方、⑪1号、2号、3号、4号、の順序で支給される（被用者年金制度の一元化等を図るための厚生年金保険法等の一部を改正する法律の施行に伴う厚生労働省関係政令等の整備に関する政令3条の13第2項）。したがって、第1号厚生年金として配偶者加給年金が支給される。しかし、本ケースの場合、相談者が65歳に到達する時点において、すでに夫は65歳を超えているため、配偶者加給年金そのものが発生しない。

2．夫の配偶者加給年金の支給停止時期

相談者の被保険者期間は、前述のように62歳で通算25年になるが、この時点で夫婦双方とも支給停止ではないのかとの疑問がある。

一般的に、一元化の前の時点では共済と厚年の期間の合算ができるとは予想されていない。そこで、相談者は、夫が65歳になるまでは自分に配偶者加給年金は支給されると期待をしていたのではないかと思われる。この点を考慮して、厚生労働省により、相談者の夫のような場合には65歳までは配偶者加給年金の支給停止はしない旨の通達が出されている（厚生労働省通達、平成27年9月30日、年管管発0930第13号）。

〔2016年2月22日号掲載〕

① 被用者年金一元化、三共済

一元化後の遺族厚生年金の取扱い

Q 私は75歳で何年か前に夫を亡くしたが、遺族厚生年金は受けられず、今は自分の老齢基礎年金を受けている。また、50歳（昭和40年10月生まれ）の独身の子と同居していて他に身寄りはいない。ところが平成28年1月にその子が在職中（第1号厚生年金被保険者）に急死した。私は、遺族年金をもらえるか。なお、死亡した子は、第1号厚生年金被保険者期間を216月、第2号厚生年金被保険者期間（国家公務員共済）を60月、国民年金保険料納付済期間を84月有している。　　　　　　　　　（F県F市　T.K）

A 短期・長期それぞれの見込額を算出しての確認が必要

　まず、相談者の子は年金一元化後に死亡しているため、遺族共済年金の受給権は発生せず遺族厚生年金の受給権が発生することになる。また、相談者は子の死亡当時に同居しており、生計維持関係が認められ、相談者の子の死亡当時に配偶者および子は存在しておらず、相談者に遺族厚生年金の受給権が発生する。そして、相談者の子は死亡当時第1号厚生年金被保険者であり、遺族厚生年金の短期要件を満たすとともに、老齢厚生年金の受給資格期間を満たしているため、遺族厚生年金の長期要件も同時に満たすことになり、短期要件と長期要件いずれかの遺族厚生年金を選択することになる。

　では、どちらを選択するかであるが、相談者の子の場合、第1号厚生年金被保険者期間が216月、第2号厚生年金被保険者期間が60月であるから合算しても276月であり、300月みなしで支給額が決定され、第1号厚生年金被保険者の短期要件の方が有利であるように思われる。

　しかし、相談者の場合、国家公務員共済組合が支給する長期要件の遺族厚生年金には、旧遺族共済年金における職域加算部分に相当する「経過的職域加算額」の加算がある。さらに、長期要件における遺族厚生年金額の算出の際に、第1号厚生年金被保険者期間か第2号厚生年金被保険者期間のいずれによるかで平均標準報酬月額および平均標準報酬額が異なってくることが考えられ、一概に短期要件の方が有利とは言い切れない。不明確な点は、見込額を算出してもらうなど、確認することを勧める。

　なお、長期要件の遺族厚生年金の場合は、日本年金機構と国家公務員共済組合それぞれの実施機関が年金額を決定し、証書もそれぞれに発行する。一方、短期要件は1つの実施機関において年金額が決定され、証書も1枚のみ発行される。

　1つの実施機関において決定される障害給付の請求がワンストップサービスの対象外なのに対し、年金一元化後の遺族厚生年金はワンストップサービスの対象となっているため、相談者の場合は、日本年金機構、国家公務員共済組合のいずれにおいても請求手続きは可能であり、2つの実施機関それぞれに提出する必要はない。

　最後に、相談者の子は84月の国民年金の保険料納付済期間を有していたので、遺族厚生年金と同時に、死亡一時金の請求も可能である。

　死亡一時金の申請の提出先は、日本年金機構か市区町村となるので、添付書類の件等の利便性も考慮して手続き先を選ぶことを勧める。　　　　　　　　　〔2016年4月4日号掲載〕

第4章 被用者年金一元化、三共済

在職年金の激変緩和措置とその適用者

Q 昭和29年7月生まれの男性。現在、厚生年金（1号厚年）に加入中。61歳から在職しながら退職共済年金と老齢厚生年金を受給している。被用者年金一元化前から加入しているので、在職老齢年金は激変緩和措置の対象になっている。7月で62歳になると給与が変わり、嘱託契約の再契約で社会保険は同日得喪される予定。その場合に激変緩和措置は再契約後も対象になるのか。 （S県F市　D.T）

A 同一会社で同日得喪のみ適用される

　被用者年金の一元化によって、65歳未満の原則の在職支給停止額の算出方法が変わっている。一元化前には退職共済年金と老齢厚生年金は別々に総報酬月額相当額との調整を行っていたものが、一元化後は退職共済年金と老齢厚生年金の合計額と総報酬月額相当額との調整を行う。そして、支給停止額は、退職共済年金と老齢厚生年金で按分して行う。よって総報酬月額相当額と年金月額（共済＋厚生）が28万円を超えるときは、超えた分の2分の1が支給停止される。

　そこで、在職老齢年金の激変緩和措置とは何かについて説明する。

　対象になるのは、一元化前から引き続き在職している退職共済年金または老齢厚生年金の受給者であって、一元化前の在職支給停止額より一元化後の在職支給停止額が多くなる場合に適用される。

　激変緩和措置の内容は以下のとおり。

①総報酬月額相当額と支給されている在職老齢年金の基本月額の合計額が10%を超えて支給停止されていないこと。

　⇒従前の在職停止額を除く年金と総報酬月額相当額の合計額との上限を10%とする。

②総報酬月額相当額と支給されている在職老齢年金の基本月額の合計額が35万円を下回らないこととする。

★上記いずれか低い方を支給停止額として、退職共済年金と老齢厚生年金で按分してそれぞれの支給停止額とする。

　次に、在職老齢年金の激変緩和措置の適用者が再び被保険者等になった場合の取扱いについて日本年金機構に問い合わせたところ、次のような回答を得た。

　一元化前から引き続き共済組合員・厚生年金被保険者、または適用事業所に使用されている者（昭和12年4月以前生まれ）は該当するが、一元化後に共済組合員・厚生年金被保険者でなくなり、再度、共済組合員・厚生年金被保険者になった場合には、「引き続き」という要件に該当しなくなり、その者については激変緩和措置が適用されず、原則の在職支給停止の規定が適用されるとのことであった。

　ただし、共済組合員・厚生年金被保険者でなくなった日に再び同じ共済組合員・厚生年金被保険者になった場合（同日得喪）は、厚生年金については同一会社で同日得喪に限り、被保険者期間等が継続しているものとみなす。

　よって、「健康保険の記号番号が同一の会社の場合のみ」は、引き続き激変緩和措置が継続適用になる。したがって、本件相談者の場合は、再契約後も激変緩和措置が継続適用されることになる。 〔2016年6月20日号掲載〕

① 被用者年金一元化、三共済

一元化によるワンストップサービス

Q 昭和26年3月3日生まれの独身女性。自身の年金記録は、厚生年金や共済組合の加入履歴はなく、国民年金加入期間のみで25年、老齢基礎年金受給資格がある。

ただし、婚姻期間が過去にあり、元夫は国家公務員であったため、年金分割により「みなし共済期間」が25年ある。老齢年金請求をするときに、「みなし共済期間」にかかる2号厚生年金（国家公務員共済）の老齢厚生年金もワンストップによる請求が可能かどうか教えてほしい。　　　　　　　　　　　　　　　　　　　　　　　　（S県K市　Y.H）

A 年金の請求方法は、年金加入履歴と受給内容によって異なる

平成27年10月1日より、被用者年金制度の一元化等を図るための厚生年金保険法等の一部を改正する法律（以下「一元化法」という）が施行され、共済年金は厚生年金に統一された。国家公務員共済組合（国共厚年）・地方職員等共済組合（地共厚年）・私立学校共済組合（私立学校振興事業団）（私学厚年）に加入している場合は、厚生年金に加入していることになり、制度的差異は基本的には厚生年金に揃えることになった。一元化とは、原点を一緒にするという意味合いで合併や統合という概念とは差異がある。

被保険者の資格、標準報酬、保険給付等の決定については、厚生年金加入者は厚生労働大臣が、上記の組織では国家公務員共済組合および同組合連合会、地方公務員共済組合および全国市町村職員共済組合連合会および地方公務員共済組合連合会、そして日本私立学校振興・共済事業団が保険者となり、それぞれに実施機関となる。

相談者の場合は、自分の国民年金分の老齢年金は日本年金機構から受給することになるが、離婚分割により得た「みなし共済期間」にかかる2号厚生年金（共済）については、国家公務員共済から受給することとなり、日本年金機構と国家公務員共済、それぞれの実施機関から別々に年金証書が届く。

一元化法の主旨からすると、厚生年金を請求すると同じ厚生年金の種類は同時に請求することができるが、相談者のように、老齢基礎年金の請求が国民年金単独受給ということになると、同時請求は不可能である。

このように、厚生年金もしくは共済組合加入期間のない国民年金単独受給の場合は、従来どおり、別々に手続きする取扱いであることに変わりはない。年金事務所等と国家公務員共済組合連合会の両方に老齢年金請求書を提出し、年金の請求をする必要がある。

もし、相談者が死亡した場合の未支給請求では、厚生年金加入のない老齢基礎年金と共済退職年金なので、同時請求（ワンストップ）はできず、未支給請求者についても、それぞれの実施機関に対し請求を行わなくてはならない。

また、「みなし共済期間」ではなく、遺族共済年金を受給していた場合も同様に取り扱われる。

仮に、この相談者に厚生年金もしくは共済組合加入期間が1か月でもあれば、今回の「みなし共済期間」に対して同時請求（ワンストップ）が可能で2か所に手続きする必要はなく、最初に請求書を受け付けた1か所の実施機関から、その他の実施機関へ書類が回付される。

〔2016年8月8日号掲載〕

第4章 被用者年金一元化、三共済

一元化後の共済の遺族年金

Q 私は民生委員をしているが、近隣に住む88歳の独居女性に関する相談である。その女性は、若い頃離婚して以来、苦労して一人息子を育ててきた。今年63歳になった息子は、地方公務員を退職後は母（前述の女性）と同居していたが、不慮の事故で死亡した。先日、死亡した息子の妻と名乗る若い外国人女性が現れた。葬式にも出席しておらず、婚姻していたことを親族皆初めて知らされた。外国人女性には連れ子（５歳）がいるが、死亡した息子とは血縁関係がない。この老母は息子の遺族年金を受け取れるのだろうか。共済年金には転給制度があるそうだが、仮に外国人女性が再婚して、遺族年金の権利を喪失した場合、老母は受給することができるのだろうか。　（Ｋ県Ｋ市　民生委員Ｓ.Ａ）

A 遺族年金は生計維持関係が肝要。一元化後、共済の転給制度は廃止

　被用者であった者が死亡した場合、支給される旧共済の遺族年金は２階建ての構造である。本件では、死亡した男性に子（実子・養子）がいないため、１階部分にあたる遺族基礎年金の受給権は発生しない。妻の連れ子は対象外である。現在はDNA鑑定を経て、死亡後に認知が成立するケースもあるが、今回は言及しない。

　平成27年10月１日、被用者年金制度の一元化等を図るための厚生年金保険法等の一部を改正する法律が施行された。死亡した男性は、共済組合に加入していたが、一元化後は厚生年金（地共厚年）に加入していたことになった。共済年金制度自体は消滅してはいないが、制度間の差異は、基本的に厚生年金に統一された。

　そこで、２階部分の遺族共済（厚生）年金について、受給権があるのは、死亡者と生計維持関係のある第１順位者の妻と、第２順位者の母である。妻が外国籍であっても、日本国外に居住していても問題はないのだが、夫婦が一緒に居住しておらず、果たして死亡者によって生計を維持されていたと、客観的に証明が可能であろうか。

　かつて、外国籍の若い女性が夫の死後に遺族厚生年金を請求したが、生計維持関係がないと社会保険庁（当時）が不支給決定したケースがある。近年は日本国内での就労が目的で、偽装結婚する外国人もいるそうだ。早計な判断はできかねるが、ここでは妻が不支給の場合を想定して、老母には遺族年金の請求を勧める。

　被用者年金一元化の施行前には、遺族共済年金の先順位者が失権したときにあらかじめ登録されている次順位者がいれば、次順位者に引き続き支給されていた。一例として、遺族共済年金を受給していた配偶者が死亡するか、再婚して受給権を失ったとき、遺族と認定されている父母がいると、引き続き遺族共済年金は父母に支給されていた。現在、転給の制度は廃止されている。

　ちなみに未支給年金の給付の範囲も、厚生年金に統一された。共済年金では、遺族（死亡した者によって生計を維持していた配偶者・子・父母・孫・祖父母）または、遺族のない場合は相続人も対象であった。現在は、死亡した者と生計を同じくしていた３親等内の親族に限られている。

〔2016年12月５日号掲載〕

① 被用者年金一元化、三共済

一元化後の加給年金・振替加算

 夫67歳。厚生年金満了で、一元化法施行日（平成27年10月1日）前から加給年金が加算されている。今月、私（妻）が60歳になるので、老齢年金請求書（ターンアラウンド用）を届け出ようと思っている。私は1号厚年234月、地共済37月、国年納付76月あり、事業主で1号厚年に加入している。私がこの請求書を届け出ると、夫の加給年金が停止されるのか。また、地共済からの年金は62歳から支払われると聞いているが、その退職年金を受け取ったときに、夫の加給年金が停止されるのか。夫の加給年金が停止にならなかったときは、私が65歳になったら振替加算が支給されるのだろうか。

（Y県T市　S.A）

A 一元化施行前から加算額の既得権保護

夫は一元化法施行前の65歳になった平成26年7月から加給年金が支給されていた。

一元化法施行後は、2以上の厚生年金期間を合算して加給年金の要件を判定することとされている。相談者はそれを知らず、自分は振替加算の要件を満たしているものとして、老齢請求書に3点セット（戸籍謄本、住民票謄本、本人の所得証明書）を添付してきた。

年金事務所で、法施行後は次の①～④に該当した場合に厚生年金期間を合算して加給年金・振替加算の加算該当要件が判定されると説明を受けた。
①老齢厚生年金の受給権が発生する場合
②退職改定が行われた場合
③離婚分割により2号改定者または被扶養配偶者として年金分割が行われた場合
④社会保障協定による外国通算期間の追加または外国通算期間の追加に伴う年金額改定が行われた場合

ただし、施行前から退職共済年金（月数が240月未満のものに限る）と老齢厚生年金受給権者が、法施行後に上記①～④になった場合も加給年金の要件の判定が行われる。

また、施行前から加給年金が加算されている配偶者の老齢厚生年金について、施行後に厚生年金を合算することにより加給年金が支給停止となる場合でも支給停止はされない。

昭和28年4月2日以降に生まれた人は、厚生年金の被保険者期間（共済組合の組合員または私学事業団の加入者期間と民間の被保険者期間を合算して）が1年以上あれば老齢厚生年金が支給される。

共済組合等の特別支給の老齢厚生年金は女性も男性と同様の支給開始年齢になる。

相談者は、60歳で1号厚年の受給権が発生し、62歳になったときに地共済分の受給権が発生するので、その時点で、地共済分の老齢請求の手続きが必要である。

なお、相談者自身には加給年金が加算される機会がなく、振替加算も支給されないので、今回用意した所得証明書は不要であった。

夫に支給されている加給年金は、相談者が65歳になったときに終了するが、それ以前に退職した場合にも支給停止となる。つまり、相談者が退職しない限り、65歳になるまで支給されることになる。

〔2016年12月19日号掲載〕

第4章 被用者年金一元化、三共済

NTT固有の特例の影響

Q 私はNTTに勤務していた今年65歳になった女性。65歳時厚生年金見込額を３年前と３か月前にも年金事務所で打ち出してもらい、支給額を確認し生活設計の準備をしてきた。しかし実際に満65歳になって年金をもらってみたら、何と見込額より四十数万円近く少なくなっていた。どうして年金見込額より実際の年金額がこんなに大幅に少なくなったのか？

（K県I市　H.M）

A 年金見込額算出には制度独自特例の有無にも配慮することが必要

　確かに年金事務所のウィンドウマシンが打ち出した「制度共通年金見込額照会回答票」と振込通知書を見る限り、年金見込額の方が約四十数万円多い。減額率は36％にもなっている。一般的に年金が減額される原因には、①在職老齢年金の場合と、②繰上げ受給する場合があるが、繰上げでは最高でも30％減であるし、この相談者は現在就労していないのでこれらは該当しない。

　なぜ36％もの減額をされているのか、解明のための一番基本でもある年金記録を確認したところ、相談者はNTT１社だけの勤務歴であり、20歳で入社、45歳で退社していた。さらに本人から詳細に聴取すると、この退職は手動からデジタル化が進んだ電話交換業務効率化からの勧奨退職であり、条件として認められた満50歳からの繰上げ年金を受給していたとのことが判明した。NTTの前身は昭和27年に設立された旧日本電信電話公社であり、公共企業体労働関係法に基づき従業員はみなし国家公務員扱いされて、日本専売公社、日本国有鉄道とともに旧公共企業体職員等共済年金が適用されていた。

　その後、高度経済成長の終焉とともに肥大化した組織の簡素化が求められ、昭和59年４月に国家公務員等共済組合に統合され、さらに翌60年には国による経営から自立した民間経営体制に移行し日本電信電話株式会社（NTT）となった。そして平成９年、これらNTT、ＪＲ、ＪＴの共済年金は厚生年金保険に統合されるに至っている。

　この相談のポイントは、この統合変遷のなかで厚生年金保険にはない制度が経過的に一定の条件の者に限り認められ、残っていることである。退職年月日や退職理由が勧奨等によるもので組合期間が20年以上に対する繰上げ支給の減額退職年金の特例などだが、この相談者が適用されたのは、平成４年７月１日から平成７年６月30日までの間に勧奨退職した者は、本来の支給開始年齢が満59歳のところ、満49歳から繰上げ支給が受けられる特例制度である。この繰上げ支給の退職共済年金の支給額の算出は次の計算式による。

　「特別支給の退職共済年金の額×（１－繰上げ年数×0.04）」

　これにより相談者の年金額は36％減になった。相談者が満65歳からの年金見込額を年金事務所で打ち出してもらった際、満50歳から共済年金を繰上げ受給している話をしていなかったため、共済独自の特例繰上げ受給は見過ごされ、通常どおりの扱いで満65歳時の見込額が打ち出されたのであった。平成27年10月から共済年金は全面的に厚生年金保険に一元化された。複雑化した制度を前にますます慎重な対応が求められる。年金相談は正に変動する社会の縮図で、人生模様そのものでもある。

〔2017年５月15日号掲載〕

104

① 被用者年金一元化、三共済

種別変更を伴う在職老齢年金の改定

Q 昭和30年生まれの男性。地方公務員として38年勤務しており、現在も在職中で、給料（標準報酬月額）は41万円、賞与はない。62歳からの報酬比例部分相当の年金は約9万円だが、在職を理由に支給されていない。平成30年4月1日から、新たな契約により、厚生年金に加入しながら同じ職場で短時間勤務することになった。4月から年金はもらえるのだろうか？　なお、4月からの給料（標準報酬月額）は28万円で賞与はない。

（M県T市　K.H）

A 5月分の年金から受給できる

　厚生年金保険の被保険者は下記の4つに区分される。質問のケースは、第3号厚生年金被保険者から第1号厚生年金被保険者への種別変更となり、資格の喪失と取得が生じる。

	種　別
下記以外の者	第1号厚生年金被保険者
国家公務員	第2号厚生年金被保険者
地方公務員	第3号厚生年金被保険者
私学教職員等	第4号厚生年金被保険者

　被保険者である受給権者がその資格を喪失し、被保険者となることなく1か月を経過した場合には、退職日の翌月から年金額が改定される。退職改定は、被保険者の種別ごとに適用されるため、種別変更時にも適用されることになる。

　在職老齢年金が適用されるのは、被保険者である日の属する月（前月以前の月に属する日から引き続き被保険者の資格を有する場合に限る）等である。月末退職の場合の資格喪失月は原則その対象とならないが、資格喪失後1か月以内に厚生年金保険の被保険者の資格を再度取得したときは、施行規則により在職停止とされている。

種別変更前後の在職老齢年金

ⓐ 3月以前の在職老齢年金は、年金月額9万円、総報酬月額相当額41万円で計算するため、次の算出式により全額停止となる。（41万円＋9万円－28万円）×1/2＝11万円

ⓑ 4月は種別変更により資格の喪失と取得が生じ、退職改定が行われる。また、資格喪失後1か月以内の被保険者資格取得のため、在職老齢年金が適用され、その計算には再任前の標準報酬月額41万円を用いる。退職改定により年金月額が10万円に改定されたとすれば、次の算出式により全額停止となる。（41万円＋10万円－28万円）×1/2＝11.5万円

ⓒ 5月の在職老齢年金の計算には、再任用後の標準報酬月額を用いる。年金月額10万円、総報酬月額相当額28万円で計算するため、次の算出式により5万円が支給停止されるが、差額の5万円は支給される。（28万円＋10万円－28万円）×1/2＝5万円

ⓓ 6月以降の在職老齢年金の計算には、平成30年5月1日に受給権が発生した第1号特別支給の老齢厚生年金を年金月額に含めて算出する。経過的職域加算額は、公務員として在職中は全額支給停止となっているが、再任用後は支給されることとなる。

　以上から結論的に、相談者の場合、平成30年5月以降分から年金が支給されることになる。

〔2018年2月19日号掲載〕

10年短縮
年金

第5章

❶ 10年短縮年金 …………………………108

第5章 10年短縮年金

10年短縮と振替加算の受給

> **Q** 現在72歳の女性。国民年金保険料の納付・免除期間はないが、昭和61年4月以前の夫の厚生年金によるカラ期間が270月ある。夫は現在老齢厚生年金を受給している。以前は加給年金が加算されていたが、私が65歳になったときにその加算がなくなった。当時、年金事務所では、本来であれば加給年金に代って私の老齢基礎年金に振替加算として加算されるが、その際私自身に老齢基礎年金の権利が必要と言われた。また、65歳到達時までに自分の保険料納付・免除期間が1か月もないので、仮に国民年金に任意加入できても受給する権利は発生しないと言われた。今後も私は振替加算を受給できないのか。
>
> （N県A市　M.K）

A 要件緩和で10年に短縮（平成29年8月以降）で振替加算の受給が可

国民年金法60年改正法附則18条は、65歳到達時において保険料納付・免除期間を有し、かつ老齢基礎年金の受給資格期間を満たしていない者が同日以後に国民年金の被保険者（被用者年金制度含む）となり、保険料納付・免除期間および合算対象期間の合計が25年、あるいは被用者年金における老齢年金の受給資格期間を得た場合に老齢基礎年金の受給権が発生する。

また、国民年金法60年改正法附則第15条は、65歳到達時に自身に保険料納付・免除期間がなく、カラ期間のみで25年以上ある場合に振替加算を受給するための老齢基礎年金の受給資格を得る。相談者についてはカラ期間のみで25年未満であり、国民年金の特例任意加入（65歳～70歳）ができれば合算対象期間と特例任意加入期間を併せて25年を満たすことは可能であった。しかし、国民年金法60年改正法附則第18条の前段にこの法律の条件が提示されている。「65歳に達した時点で自身の保険料納付・免除期間を有する者」とある。

相談者の場合は、65歳到達時の条件を満たせないので国民年金の特例任意加入はできなかったのである。

振替加算は老齢基礎年金に加算して支給される。そのため老齢基礎年金の受給権がなければ加算できない。相談者は、特例任意加入をすることができず、その結果、老齢基礎年金の受給権を得ることができなかったために振替加算は受給できなかったのである。

また、別のケースとして、昭和36年3月以前の厚生年金期間はあるが、昭和36年4月以降はカラ期間（25年未満）のみ。65歳以降に厚生年金に加入し25年の受給資格期間を満たした場合は、厚生年金法附則14条により老齢厚生年金の受給権を得ることはできるが、（65歳到達時の保険料納付済期間、免除期間の規程がないため）老齢基礎年金の受給権を得ることはできない。そのため、老齢基礎年金の受給権がないので振替加算を受給することはできず、老齢厚生年金だけの受給となる。

相談者のケースに戻ると、平成29年8月1日に国民年金法60年改正法附則15条のカラ期間要件が25年から10年と短縮されたので、カラ期間のみでの老齢基礎年金の受給権が発生し、振替加算が受給可能となる。

〔2015年9月7日号掲載〕

10年短縮年金の注意点と影響

> **Q** 昭和29年1月生まれの63歳の男性。今年の8月から年金受給資格期間が10年になるが、その内容を詳しく教えてほしい。そして、私（年金加入歴は厚生年金が12年のみ）は対象になるのか、注意点やその後の影響についても教えてほしい。
>
> （K県H市　S.T）

A 受給は生存期間のみ。遺族年金はない

　納付した保険料に応じた給付を行い、将来の無年金者の発生を抑えていくという視点から、平成29年8月より老齢基礎年金の受給資格期間が10年に短縮される。10年には、合算対象期間（カラ期間）を含めてもよいので、今後カラ期間の確認の重要度は、さらに増していく。

　対象となる年金は、老齢基礎年金、老齢厚生年金、退職共済年金、寡婦年金と、これに準じる旧法老齢年金（旧国民年金の老齢年金・通算老齢年金、旧厚生年金の通算老齢年金、旧船員保険の通算老齢年金、旧寡婦年金等）になり、現在無年金である高齢者に対しても、改正後の受給資格期間を満たす場合には、経過措置として施行日以降、納付済期間等に応じた年金が支給される。

　なお、遺族基礎年金・遺族厚生年金の長期要件については、変更はなく25年のままなので、期間短縮により老齢年金が受給できても、その者が死亡した場合の遺族年金は受給できない。

　また、この期間短縮の年金の受給者が死亡した場合には遺族年金が支給されないことから、寡婦年金は対象にならないと思われがちだが、国民年金の寡婦年金は期間短縮の対象になっているので、間違いのないようにしてほしい。

　相談者については、厚生年金が12年あり、特別支給の老齢厚生年金の支給開始年齢の61歳を過ぎているので、平成29年8月1日に受給権が発生し、9月分の年金から受給できるようになる。そして、65歳からは老齢基礎年金も受給できるようになる。

　それから、実施後の影響については、「無年金者は今後減るであろうが、低年金者が増えてしまうのではないか」と危惧される。すると「無年金者対策にはなっても低年金者対策にはならない。むしろ10年間だけ納めればよい、という誤解が蔓延してしまうのではないか」と思う。

　年金は納付した保険料に応じた給付になっているので、10年加入の年金が支給されても、生活を保障する目的である年金制度とは呼べないものになってしまうのではないか。

　今後は、年金加入者へは「10年納付すればそれでよい」と短絡的にならないように助言し、年金は納付実績に応じて受給額が決まるので「短い納付期間では、将来の低年金者になる」ということを自覚させよう。

　さらに、年金制度には老齢年金だけでなく、障害年金や遺族年金がある。障害年金は未納期間が長いと障害の状態になっても受給できないことがあり、遺族年金の長期要件の場合には25年の加入期間が必要になる。

　そのためにも、持続可能性が高く、給付の充分性が保たれ、将来にわたって安心できる年金制度の構築が必須ではないか。

〔2017年1月23日号掲載〕

第5章 10年短縮年金

10年短縮年金の特殊な事例

 85歳の女性。私は現在年金を受給しているが、知り合いで受給していない人もいる。年金受給資格期間が10年になることによって受給できる事例があったら教えてほしい。　　　　　　　　　　　　　　　　　　　　　　　　　　　　　　　　（T県K市　U.H）

 5つの事例を取り上げてみる

1．年金受給権発生により、振替加算が加算されるケース

＊夫（77歳）

厚生年金（20年）	未加入	未加入

（S61年4月　60歳）

・60歳から特別支給の老齢厚生年金（配偶者加給年金を含む）を受給
・妻が65歳になったときに配偶者加給年金がなくなった。

＊妻（70歳）

婚姻　　　　　　　S61年4月　65歳　　　　H29年8月

カラ期間 （5年）＊注1	カラ期間 （5年）＊注2	未加入	無年金

＊注1：サラリーマンの妻　＊注2：老齢満了者の妻

・平成29年8月に年金受給権が発生（カラ期間のみで10年あり）し、振替加算が受給できる。

2．遺族厚生年金受給者に老齢受給権が発生するケース（以下、年金額は本来水準で試算）

＊75歳（昭和16年11月生まれ）
　遺族厚生年金　50万円受給中

厚生年金　5年 （平均標準報酬月額　20万円）	国民年金　5年

＊老齢基礎年金　780,100円×120／480＝195,025円
＊老齢厚生年金　200,000円×7.657／1,000×60
　＝91,884円

・老齢基礎年金（195,025円）と老齢厚生年金（91,884円）と遺族厚生年金（408,116円）［老齢厚生年金との差額］との合計で695,025円が受給できる。よって、老齢基礎年金分の195,025円が増える。

3．障害基礎年金受給者に老齢受給権が発生するケース

＊75歳（昭和16年11月生まれ）
　障害基礎年金　2級　780,100円　受給中

厚生年金　5年 （平均標準報酬月額　20万円）	国民年金　5年

＊老齢基礎年金　780,100円×120／480＝195,025円
＊老齢厚生年金　200,000円×7.657／1,000×60
　＝91,884円

・障害基礎年金（780,100円）と老齢厚生年金（91,884円）との合計で871,984円が受給できる。よって、老齢厚生年金分の91,884円が増える。

4．旧法国民年金の通算老齢年金受給権が発生するケース

＊91歳（大正14年11月生まれ）

国民年金　10年

2,498円×120＝299,760円

5．旧法厚生年金の通算老齢年金受給権が発生するケース

＊91歳（大正14年11月生まれ）

厚生年金　10年 （平均標準報酬月額　20万円）

＊報酬比例部分　200,000円×9.5／1,000×120＝228,000円
＊定額部分　3,050円×120＝366,000円　合計　594,000円

〔2017年2月6日号掲載〕

① 10年短縮年金

受給資格期間短縮に伴う遺族給付

Q 私は「年金アドバイザー」の資格を持つ某金融機関の職員である。今般、老齢年金の受給資格要件が「25年」から「10年」に短縮される予定である旨聞き及んでいるが、これに伴い老齢年金の受給権者が死亡した場合、受給できる遺族がいても遺族年金の請求ができない者が出てくるとの話を聞いたところである。これについてどういうことなのかご教示願いたい。

（Ｔ県Ｋ市　S.H）

A 遺族給付の長期要件は短縮されないことに注意

　いわゆる「年金機能強化法」のうち、老齢基礎年金等の受給資格期間（保険料納付済期間、保険料免除期間および合算対象期間の合計）を「25年」から「10年」に短縮する「受給資格期間短縮」については、今般、消費税の増税（8％→10％）と切り離し、平成29年8月1日に法律が施行され、平成29年10月期には第1回目の支払い（9月分）を開始することとされている。

　改正法令等を精査すると気をつけなければならないことがいくつか出てくるが、本稿では「遺族給付」の取扱いについて述べておきたい。今回の改正では、障害給付および遺族給付の短期要件（いわゆる「3分の2」要件）については触れられていないため従前と変更はない。問題は、遺族給付の長期要件である。

　従前「老齢給付の受給資格期間を満たしている者が死亡したとき」とされていたところ、「受給資格期間が25年以上（特例により25年到達とみなされるものを含む）である者が死亡したとき」に改正され、受給資格期間は短縮しないこととされている。つまり、遺族給付の長期要件については、「老齢給付の受給権者が死亡した場合、遺族給付が受給できる者がいても必ずしも遺族給付が受給できるわけではない」こととなることに注意し、対応していかなければならない。

　遺族給付に関する年金相談において、現状、老齢給付受給権者の死亡であれば、受給資格期間が25年以上（特例を含む）あることが確実なため、受給できる遺族の有無を確認できれば簡単に必要書類の説明まで可能である。

　しかし、老齢給付の受給資格期間短縮後は、逐一、受給資格期間が25年以上（特例を含む）あるか確認しなければならず、さらに、本人の保険料納付・免除期間のみならず、合算対象期間の有無まで確認することになる。

　現在、老齢給付請求受理時に確認している項目が、今後、遺族給付請求受理時に確認しなければならなくなる、ということに留意する必要がある。

　なお、合算対象期間には海外在住期間や平成3年3月までの昼間部の学生期間等で、家族に話していない限り、本人しか知り得ない情報もあり得るので、これを本人死亡後に家族に探させることは困難を極める。遺族給付の請求受理にあたり影を落としかねず、危惧する点である。

〔2017年3月13日号掲載〕

第5章 10年短縮年金

年金受給資格期間短縮対象者の対応

> **Q** 昭和30年5月2日生まれの女性。短縮用のターンアラウンドの年金請求書が届いた。加入履歴は、厚生年金が、昭和48年4月1日〜昭和55年4月1日（84月）であり、国民年金1号期間は、昭和58年4月1日〜平成27年5月1日である。納付は平成3年4月1日〜平成6年4月1日で、全額申請免除36月と、平成15年4月1日〜平成17年4月1日の全額申請免除24月で、合計144月ある。私は、いつから年金がもらえるのか。
>
> （S県S市　K.H）

A 年金記録と合算対象期間の確認後、受給権発生日が決まる

ターンアラウンドの請求書の「合算対象期間の申立て」ページは次のとおり記入してある。
①婚姻期間　あり　昭和55年4月2日〜平成21年5月1日
　元夫の厚年記録　昭和55年5月1日〜平成24年4月1日
②20歳以降学生期間　なし
③国籍は日本人　海外在住期間　なし
④過去に外国籍であった期間　なし

まず、氏名（旧姓含む）と生年月日により、記録漏れがないか調査が必要である。次に、元夫との婚姻期間の分かる戸籍謄本により、元夫の名前、生年月日、元夫の勤務先等を聞き取ったうえで、元夫の年金記録を確認した。相談者の場合、第3号被保険者となっていなかったので理由を尋ねたところ、夫の女性関係により、昭和58年頃から別居状態になり、一人で子どもたちを育てたということが判明した。

また、昭和61年3月以前のカラ期間を確認することになるが、「事実婚の妻が健康保険の被扶養者に認定されていると、戸籍上の妻との生計維持関係が破綻している」と思われるが、旧国年法では、「被用者年金各法の加入者の配偶者」と規定されているので戸籍上の妻もカラ期間が認められる。

さらに、生活保護を受給していたかについても確認する。生活保護の種類のなかで、生活扶助を受けていた場合には、受給していた福祉事務所から受給証明書を交付してもらい、当該期間が60歳以前の期間であれば国民年金保険料が法定免除となるので、現在の住所を有する市役所の国民年金課へ「国民年金保険料免除理由該当届」を提出するようアドバイスする。

今回の相談者については、第3号被保険者の記録はなく、生活扶助も受けていないことが確認でき、受給資格期間の25年を満たせず、法改正日の平成29年8月1日で受給権が発生する。

このたびの年金受給資格期間短縮にかかる対象者は、年金記録が整理されていない人が多く、未加入期間や未納期間が多く存在している。その場合、なぜ、未加入または未納なのかを相談者に確認することから始めていき、合算対象期間も含め受給資格について確認し、添付書類を求める。

このように、受給資格の確認の手順は、以前の「特別便」の際に活用した記録漏れの調査方法同様、氏名の読み違いや生年月日を推測して調査する。それにより、今もなお残っている行方不明の2000万件の年金記録も解消されていくことが期待できる。〔2017年7月3日号掲載〕

① 10年短縮年金

年金加入10年以上の場合の年金支給

> **Q** 私は91歳で年金はもらっていない。厚生年金に昭和26年4月から昭和36年3月までの10年間のみ加入し、それ以外は年金に加入したことはない。今回、10年加入していれば年金がもらえるようになったと聞いた。手続きをすれば年金をもらえるのか。
>
> （T県M市　A.U）

厚年被保険者期間が10年あっても必ず年金が支給されるとは限らない

　平成29年8月1日から年金受給資格期間が10年に短縮され、厚生年金の場合の取扱いは次のようになる。

　相談者は91歳とのことであるが、大正15年4月1日以前生まれであれば旧厚年法が適用され、大正15年4月2日以降生まれであれば厚年法が適用（昭和60年改正法附則63条1項）される。このように、法の適用が大正15年4月1日を境にして生年月日に応じて異なるので、以下のように分けて考えなければならない。

(1) 大正15年4月1日以前生まれの場合

　通算対象期間を合算した期間が10年以上あるとき、通算老齢年金が支給されることに改正された（旧厚年法46条の3、昭和60年改正法附則63条2項）。

　しかし、通算年金通則法附則2条で「昭和36年4月1日において公的年金制度の被保険者でなかった者については、その者の同日前の厚生年金保険の被保険者期間は、通算対象期間としない」とされているので、通算対象期間はないことになる。したがって、通算老齢年金は支給されない。

(2) 大正15年4月2日以後生まれの場合

　厚年法では、保険料納付済期間、保険料免除期間および合算対象期間を合算した期間が10年以上あれば厚生年金が支給される。

　相談者の場合、厚生年金被保険者期間が昭和36年4月前のものであるため、保険料納付済期間とはみなされない（昭和60年改正法附則8条2項）。

　合算対象期間であるが、相談者の場合は昭和36年4月1日以降年金に加入したことがないので、相談者が加入していた厚生年金の10年間は、合算対象期間には算入されない（昭和60年改正法附則8条5項4号）。

　しかし、相談者が結婚していて、その配偶者が昭和36年から相談者が60歳に達するまで、厚生年金被保険者であれば、仮に相談者が国民年金に加入していなくても昭和61年3月までは合算対象期間とされ、10年以上あれば年金が支給される。また、昭和61年4月以降、相談者が60歳に達するまで第3号被保険者期間があれば、相談者には年金が支給される。

　その他、海外に居住した期間があれば合算対象期間に算入される場合があるので、年金事務所において年金の加入記録を必ず確認してほしい。

　合算対象期間も第3号被保険者期間もなければ年金が支給されることはない。

　第3号被保険者期間がなく、合算対象期間が10年以上あるとき支給されるのは、厚生年金および振替加算で、老齢基礎年金は支給されない。

〔2017年9月18日号掲載〕

第5章 10年短縮年金

10年短縮年金の繰下げ受給

Q 昭和26年8月10日生まれの女性。年金加入歴は厚生年金が5年と国民年金が7年あり、合算対象期間はない。今年の8月から年金受給資格期間が10年になるので、事前に黄色い封筒で年金請求書が送られてきた。年金事務所で受給金額を確認すると、年額30万円程度であると言われた。また、遅らせてもらうと受給額が増えることも聞いた。金額も少なく、もともと年金は受給できなかったのであるから、増えた年金を受給したい。その場合の注意点を教えてほしい。

(○県B市　A.H)

A 受給期間を最大5年繰下げで、年金額は42%増

　この相談者は、年金受給資格期間が10年に短縮される法改正により、平成29年8月1日に老齢厚生・基礎年金の受給権が発生した。その10年短縮年金の対象者であるので、事前に年金請求書が送付された。当然のことではあるが、年金の請求手続き（裁定請求）をしなければ、受給することはできない。

　平成29年8月1日に受給権が発生したので、1年経過した平成30年8月1日以降であれば月単位での請求が可能になり、最大5年間繰下げできる。よって、平成34年8月まで遅らせて受給することが可能である。この場合の年金額は、1年遅らせた場合の増額率は8.4％で、以降1か月遅く受けるごとに0.7％ずつ増額され、最大の5年遅らせる場合で42％の増額になる。

　また、この相談者の場合、老齢厚生年金と老齢基礎年金を同時に繰り下げることも、別個に繰り下げることもできる。

　同時に繰り下げる場合には、年金請求書は提出せず、繰下げ受給するときに年金請求書と繰下げ請求書を提出する。また、片方の年金を繰り下げる場合は、年金請求書と繰下げ意思確認書を提出し、繰下げ受給するときに改めて繰下げ請求書を提出する。参考までに、昭和16年4月1日以前生まれの老齢基礎年金の繰下げでは、1年単位で次の増額率が適用される。

1年超え⇒12％増　　2年超え⇒26％増　　3年超え⇒43％増
4年超え⇒64％増　　5年超え⇒88％増

　また、厚生年金基金から年金を受けている人が老齢厚生年金を繰り下げる場合には、基金の年金も繰り下がることになるので、基金への連絡が必要になる。企業年金連合会から受給しているケースが大半であろうが、その場合には、「（繰下げ）支給停止申出書」を企業年金連合会年金サービスセンター支払課に提出しなければならない。提出が遅れると過払いが発生するので、繰下げ受給後の年金から調整されることになる。

　なお、繰下げ待機中に亡くなった場合、一定の遺族が受給権発生時から死亡するまでの間の年金を未支給年金として受給できるが、遺族年金は改正後も引き続き受給資格期間が25年以上必要なため支給されない。

　生活保護受給者の場合、年金各法には「生活保護受給者は繰下げできない」といった明文化された規定はないものの、生活保護法では「資産」とみなされ、活用する義務が生じる。よって「繰下げできない」という意見もあり、実際の取扱いがどうなのか気になるところである。

〔2017年10月16日号掲載〕

① 10年短縮年金

10年短縮年金と特例任意加入・高齢任意加入

Q ❶ 昭和26年8月10日生まれの66歳の男性。年金加入歴は厚生年金が16年と国民年金が7年。65歳から国民年金の特例任意加入をしていた。平成29年8月で24年になったが、法改正で年金受給資格期間が10年になり受給資格期間を満たし、特例任意加入は8月2日で資格喪失となった。老齢年金は受給できるようになったが、私が死亡した場合に妻に遺族年金は支給されない。遺族年金には25年の資格期間が必要なためだ。何とか遺族年金を受けられる方法はないか。 （A県H市　S.F）

Q ❷ 昭和22年12月10日生まれの69歳の男性。現在厚生年金加入中。この8月で19年4か月になる（40歳以降の中高齢特例には該当せず）。当初の腹積もりは、70歳以降、厚生年金に4か月高齢任意加入すれば年金期間20年となり、老齢年金を受給できて私が死亡した場合は、妻が遺族年金を受給できると思っていた。このまま70歳まで加入しても19年8か月なので、遺族年金は支給されない。何とか遺族年金を受けられる方法はないのか。 （O県N市　T.G）

A ❶は方法あり、❷は方法なし

❶　平成29年8月から年金受給資格期間が10年に短縮されたことに伴い、10年以上の資格期間がある場合には、平成29年8月2日に特例任意加入の資格を喪失することになった。特例任意加入は老齢基礎年金の受給資格を満たすまでの間加入できる条件なので、相談者の場合は、今回の法改正により老齢基礎年金の受給資格を満たすことになり、8月2日に資格喪失となる。

　ここで大きな問題になるのは、この状態では老齢年金は受給できても、本人が死亡した場合の遺族年金は支給対象にならない点である。遺族年金の長期要件の受給資格要件は25年のままで変わっていないので、25年に達するまで、今後1年以上厚生年金に加入するしかない。

　確かに昨今の厚生年金適用拡大に伴い、短時間勤務者でも厚生年金に加入できる途は開かれているが、66歳になってから新たに会社勤めをして厚生年金に加入するのは簡単ではない。

　今回のケースのような、法改正前から特例任意加入をしているような場合には、経過措置として本人の希望により25年になるまでの加入を認めるような措置ができてもよさそうである。本人死亡後に遺族年金が支給されるか否かで、残された遺族の生活が大きく異なるからだ。

❷　厚生年金は、在職していても70歳で資格は喪失する。ただし、70歳の時点で年金受給資格を満たしていない場合には、受給資格を満たすまで加入ができる途ができている。これを厚生年金の「高齢任意加入制度」という。

　相談者の場合は、70歳の時点（平成29年12月）で19年8か月の厚生年金加入となり、法改正後の受給資格を満たしているので、70歳で資格を喪失する。その後も加入を続けることはできない。よって、制度上、厚生年金加入20年の長期要件を満たすことができず、遺族年金を受けられる方法はないとの結論になる。 〔2017年10月23日号掲載〕

第5章 10年短縮年金

10年短縮年金と遺族年金

> **Q** 昭和25年生まれの女性。年金歴は、厚生年金が若いときから飛び飛びで15年間。さらに離婚した夫との国民年金3号期間が5年間ある。以前、年金相談に行ったところ、このままでは年金はもらえないとのことなので、65歳から国民年金の任意加入を70歳まですることにした。ところが今回の年金資格10年短縮の改正で、私は67歳で受給資格ができるので、22年で打ち切りとなると言われた。それと同時にこの22年の年金では私が亡くなったときに遺族年金は出ないとも聞かされた。現在孫と一緒に暮らしており、私に万が一のことがあった場合には孫に何とか遺族年金が出るようにしたい。遺族年金が出るようにする方法はあるだろうか。
> （F県U市　S.H）

A 厚生年金に加入し遺族年金受給資格を得る

1．本相談の問題の所在

平成29年8月1日の法改正により老齢年金の受給要件は10年に短縮されたが、遺族年金の長期要件の受給要件は25年のままで変更はなく、今後、老齢年金は遺族年金につながるものとつながらないものの2種類に分かれることになる。

しかし、高齢者のなかには18歳未満の自分の子や孫を養っている者も多い。これらの人たちのなかには、何とか自分が現在面倒をみている者に遺族年金を残したいと考え、努力をしている人もいる。本質問者もその1人である。ところが、65歳以上の国民年金高齢任意加入は老齢年金受給資格獲得までしかできず、今改正ではその目的は果たせない。短時間労働者の厚生年金加入のときには、長期および障害特例の該当者について激変緩和措置が取られた。今回の受給資格期間の10年短縮改正においても特例の措置は設けられないのだろうか。

2．厚生労働省年金局の回答

この件について、厚生労働省年金局に問い合わせた結果は次のようなものであった。「この場合、どうしても遺族年金の可能性のある老齢年金にしたい場合は、厚生年金に加入すればよい。そうすれば、3年以内に亡くなった場合は短期の遺族年金になるし、3年経てば長期要件も整う」。要するに、遺族年金の受給資格取得可能性を得る道として、相談者が何らかの方法で厚生年金に加入する必要があるという示唆と解される。しかし、実際には65歳を過ぎた人が厚生年金に加入することはかなり難しい。短時間労働者の厚生年金加入でも、65歳以上の人の新規採用はかなり困難である。これに対しては、「そこまでの救済は考えていない」ということであった。

3．厚生年金加入方法として事業法人化案

相談者は、娘が現在身体の具合が悪く入院中なので、その娘の子である孫を預かっている。したがって、自分に万が一のことがあったらという思いはかなり強い。いろいろ考えた結果、現在経営している民宿の法人化により、67歳から3年間の厚生年金の被保険者期間をつくるしかないと考えた。今回の場合、通常の株式会社の設立ではお金がかかるので、合名会社にすることにした。申告時に必要な財務諸表等の作成は、息子さんが代行することになった。

〔2017年10月30日号掲載〕

① 10年短縮年金

10年短縮年金と合算対象期間

Q 昭和12年生まれの女性。昭和47年から52年までの5年間厚生年金に加入していたが、この5年間の分は脱退手当金をすでにもらっている。ただし、脱退手当金をもらった時期はよくおぼえていない。このような脱退手当金をもらった期間はどうなるのか。なお、その後は飛び飛びで4年間の厚生年金期間が残っており、さらに結婚していたときに専業主婦だった期間があり、それは2年間の3号期間として残っている。私は、今度の10年の受給資格期間短縮改正で年金が受給できるのか。　　　　（E県I市　J.K）

A 脱退手当金の受給時期に注意

1．本相談の問題の所在

　この相談について多くの人は、脱退手当金をもらっていれば、その期間は合算対象期間にならないので、厚生年金期間4年と国民年金3号期間の2年で合計6年の被保険者期間しかない。したがって、10年短縮年金でも受給資格はないと考えると思われる。しかし、脱退手当金をもらった時期によっては合算対象期間になる。

2．どのような場合が合算対象期間になるか

　昭和60年改正法附則8条5項7号は以下のように規定する。「施行日（昭和61年4月1日）前に脱退手当金の支給を受けた者が、施行日から65歳に達する日の前日までの間に国民年金の保険料納付済期間又は保険料免除期間を有するに至った場合には、脱退手当金の期間を合算対象期間とする」。したがって、相談者が昭和61年4月1日前に脱退手当金を受給していれば、施行日以後、最低でも2年の3号期間があり、5年間の脱退手当金受給期間は合算対象期間になる。そうすると、厚生年金期間を含め合計11年になるので老齢年金受給資格が生じる。

　この規定の趣旨は以下のようなものと考えられる。過去においては女性が一度職を離れた後は再び職に就くことは少なく、また結婚している場合、配偶者の年金に「配偶者加算」が加算されるため、離職後本人自身が年金受給するケースは少ないと考え、脱退手当金を受給することが多かった。ところが、昭和60年の改正法は「一人一年金」の制度を採用し、原則として脱退手当金の制度を廃止した。特例適用で昭和61年4月1日以降脱退手当金を受給する場合でも、受給要件を満たさないこと、および受給資格と結びつかないことを理解したうえで受給するので、合算対象期間とはならない。

　ただし、昭和61年3月31日までに支給された脱退手当金は趣旨が異なり、合算対象期間として受給資格と結びつけることとしたため、改正前後で取扱いに差が生じていると考えられる。

3．脱退手当金をもらった時期の検証

　相談者の依頼を受け、年金事務所に脱退手当金をもらった時期の確認に行った結果、資格喪失が昭和52年2月1日で、昭和60年4月に脱退手当金の支給がなされているという記録があった。脱退手当金については何回もの改正が行われていてかなり複雑であるが、女性に対しては昭和53年5月までは、「2年以上で年齢制限なし」という特例が存在していた。相談者の場合、この特例により脱退手当金が支給されたものと思われる。したがって、この相談者には年金の受給権は発生する。　　　　　　　　　　　　　　　　　　　　〔2017年11月6日号掲載〕

第5章 10年短縮年金

10年短縮年金と余裕資金

Q 私の年金は国民年金のみである。今年で65歳になり保険料納入期間は15年である。年金のことは諦めていたが、このたび制度が変わったので年金がもらえるという書類がきた。今のところ収入は安定しているので、70歳くらいまではとくに年金は必要としない。そこで今度もらえる年金を全額、余裕資金としていざという時のために蓄えておきたい。私は現在年額にして、介護保険料2万円、国民健康保険料9万円、地方税1万円を口座振替で支払っている。私の現在の状態を変えないで、全額年金を受け取るにはどのような方法があるか。 　　　　　　　　　　　　　　　　　　　　　　　　（N県N市　M.M）

A 余裕資金を得るには70歳まで年金の裁定請求を差し控える

1．即時に裁定請求手続きをした場合

すぐ手続きをすると、15年分の老齢基礎年金が振り込まれる。金額は、779,300円（平成30年度）×180／480＝292,237円となるが、以下説明の便宜上30万円とする。この30万円が70歳になる5年間積み立てられるか、というとそうはならない。

各期に支払われる年金より、介護保険料、国民健康保険料のほかに、地方税との合計額が引かれるからである。これを「特別徴収」と言い、これらの保険料等を確実に徴収するために規定されたものである。したがって、30万円の年金から合計12万円が引かれて1年に積み立てられる額は18万円となり、70歳になったときの積立額はその5倍の90万円にすぎない。

しかし、これらの金額を老齢基礎年金から支払わないということは、原則的にできない。ただし、一部の市区町村では例外を設け、特別に申請をすれば、他の方法での支払いを認めている。この場合、全部に例外が認められればよいが、一部のみではその分が年金から差し引かれるばかりでなく、相談者の「現状を変えずに余裕資金を造る」という意図は達成されない。

2．70歳まで年金の請求を控えた場合

このまま70歳までの5年間裁定手続きをせず、70歳になったら5年分の年金を遡って裁定請求した場合は、望みどおり余裕資金を得ることができる。つまり、5年間は年金をもらっていないのだから、国民健康保険料および介護保険料と地方税は今のまま支払うことになる。また遡って年金をもらっても、遡って特別徴収されることはない。

したがって、1年間30万円で5年分の150万円が支払われることになる。この方法で注意することは、70歳になったらできるだけ早く手続きをする必要があるという点である。その理由は、年金の時効は5年なので（国民年金法102条）、数か月過ぎてしまうと時効でもらえない部分が出てくるためである。

また、この場合の5年分の年金の取扱いは一時所得として扱われるのではなく、年金機構から支払いの通知があり、各年度の分が示される。したがって各年度120万円までの公的年金の非課税枠があるので追徴課税されることはない。

保険料や税金を年金から特別徴収されようが、口座振替で支払おうが、手元に残るお金は同じではないかという意見もあるが、相談者は年金を余裕資金として別途蓄えたいという希望があり、上記方法を提案した。 　　　　　　　　　　　　　　　　〔2017年12月4日号掲載〕

① 10年短縮年金

10年短縮年金における高齢任意加入制度の効用

Q 現在72歳（昭和20年３月生まれ）の男性。従業員３人の建設業（法人）の社長をしている。会社は、５月１日付で社会保険に加入、適用事業所となった。
私個人の厚生年金加入歴は118月で、加入期間不足につき受給資格がないと諦めていたが、平成29年８月から老齢年金の受給資格が10年に短縮されることを知った。これから厚生年金保険料を払い、年金を受給することは可能だろうか。 （Ｋ県Ｋ市　I.M）

A 厚生年金の高齢任意加入被保険者として加入し、年金受給資格を取得

相談者の会社は、社会保険の適用促進で、今年２月に年金事務所から会社に社会保険の加入手続きを促す連絡があったこと、また、４月には、元請企業から公共事業における社会保険未加入業者は排除されるとの指摘と指導を受けたことから、必要な手続きを行い、５月１日付で社会保険の適用事業所となった。

相談者の年齢は70歳超であるため、通常は健康保険のみ加入となる。何とか年金の受給資格を得ることはできないか、との相談である。

まず、年金の受給資格につながる、①他に会社勤務した期間や公務員であった期間があるか、②合算対象期間の要件に該当する期間があるか、について相談者に確認したが、残念ながらこれらについては該当する期間はなかった。

次に、高齢任意加入制度を適用できるかどうかを検討した。相談者の場合は、今年５月から会社が社会保険に加入したことで厚生年金の高齢任意加入制度の手続きが可能となる。

厚生年金の高齢任意加入制度とは、70歳以上で年金受給資格がない者が、厚生年金の適用事業所で働く場合に、老齢年金の資格期間を満たすまで任意加入できる制度である。手続きは、事業所を所轄する年金事務所に「厚生年金保険高齢任意加入被保険者資格取得申出・申請届」を提出する。保険料は全額自己負担だが、事業主の同意があれば事業主と折半になる。

相談者の場合、10年（120月）に不足の２か月分を補うため、健康保険の資格取得手続きとともに厚生年金の高齢任意加入被保険者の資格取得手続きをすることにより年金受給権が得られる。平成29年５月分、６月分の厚生年金保険料の支払い（事業所への通常の社会保険料請求額とは別に高齢任意加入被保険者分の厚生年金保険料を支払う）が確定され、保険料納付済期間が10年を満たした時点で高齢任意加入の資格喪失手続きを行う。年金事務所から資格喪失手続きの勧奨を受けて、「厚生年金保険高齢任意加入被保険者資格喪失申出書」を提出した。

その後、平成29年８月１日以降に、相談者に年金手続きに必要な書類を取り寄せてもらい、年金事務所にて10年短縮老齢年金の裁定手続きをした。

なお、現在も在職中につき引き続き健康保険は継続加入することになるため、「厚生年金保険70歳以上被用者該当届」の提出も必要になる。

相談者の給与額は50万円。基本月額と標準報酬月額相当額の合計額が46万円を超えるため、報酬比例部分については停止額があるが、年額約22万円の年金を受給できることになった。

〔2017年12月11日号掲載〕

その他

第6章

❶ 離婚分割 ………………………………122

❷ 被保険者期間 …………………………128

❸ 企業年金など …………………………133

❹ 保険料 …………………………………136

❺ 外国年金、海外在住、外国人 ………140

❻ 船員保険 ………………………………147

❼ 税 ………………………………………148

❽ 手続き、その他 ………………………151

第6章 その他

離婚時の年金分割可能期間

Q 私は昭和27年５月生まれの62歳の元会社員の男性。27歳のときに同い年（昭和28年３月生まれ）の女性と結婚したが、私の暴力等が原因で、平成12年、48歳のときに協議離婚した。今さらながら自分の愚行を反省し、復縁を申し出たところ拒否された。そこで形式上だけ再婚し、その後まもなく離婚した場合、婚姻期間は通算され、この元妻に私の年金の半分が分割できると妙案を思いついた。また年金分割は事実婚でも可能と聞いたが、元妻と未入籍でも分割できるか。 （E県A市　U.K）

A 事実婚で第３号被保険者の場合のみ分割が可能

一般的に言われている「離婚時の年金分割」は、平成19年４月１日より施行された、厚年法78条の２（離婚等をした場合における標準報酬の特例）に基づくものである。離婚により夫婦の生計同一状態が解消されることに伴い、夫婦それぞれの標準報酬を「婚姻期間中の保険料納付に対するそれぞれの実質的な寄与の程度」に応じて分割することを認める制度である。

離婚当事者の婚姻期間中の厚生年金の保険料納付記録を、当事者間で分割することを認めたものであり、施行日以前の厚生年金の保険料納付記録も分割対象になるが、離婚後２年以内の請求を要し、施行日以降に成立した離婚等を対象としている。施行日前の離婚（もしくは婚姻の解消）に関しては、一切対象外である。将来仮に質問者が同一女性と再婚しても、残念ながら婚姻期間の通算はない。

また、事実婚であっても年金の分割は可能ではあるが、あくまでも第３号被保険者として認定された期間に限るとされている。その理由は、事実婚については、これを離婚分割の対象とした場合、法律婚と事実婚の婚姻期間の連続あるいは重複、事実婚と事実婚の婚姻期間の重複等により、対象とすべき期間が定まらず、混乱を招くおそれがあることなどによる。

一般的に言われている「３号分割」とは、平成20年４月に施行されたもので、平成20年５月１日以降の①離婚した、②婚姻の取消しをした、③事実婚の解消をしたと認められた、④離婚の届出をしていないが事実上離婚したと同様の事情にあると認められた場合等に、請求することが可能である。

第３号被保険者とは、厚生年金に加入している65歳未満（一部例外あり）の配偶者（事実婚含む）に扶養されている20歳から59歳までの者（年収要件もあり）である。よって、質問者が今後再就職しても、現在62歳の元妻は対象外である。

そこで質問者の場合は、厚生年金に20年以上加入しているので、65歳到達前に復縁（入籍）するという方法もある。65歳到達時に自己の老齢厚生年金に配偶者加給（特別加給含む。平成27年度390,100円）が付くためである。10か月後に配偶者が65歳に到達したとき、加給は停止されるが、配偶者（厚生年金に20年以上加入していない、年収850万円未満等の条件もあるが）には、振替加算（平成27年度68,900円）が付く。質問者夫婦が仮に再離婚しても、振替加算は支給停止にならない。 〔2015年４月６日号掲載〕

① 離婚分割

離婚分割における３号分割制度の特徴

Q 厚生年金加入中の40歳の男性。平成22年に同い年の女性と結婚し、結婚と同時に健康保険の扶養家族に入れたが昨年離婚。財産分与の協議にあたり、年金に関する協議は行われておらず、また協議の途中で元妻が「年金は大丈夫…」とつぶやいていたのは聞いていたので、年金に関してはそのままだと思っていたが、最近年金事務所から離婚分割にかかる「標準報酬改定通知書」が届いた。協議もしていないのに分割されるとは、どういうことなのか。 （H県S市　Y.O）

A ３号分割は両者の同意は不要

　結論を先に言うと、元妻は「３号分割」を知っていたため、あえて協議の俎上に載せず、協議が完了後、離婚分割に関する「３号分割」のみの改定請求を行い、これが決定となったため通知が届いたものと解される。

　時代の変遷に伴うライフスタイルの変化、とくに婚姻事情と夫婦の働き方の変化に合わせ、年金制度もさまざまな変化をみせている。基礎年金制度創設時における国民年金の「第３号被保険者」制度の創設や、今回質問のあった「離婚分割」制度、平成26年４月から始まっている基礎年金の「父子家庭となった場合の夫への遺族基礎年金の支給」などはその代表的な例であろう。

　さて、「離婚分割」制度であるが、平成19年４月より「合意分割」、平成20年５月より「３号分割」が開始されている。このうち「合意分割」についてはまさしく合意のもとに分割するため、請求にあたっては事前に両者が承知済だが、「３号分割」については必ずしもそうではない。

　「３号分割」については、「第３号被保険者を有する第２号被保険者が負担した保険料は、夫婦が共同で負担したものである」という基本認識が法令上明記され、またその割合も半分ずつとされたため、分割にあたっては両者が合意するまでもなく請求により半分ずつ分割できることとなり、その請求にあたっては協議する必要もない。ただし、第２号被保険者が婚姻期間を計算の基礎とする障害厚生年金の受給権者である場合は、３号分割の請求は認められていない。

　なお、「合意分割」の場合においても、婚姻期間のなかに第３号被保険者期間がある場合はまず「３号分割」を行い、その後の夫婦の持ち分に基づき分割されることも注意しておきたい。

　また、分割請求に時効（原則２年）が設けられているのは、双方で保険料を分けあうこととなり、預かっている保険料を動かすこととなるため、社会保険制度における保険料の徴収、還付を行うときに適用される「事象発生から２年」の時効をそのまま適用したものと思われる。

　国民年金の「第３号被保険者」制度については現在、その存続の是非も含めさまざまな舞台で論議されているところである。また、「一人一年金」の原則に基づき、従来から離婚していない夫婦であっても、それぞれ個々の年金額を確保する必要性が論議されており、これに伴い「遺族年金」のあり方にもいろいろな意見がある。こうしたことから将来、年金の支払方法についてはさらに大きな変貌を遂げるかもしれない。 〔2015年４月13日号掲載〕

第6章 その他

離婚分割に当たっての注意事項

Q 夫61歳、妻55歳で結婚20年の夫婦。夫は学校卒業から今の会社に勤務し厚生年金に42年間加入している。妻の私は市役所に就職したが、結婚後は専業主婦となり、国民年金3号加入の手続きをした。もし、離婚する場合には夫婦の財産半分と夫の年金半分を妻がもらえると聞いた。私が離婚する場合の年金分割についてアドバイスしてほしい。

（X県Y市　M.S）

A 財産分与ではなく、厚生年金記録の一部を分割

　離婚による年金分割とは、年金額の分割ではなく、婚姻期間の20年間にかかる夫が納付した厚生年金記録の一部を妻に分割し、相談者も厚生年金記録を持つことである。

　年金分割の対象は、婚姻から離婚までに納付された厚生年金期間と共済期間に限られ基礎年金部分は除かれる。分割の結果、相談者は厚生年金の報酬計算部分だけが年金額増加となり、夫は年金分割で渡した厚生年金の報酬計算部分が減額となる。

　分割方法には、「合意分割」と「3号分割」があり、二つの取扱いは少し異なる。「合意分割」は、夫の報酬記録の50％までを任意の合意した割合で分割する。「3号分割」は、平成20年4月以降の夫の厚生年金報酬記録の50％に固定されていて、しかも、国民年金第3号被保険者に認定されている場合に限る。

　合意分割請求には、当事者または裁判所の調停等で分割割合が決定していることが必要であり、請求の期限は離婚から2年以内である。ただし、2年以内に裁判や調停を開始した場合には、結果が出てから1か月以内となる。実際、相談者が離婚分割の手続きをする際は、以下の点に留意が必要である。

＜注意事項＞

1．分割割合を検討するために、年金事務所等に分割の情報を請求することができる。
2．夫婦の合意または裁判所の調停や裁判で結果が出ても、期限内に年金事務所等に「年金分割請求書」を提出しないと年金分割の効果はない。
3．家庭裁判所の調停結果では、50％以外の分割はほとんどない。家庭裁判所への年金分割等の調停申請は、数千円程度の費用で可能である。
4．離婚分割した後に同じ人と再婚しても年金記録は復元されず、老齢年金・遺族年金は分割後の記録で計算される。
5．平成27年10月1日以降は、従前の厚生年金と共済組合が一元化され、一枚の請求書で両方の分割請求が可能となる。

　相談者が最初に年金事務所等で相談する場合には、年金手帳・運転免許証等の身分証明書と婚姻期間が確認できる戸籍謄本等が必要となる。その際、手続に必要な書類を確認するようアドバイスする。

　最後に、夫婦の年金は夫婦が生活できる程度の老後年金であり、別々の生活となった場合には両方ともに生活が困難になるケースが多いので、熟慮が必要である。

〔2015年10月5日号掲載〕

① 離婚分割

離婚分割後の年金見込額と将来設計

Q 58歳の女性。国民年金加入中でパートで勤務している。国民年金納付済月数は348月、厚生年金被保険者月数は９月。半年ほど前に離婚して年金分割請求（婚姻期間：昭和59年５月～平成25年８月　按分割合50％）の手続きを済ませた。将来の生活設計を立てたいので、支給開始時期と年金額を確認したいがどうすればよいか。　（Ｋ県Ｓ市　S.H）

A 年金事務所に見込額算出の依頼を

　将来の生活設計のために年金の金額を確認するためには、本人の基礎年金番号がわかるものと本人確認ができるもの（免許証やパスポート等）を持って年金事務所に出向き、見込額を算出してもらうのが一番よい。

　その際、厚生年金期間が１年未満なので、特別支給の老齢厚生年金の受給資格はなく、65歳から老齢厚生年金と老齢基礎年金の支給という見込額が算出される。今の条件で65歳からの本来支給は、以下のとおりとなる。

報酬比例　　676,427円／年
基礎年金　　611,078円／年
合　計　　1,287,505円／年

　すでに標準報酬改定請求の記録整備をしているからといっても、報酬比例部分の受給開始年齢が異なるので、とくに３か月以上の厚生年金や共済組合の加入期間の漏れがないかどうかの再度の確認を勧めたところ、次の話が出てきた。

　結婚前に大学受験予備校に２年ほど勤務していたことがあり、前回調べても年金記録は見つからなかった。そこで、予備校によっては学校法人の可能性もあるので、その場で日本私立学校振興・共済事業団に電話確認をしたところ、勤務していた実績（昭和57年４月～昭和59年３月）が出てきた。退職一時金制度は昭和55年１月１日で廃止しているので、年金として受給できる相談者の記録が判明した。

　新たな私学共済の記録が判明したことおよび被用者年金一元化法の施行により、厚生年金（厚年１号）が９か月でも、共済年金２年間（厚年４号）を合算して、離婚分割部分を含む厚年１号の支給開始年齢は60歳からとなり、63歳からは共済年金の支給が始まる。

　さらに、基礎年金額も２年分増額され、年額は650,083円となる。支給開始年齢が５年も早まるのであれば、その額の大小はともかくとして、将来設計の展望は大きく開かれる。

　このような共済期間の「未統合」の被保険者記録は、結婚前の旧姓で、保育園や幼稚園等で勤務していた女性や、早くに退職することが多い自衛隊の勤務等の事例がある。被用者年金一元化とは言え、共済組合の記録は、加入していた共済組合に申し出て整備する必要がある。

　「消えた」年金記録問題の解決はいまだ道半ばである。同様に「未統合」年金記録の作業は始まったばかりであるとの認識で、共済組合加入期間の漏れについても気を配る必要がある。

　また、もし記録が見つからなくても、あと最低３か月の厚生年金期間を現在勤めているパート先で加入できないか、もしくは、別の厚生年金の適用事業所に勤めて厚生年金に加入するという方法もあることをアドバイスする。　〔2016年３月７日号掲載〕

第6章 その他

離婚分割協議前に当事者の一方が死亡

Q 5か月前の3月2日に協議離婚の届けをした56歳の女性。年金事務所から受け取った「年金分割の合意書」も同日付けで前夫（以下単に夫と表記）と一緒に作成した。分割割合は0.5で双方とも署名捺印済である。すぐこの分割申請を年金事務所へ届け出たかったのだが、夫が離婚直後から突然海外へ行ってしまい、連絡が取れず、帰国を待って一緒に届け出ようと思っていた。その矢先に夫が急死してしまった。この場合、私が単独で離婚分割手続きができるのか。また私は年金受給の恩恵にあずかれるのだろうか。

（K県O市　A.T）

A 年金分割は裁判所か公証役場での離婚合意相談の有無が決め手に

相談を踏まえ次の確認等を行った。①戸籍謄本により平成28年3月2日付けで離婚していることを確認、②離婚分割合意＝年金分割合意書の合意内容には甲欄に夫氏名署名捺印、乙欄に相談者本人の署名捺印がされ、按分割合は0.5とされていた、③夫の死亡＝持参した夫の葬儀の際の会葬礼状より確認、④夫実家からは死亡診断書の写しあるいは戸籍除票が必要な場合、送ってもらえることになっているとのこと。

通常、離婚分割の手続きは離婚に伴う微妙な問題もあるため単独ではなく、当事者双方が一緒に年金事務所に出向き、担当職員の目前で諸事項を確認しながら手続き事務を進めるという客観性確保のための離婚合意の限定方式が採られている。

この相談のポイントは、離婚合意書の有効性が認められるのか否かと、夫の死亡によって妻が単独で手続きを進める可能性の有無の2点である。離婚時の年金分割をする場合、日本年金機構では、年金分割請求時の添付書類として「按分割合を定めた公的な書類」が必須となっており、私文書は原則認められていない。

本件の場合、合意書は両当事者が年金事務所に出向き、担当職員の目前で一緒に作成したものではなく、別の場所で二人だけで作成されたものであり、これは私文書扱いとなる。そうした場合に年金分割、離婚合意の客観性を確認するためには、①裁判所の審決書謄本がある、または調停・審判の経過がある、②公証役場での離婚分割の公正証書がある、または私署証書認証（自分たちが記載したものを公証人が意思確認する）を依頼した事実があるのうちのどれかが必要になる。また、裁判所の審判で按分割合を決めた直後に夫が死亡した場合、死亡日から1月以内に限り分割請求が認められる。

しかし本事例の場合、裁判所や公証人役場に当事者二人あるいは単独で赴き何らかの離婚分割について話し合った事実は一度もないうちに夫が死亡したものであるので、残念ながら分割の手続きはできない。離婚して間もなく夫が死亡という、過酷な運命の事実を前にしての相談であった。

しかし、年金受給については諦めずに可能性を探求すべきであり、例えば、仮に離婚後も子どもの養育費等の名目で前妻や子どもの口座に毎月送金されているなど、依然として実質的に生計維持の関係が続いているなどの事実があれば、遺族年金を請求する道もあることなどを念頭に入れての相談対応が必要になる。　　　　　　　　　　〔2016年12月12日号掲載〕

① 離婚分割

障害厚生年金受給者の離婚分割

Q 52歳の男性。平成元年4月1日から現在まで厚生年金加入中。また、障害厚生年金を受給しており、その初診日は平成20年5月20日である。

現在、妻（50歳）と離婚協議中だが、離婚による年金分割をした場合、私の障害厚生年金の年金額が減らされることになるのか。なお、婚姻日は平成8年4月20日である。また、妻は婚姻日以後、すべて国民年金の第3号被保険者である。　　　　　（S県K市　N.H）

A 年金分割は可能、障害厚生年金は減額

　障害厚生年金の年金額の計算は、初診日から1年6か月を経過した時点を障害認定日（「事後重症」とした場合は障害認定日または昭和61年3月31日のいずれか遅い日、「はじめて2級」による場合は基準障害（後発障害）に係る障害認定日とし、認定の対象となる障害が2つ以上ある場合は併合された複数の障害に係る障害認定日のいずれか遅い日）とし、その属する月の翌月以後の被保険者期間は年金額の計算に算入しないとされている（厚年法51条）。

　一方、離婚による年金分割では、婚姻期間中における当事者双方の厚生年金保険の標準報酬総額の合計額に改定割合を乗じて得た額を、当事者間で分割するものである。

　相談者の受給している障害厚生年金は、初診日が平成20年5月20日なので1年6か月目は平成21年11月19日となり、これ以前の厚生年金保険被保険者期間を元に計算されている（300月みなし）。

　離婚分割改定請求では、2号改定者（分割を受ける者）が障害厚生年金の計算の基礎となる被保険者月数が300月に満たないときに300月とみなして計算される障害厚生年金受給者であって、分割改定により標準報酬を受けたことにより、受給権発生時点までの平均標準報酬（月）額が低下した場合には、離婚時みなし被保険者期間は年金額の計算の基礎としないと規定されている（厚年法78条の10）。相談者の妻は障害厚生年金の受給者ではないと思われ、また相談者は1号改定者（相手に分割する者）になるため、対象期間について離婚による年金分割は可能となり、相談者の障害厚生年金額は減額される。もちろん、65歳以降に受給する老齢厚生年金についても当初見込みを下回ることになる。

　相談者はすでに50歳を超えているので、「年金分割のための情報提供請求書」を提出し、見込額を算出してもらうことをお勧めする。なお、障害基礎年金は年金分割の対象とされていない。

　離婚分割の主旨は、"婚姻期間中に得た厚生年金保険の標準報酬額は、夫婦二人の共同生活において形成、維持された共同財産である"とされ、たとえ対象期間に1号改定者の障害厚生年金の計算の基礎とされた期間があったとしても、当事者双方の合意があれば年金分割をすることになる。

　ただし、平成20年4月1日以降の国民年金第3号被保険者期間に適用される「3号分割」については、障害厚生年金の受給者である1号改定者の生活保障という観点から、当事者の一方から請求可能な「3号分割」はできないことにも留意する。　　〔2018年3月19日号掲載〕

第6章 その他

特定期間該当届提出による受給権発生

Q 婚姻歴のある64歳独身女性。老齢年金の受給資格要件を満たせず年金事務所で相談したときに、「合算対象期間を使っても足らない」と言われ、国民年金に任意加入したが、経済上の理由で払えない。他に年金をもらえる方法はないか。（F県T市　O.M）

A 時効消滅不整合期間があれば「特定期間該当届」を提出

　相談者は、60歳時点で「ターンアラウンドの老齢請求申請書」が届き、年金事務所へ申請に行ったところ、国民年金第3号被保険者の記録の訂正があり、年金の受給権を満たせなくなったという経緯があった。

　訂正後の記録は、厚生年金期間と国民年金の納付と免除の合計で260月ある。また、改正原戸籍を取り寄せて、以前婚姻していた期間の合算対象期間の7月を併せても、受給権を満たすには、33月不足であり、国民年金の任意加入で満たそうとしていた。

　しかし、国民年金の記録を精査したところ、時効消滅不整合期間（80月）があることが判明したので、任意加入しなくても「特定期間該当届」を提出すれば、受給権発生となる。

　この時効消滅不整合期間とは、平成25年7月1日に施行された「公的年金制度の健全性及び信頼性の確保のための厚生年金保険法等の一部を改正する法律」により、平成25年6月以前の第3号被保険者とされていた被保険者期間のうち、第1号被保険者期間として、法第14条の規定により記録の訂正がなされた期間であり、不整合記録の訂正がなされたときに、すでに時効によって保険料を徴収する権利が消滅している期間である。

　年金事務所に「特定期間該当届」を提出することで、届出をした日以後、年金額には反映しないが、年金の受給資格要件や保険料納付要件を判定するときに、保険料免除期間（法第90条の3第1項の規定による学生納付特例の期間）と同じものとして取り扱われる。

　時効消滅不整合期間がある該当者には、日本年金機構から「特定期間該当届」の提出勧奨が行われているが、「特定期間」についての周知の度合いが低く、勧奨が届いていても、提出されないこともある。

　婚姻歴のある相談者の年金の請求においては、氏名、生年月日等による未統合の記録の漏れや合算対象期間の確認だけでなく、3号不整合期間や時効消滅不整合期間の確認が必要である。

　時効消滅不整合期間については、その期間が判明しただけでは、受給資格要件や保険料納付要件を判定するに当たり保険料免除期間（学生納付特例の期間）と同等のものとみなすことはできない。

　「特定期間該当届」は、その提出日以降、有効となるので、提出時期が遅れればそれだけ老齢年金請求では受給権発生が遅れ、本人に不利益となる。また、遺族年金や障害年金の請求に当たって、国民年金を未納にしているのでは、納付要件を満たせなくなる恐れもある。

　相談者は、「特定期間該当届」を提出すれば受給資格を満たし、60歳からの厚生年金期間12か月分の報酬比例部分の年金額を受給することができるので、早く手続きすることを勧める。

〔2015年8月31日号掲載〕

② 被保険者期間

配偶者65歳到達時における第3号被保険者

Q 私は、現在58歳で国民年金の第3号被保険者である。夫は在職中で、私自身は引き続きその被扶養者となっている。数か月前に夫が65歳を迎えたところ、最近、年金事務所から私あてに未加入国民年金適用勧奨状（以下「勧奨状」）が届いたが、どうすればよいか。 　　　　　　　　　　　　　　　　　　　　　　　　　　　（H県K市　U.S）

A 配偶者65歳到達により国民年金第3号非該当の可能性あり

この勧奨状については、夫が引き続き厚生年金保険の被保険者ではあるものの、年齢が65歳を超えたため、国民年金の第2号被保険者となることができるか確認が必要である。第2号被保険者となることができない場合、その配偶者である相談者は、当然国民年金の第3号被保険者となることはできないので、第1号被保険者へ切り替え（種別変更）するよう周知するための勧奨状と解される。

国民年金の第3号被保険者については、国民年金法第7条第1項第3号に「第2号被保険者の被扶養配偶者のうち20歳以上60歳未満の者」である旨定義されており、また第2号被保険者については、同条第1項第2号に「厚生年金保険の被保険者」と定義されている。

ところが、第2号被保険者については同法の附則第3条に当分の間の読み替え規定があり、「65歳以上の者にあっては、老齢、退職給付のうち政令で定めるものの受給権を有しない者に限る」とされ、一般的に支給されている厚生年金・共済年金の老齢、退職給付に関してはこの政令で定める給付の範囲内にある。

夫が65歳時点ですでに老齢、退職給付の受給権を有している場合は、65歳到達日に国民年金第2号被保険者の資格が非該当となる。また、65歳時点では受給資格を満たせず、65歳以降、厚生年金保険の被保険者期間を積み上げて、その結果、受給権を有することになった場合は、その日をもって国民年金第2号被保険者の資格が非該当となる。

いずれの場合も、年金の支給を実際に受けているか否かは問われないが、夫が第2号被保険者でなければ、健康保険の被扶養配偶者であっても第3号被保険者となることはできない。

相談者は、日本国内に居住している60歳未満の強制加入者なので、現に厚生年金、共済年金の老齢、退職給付を受けている場合や海外に在住している場合を除き、「国民年金の第1号被保険者」に切り替えなければならない。

年金請求時に第3号被保険者記録の整合性を確認すると、この事例にあたることが少なくない。また、このような事例に当たった場合、相談者に説明すると、「厚生年金に加入する者の被扶養配偶者であればよいのでは」との誤った認識を持っている者も少なくない。

現在、第3号被保険者にかかる「時効消滅不整合期間にかかる特定期間の登録」が行われているが、いくら登録して合算対象期間となったとしても、この期間を追納しない限り、納付期間とはならない。相談者の年金額が減少することとならないように、年金額確保の観点から、早期に第1号被保険者への種別変更および納付や免除の手続きをするよう勧める。

〔2015年11月2日号掲載〕

第6章 その他

本人死亡後の国民年金第3号被保険者届出の可否

Q 夫43歳・妻38歳。夫は6か月前に自身の会社を法人化し、厚生年金に加入したが、最近夫が突然死亡した。遺族厚生年金を請求したいが、夫の被保険者記録を調べたところ未納期間が多く、納付要件を満たしていないことが判明した。

　私は長年、厚生年金に加入しており、夫を扶養に入れていなかったが、夫の収入自体は少なかったため、遡って夫の第3号被保険者に関する手続きを行い、遺族厚生年金の請求を行うことは可能か。　　　　　　　　　　　　　　　　　　　　　（K県S市　E.T）

A 資格取得、種別変更届出は、相続できず、納付要件として認められない

　相談者の夫は保険料納付済期間と保険料免除期間などを合算した資格期間が300月を満たしていなかったので、夫が「被保険者が死亡したとき」に納付要件を問われたが、未納期間が多く「3分の2要件」には該当しなかった。ただし、夫が国民年金の1号被保険者であった折、妻が厚生年金加入中（国民年金2号被保険者）の「被扶養配偶者」の要件を満たしていれば、国民年金の3号被保険者となれるので、いわゆる「直近1年要件」に該当するものと思っていた。

　国民年金3号被保険者資格取得の時期については、国年法8条に「被扶養配偶者となったとき」とされ、本人生存中であれば当然、被扶養配偶者となったときに遡って3号被保険者となり、同法附則7条の3第1項（届出前2年1か月までの保険料はその当時納付があったものとみなす）が適用される。ただし、3号被保険者資格の取得や種別変更に関する手続きは、被保険者本人が届け出なければならない（同法第12条5項）。

【妻】	2号（24か月以上あり）	
【夫】	1号（未納）	2号（6か月）
	死後3号届出可能か	死亡↑

　そこで、被保険者の死亡により、被保険者がすべきであった届出義務が配偶者（遺族）に相続されるのかどうかが問題になる。

　しかし残念ながら、民法896条但書き「相続人は、相続開始の時から、被相続人の財産に属した一切の権利義務を承継する。ただし、被相続人の一身に専属したものは、この限りでない」により、取得、種別変更に係る届出義務は被保険者のみに効果が帰属する権利義務であって、相続の対象とならない。このため、夫の死亡後に妻が夫の3号被保険者の届出をすることはできず、その結果、「納付があった」とみなすこともできない。

　参考までに、障害年金の請求については、初診日後に本人から3号被保険者の届出があった場合は、上記内容から遡って保険料納付済とすることができる期間があるので注意が必要である。

　若い人には年金に興味のない人も多いかもしれないが、いつ自分自身の年金が必要となる時期が来るのかは誰しも想定できない。障害年金・遺族年金のことを考えると、ぜひ一度、年金記録の確認をし、保険料未納期間がある場合は後回しにせず、早急に手続きをとって対処してもらいたいと切に願う。　　　　　　　　　　　　　　　　　　〔2017年7月24日号掲載〕

② 被保険者期間

第3号の要件と1号出産期間の保険料免除

Q 私の妻は個人事業主で、塗装業を営んでいる。毎月の国民年金・国民健康保険料の負担は正直重い。先日妻の妊娠が分かり、塗料用シンナーが有害のため、休業を余儀なくされた。そこで、会社員（厚生年金加入）の私の扶養に入ることを希望し、会社の総務に手続きを依頼したが、健康保険組合より被扶養者の認定を受けられなかった。なぜ、国民年金第3号被保険者に該当しないのか。また近い将来、出産前後の期間は国民年金保険料が免除になると聞いた。詳細を教えていただきたい。 （S県T市　S.H）

A 3号は医療保険者承認が不可欠。産前産後の国年免除は31年度から

国民年金の第3号被保険者とは、第2号被保険者（原則65歳未満の厚生年金加入者）に扶養される20歳以上60歳未満の配偶者が該当し、当該期間は本人が直接保険料を納めなくても納付したものとして将来の年金額に反映される。

この該当要件は健康保険法の被扶養者認定基準をそのまま準用するため、国保組合加入者等の例外を除き、日本年金機構は医療保険者の確認（承認）がなければ届出を受理しない。

健康保険の扶養認定における「年収130万円未満」というのはよく知られた収入要件だが、健康保険法の被扶養者認定基準には、この基準については「被扶養者認定を受ける時点における直近1年間の収入により判定すること。ただしこの要件に該当しない場合でも今後の収入見込みにより判定して差し支えないこと」が通達で定められ、その運用は各医療保険者（協会けんぽ、健康保険組合等）に任されている。

今回、被扶養者認定をしなかった健康保険組合に理由を問い合わせたところ、自営業者である相談者の妻の場合、直近（平成28年）の所得（収入から経費を差し引いた額）が優に130万円を超えており、その場合、廃業届（税務署の受理印が押された）のコピーの提出があれば被扶養者の認定ができるが、休業の意志があったとしても、書面をもって確認できないと認定できない旨回答があった。

今回の場合、妻の今年（平成29年）の所得が確定した後に改めて申請するしかないと考えられる。一般的に被扶養者認定は、協会けんぽより健康保険組合のほうが厳しいとも言われている。

さて、次世代育成支援のための施策として、「公的年金制度の持続可能性の向上を図るための国民年金法等の一部を改正する法律」が成立し、平成31年4月より、国民年金第1号被保険者の産前産後期間（原則出産予定日の前月から4か月間）の保険料が免除されることになった。

免除期間は満額の基礎年金が保障される。なおこの財源として、国民年金保険料が月額100円程度引き上げられ、国民年金の被保険者全体が負担することになっている。

現時点においても厚生年金（国民年金第2号）被保険者は、産前産後休業期間に加え、育児休業期間（最長子が3歳に到達するまで）の保険料が免除されており、多少の不公平感は拭えないものの、少子化対策の一環であり朗報と言えるだろう。今後は国民年金1号被保険者の育児休業期間中の保険料免除を期待したいものだ。 〔2017年11月13日号掲載〕

第6章 その他

国民年金3号被保険者の資格喪失時期

> **Q** 昭和37年4月生まれの女性。現在は国民年金の第3号被保険者（夫は厚生年金加入）である。夫（現在64歳）は平成30年7月に65歳になるが、今まで年金保険料を納めていなかった時期が長く、10年短縮の老齢年金が受給できるようになるのはあと3年ほど先らしい、とのことであった。配偶者が65歳になると国民年金第3号被保険者の資格がなくなると聞いた。そのあとは自分で国民年金保険料を納めなければならないのか。
>
> （N県S市　M.I）

A 配偶者に受給権が発生するまでは国民年金第3号被保険者になる

相談者は高校を卒業してから結婚するまでは厚生年金の被保険者であった（この間60か月あり）。結婚した後は自営業の妻（国民年金第1号被保険者、ただしその間はすべて未納）、さらに夫が会社に勤めるようになった後は被扶養配偶者として国民年金第3号被保険者となり現在に至っている。夫は昭和28年7月生まれ。自営業の期間が長く、その間は国民年金第1号被保険者だったが、保険料を納めたことがなく、免除の申請も行ったことがない。また、厚生年金の加入歴や、合算対象期間とみなせる期間もないとのことであった。

夫が58歳のとき（平成23年7月）に自営業をやめ、正社員として勤め始めたため、このときから厚生年金に加入。今までの未納期間が長く、年金は一生受給できないと思っていたので納めたくはなかったが、入社したら強制加入ということで、不本意ながら厚生年金保険料を納めることになり7年が経過している。昨年の8月に受給資格期間10年で老齢年金が受給できるようになったので、老齢年金を受給できる可能性が出てきた。ちなみに夫は70歳まで現在の会社に正社員として勤務する予定である。

さて、国民年金の第3号被保険者については、国民年金法第7条第1項第3号に「第2号被保険者の被扶養配偶者のうち20歳以上60歳未満の者」である旨定義されており、また第2号被保険者については同条第1項第2号に「厚生年金保険の被保険者」と定義されている。

ところが、第2号被保険者については同法の附則第3条に当分の間の読替え規定があり、「65歳以上の者にあっては、老齢、退職給付のうち政令で定めるものの受給権を有しない者に限る」とされ、一般的に支給されている厚生年金・共済年金の老齢、退職給付に関してはこの政令で定める給付の範囲内にある。

夫が65歳時点ですでに老齢、退職給付の受給権を有している場合は65歳到達日、また65歳以降、厚生年金の被保険者期間を積み上げた結果、受給権を有することになった場合はその日（両者とも実際の支給の有無は問わない）をもって、国民年金第2号被保険者としての資格がなくなることから、その被扶養配偶者であっても夫が第2号被保険者でない場合は当然、第3号被保険者となることはできないこととなる。

したがって、夫の扶養家族である現在の状態が続く限り、夫が老齢年金の受給権を有し国民年金第2号被保険者でなくなる、平成33年7月1日の前月（平成33年6月）までは、引き続き国民年金第3号被保険者になることを押さえておきたい。

〔2018年6月18日号掲載〕

③ 企業年金など

個人型DC（確定拠出年金）制度の改正

Q 私は、41歳の専業主婦。夫は43歳のサラリーマンで、会社は、厚生年金の適用事業所である。つい最近であるが、来年（平成29年）1月から誰でも入れる新しい年金制度が登場すると耳にした。それはどのような年金で、現行の厚生年金や国民年金に加入していても入れるのだろうか。入れるとしたら、どのようなメリットがあるのか。教えてほしい。

（I県M市　M.T）

A 基本的にすべての者が個人型DC（確定拠出年金）の加入者対象に

1．個人型DCの改正施行

相談者の言う新しい年金とは、おそらく改定施行後の個人型の確定拠出年金（個人型DC）を指していると思われる。

DC（Defined Contribution Pension Plan）には、平成13（2001）年10月から施行された企業型DCと、平成14（2002）年1月から実施された個人型DCがある。個人型DCでは、従来、加入者範囲を自営業者（国民年金の第1号被保険者）と60歳未満の厚生年金の被保険者（国民年金の第2号被保険者、公務員や企業年金等対象者を除く）に限っていた。それが平成29年1月から、加入範囲を大幅に拡大し、質問者のような国民年金の第3号被保険者あるいは企業年金加入者、公務員等も加入の対象とすることに法改正された。基本的にはすべての者が個人型DCに加入できるようになった。そこで、以下、個人型DCの仕組みについて概説する。

2．個人型DCの仕組み

個人型DCは、公的年金に上乗せし給付する私的年金である。現役時代に掛金を確定して納め（これを拠出という）、その資金を自己の責任において運用の指図を行い、損益が反映されたものが老後の受給額として支払われる。

この年金に加入するには、運営管理機関（銀行、生命保険会社、損害保険会社、証券会社等）を選択し、年金の掛金や投資する運用商品を定期預金、投資信託などから選び、運用資産の配分等を決定する。なお、個人型DCは原則60歳までは解約できないので注意が必要である。

3．個人型DCのメリットとデメリット

この年金のメリットは、3つの税制優遇措置の適用を受けることである。①掛金が全額所得控除される。②運用益も非課税で再投資される。③受け取るときも「退職所得控除」や「公的年金等控除」の税制優遇の適用がある。

デメリットは次の2点となる。①運用を加入者自身で行うため、年金の受取額が運用実績により変動する。②利用手数料の負担がある（加入時2,777円のほか、毎月口座管理手数料も必要）。よって、極力デメリット感を抑えようとして「生涯にわたって継続的に老後に向けた自助努力を行うことが可能になったDC」等の文言も目にするが、要は、本筋の見極めが大切である。

4．給付の種類

個人型DCの給付種類は概略以下のとおり。

①老齢給付金（年齢により給付開始年齢が異なる）、②障害給付金（70歳に達する前に一定の障害状態が1年6月以上続いた場合）、③死亡一時金（加入者が死亡した場合、遺族に給付が可能）、④脱退一時金。　　　　　　　　　　　　　　　　〔2016年10月17日号掲載〕

133

第6章 その他

厚年基金の代行返上による併給調整

Q 私（昭和20年10月生まれ男性）は現在2級の障害基礎年金約78万円と障害厚生年金約115万円（平成15年から人工透析で障害厚生年金受給）と基金代行部分の約83万円、合計でおよそ276万円を受給している。60歳のとき、加入していた厚生年金基金に確認したところ、障害厚生年金を受給していても基金代行部分は停止されず受給できたが、このたび、基金が代行返上することになり、その通知を受け取った。これから自分の年金はどうなるのか教えてほしい。なお、60歳で特別支給の老齢厚生年金の受給権が発生し、65歳で老齢基礎年金約75万円と老齢厚生年金約118万円（基金代行部分含む）の請求は済んでいる。
（H県O市　S.T）

A 基金代行部分の支給の有無で選択替えも検討

　本来、支給事由の異なる2つ以上の年金を受給できるときは、「選択届」を提出し年金を選ぶ必要がある。この相談者の場合、65歳以前なら「障害厚生年金」と「特別支給の老齢厚生年金」のどちらか一方、65歳以降なら①老齢基礎年金と老齢厚生年金、②障害基礎年金と老齢厚生年金、③障害基礎年金と障害厚生年金の3パターンでの選択となる。

　相談者の勤務した会社が加入していた厚生年金基金の規約では、併給調整の規定がなかったので、障害厚生年金を受給していても、支給開始年齢に達すると基金代行部分の受給ができていた。このように基金は独自で規約を定められるため、代行部分に関し、
・遺族・障害年金との併給調整なし
・雇用保険からの高年齢雇用継続給付や基本手当との併給調整なし
・在職老齢年金の支給停止はしない
など基金ごとに優遇されている場合がある。

　しかし、一方で国から支給される年金と同じ規定を定め、併給調整を行っている基金もある。

　相談者の加入していた基金が代行返上し、基金支給分が今後国からの支給になると、本来の併給調整となる。この相談者の場合は、
①老齢基礎75万円＋老齢厚生118万円
②障害基礎78万円＋老齢厚生118万円
③障害基礎78万円＋障害厚生115万円
で有利と思う組合せを選択する。ただし、所得税、住民税、介護保険料などの社会保険料も考慮する必要がある。

　しかし、どれを選択したにせよ、相談者の年金は年間約80万円、月にして約6万6千円少なくなることは否定できない。相談者はこの先、年金以外に収入はなく、この代行返上によって将来の生活設計が一変するであろうが、これは基金制度に加入していない人から見れば今までが優遇されていたのであって、残念ながら救済措置はない。

　今後、厚生年金基金の代行返上、解散が行われ、このような相談が増えると思われる。受給者によっては、厚生年金基金の仕組みや代行返上について優遇されていることを理解していない場合が多いと思われる。制度をていねいに説明して、納得いただくしかない。

〔2016年11月28日号掲載〕

③ 企業年金など

リスク分担型企業年金の概要

Q 私は38歳の会社員で、労働組合の執行委員をしている。会社は従業員のために退職金制度を実施しており、現在、経営効率化のため企業年金の導入を検討中。その選択肢に新しい企業年金制度として「リスク分担型企業年金」があがっているが、それはどのような制度か。 （K県Y市　H.M）

A 会社と従業員でリスクを分担

リスク分担型企業年金（以下、リスク分担型）は、平成29年1月から導入が可能となった新しい企業年金である。企業に対し制度の選択肢を増やすことが目的である。

企業年金は、老後のための公的年金の補完で退職金の積立て手段にもなっている。受け取る給付や掛金の決め方により、2つのタイプがある。給付が先に決まるのが確定給付型で、事業主が拠出し運用する。それに対し、掛金が決まっており、給付が運用結果次第で変わるのが確定拠出型で、これは従業員が運用を行う。

前者には、確定給付企業年金（以下、DB）や厚生年金基金がある。厚生年金基金は解散や代行返上により、基金数が急速に減少している。後者には、企業型確定拠出年金（以下、DC）がある。

その中間で、事業主と加入者がリスクを分け合う制度が、ハイブリッド（混合）制度と呼ばれる。平成27年10月の共済年金と厚生年金の一元化の際に、上乗せ部分のために始まった新しい公務員年金に採用されたキャッシュ・バランス制度がある。これは、利息部分が金利動向で変化するもので、掛金も変動する確定給付型として扱われる。利息部分が金利動向で変動するだけで、元本部分までは削減されない。

それに対し、リスク分担型は、元本部分も含めて事業主と従業員がリスクを分け合う制度である。今までの確定給付型の給付を決める算定式を通常は変えず、見かけ上は確定給付型だが、DCとして年金債務を会社の貸借対照表に計上せずに済む。退職給付のために会社決算が左右されずに済むが、バッファー（将来発生するリスクに対応する部分）を作るための事業主による追加拠出が必要である。この制度は、余分に積み立てて、それをバッファーにして不測の事態に備える制度と言える。それでも不足するときは、従業員に対する給付を下げる。逆に資産（将来の収入分も含む）が本来積み立てるべき額とバッファー分の合計額を超えれば増額となる。会計上はDCだが、運用は従業員が選択するのではなく、DBのように集団で運用する。オランダの制度がモデルになっている。

労使の代表により、運用方法を決める委員会を設置する必要がある。バッファーのうち、どこまで事業主が拠出するかは労使合意で決める。

リスク分担型の労使交渉のポイントは、委員会運営とバッファー部分に対する事業主の拠出割合である。労働組合としては、100％を目指す交渉が必要である。バッファーは、最初に一度に拠出されるのではなく、分割して積み立てられる。「よほどのことがない限り、給付減額がない」と思っていても、導入後に運用環境が悪化すると、給付が下がる可能性があることに注意が必要である。 〔2017年12月18日号掲載〕

135

第6章 その他

本人死亡後の国民年金保険料

Q 69歳の男性。老齢基礎年金を60歳1か月で繰上げ受給していた妻が61歳で死亡した。後日、妻の国民年金保険料の未納分ということで私の口座が差し押さえられた。私に死亡した妻の保険料を支払う必要があるのか。 （K県W市　T.Y）

A 世帯主は保険料納付義務者

　相談者（夫）は厚生年金の長期加入者で、老齢厚生年金と加給年金および老齢基礎年金を合計しておよそ年額280万円を受給していた。

　妻は病気で早く亡くなることがわかっていたので、60歳と1か月で老齢基礎年金を繰上げ受給することを選んだ。繰上げ請求時に国民年金保険料の未納部分があることを把握していたが、支払う意思はなく、そのまま繰上げ受給手続きを進めた。

　その後、1年ほどして妻は死亡した。未納保険料について、何度も督促の電話や督促状が来ていたが、その都度無視をして、最終催告状、差押予告通知書、債権差押通知書などが届くも、放置していた。それから3か月ほど後になって、いきなり口座の残高がゼロとなった。慌てて事情を銀行に問い合わせたところ、死亡した妻の国民年金保険料17か月分の差押えのため、口座が凍結されたとのことだった。

　そもそも、夫に死亡した妻の国民年金保険料を支払う義務があるのだろうか。しかも妻は繰上げ請求で年金を受給して、すでに死亡している。

　国民年金保険料は被保険者本人または保険料連帯納付義務者である世帯主・配偶者のいずれかが納めるということになっているため、夫には支払い義務があることとなる。直近2年間分が対象となり、被保険者（この場合妻）の生死は問わない。また、繰上げ受給者だからといって納付義務がなくなるわけではない。被保険者および連帯納付義務者に十分な所得がありながら、保険料が長期間未納となっている被保険者については、国税徴収法により強制徴収が行われる。

　今回のケースのようにたび重なる納付督促にも応じない未納者に対しては、最終催告状を送り、自主納付を促す最後の通知が送られる。最終催告状の指定期限までに納付がない場合は、その者の財産調査（金融機関等に対し、預貯金等の差押え可能な財産の有無の調査）に入る。

　さらに差押予告までに納付がない者には差押えをする旨の通知がなされ、いよいよ財産差押えが執行される。差押えは滞納金額にかかわらずその口座残高すべてが差し押さえられる。後日、滞納金額と延滞金（年利14.6％）を合わせた金額が残高から差し引かれ、口座に返還される。

　このように、差押えにより納められた保険料も、もちろん年金額の計算対象となる。追加納付された月数を加えて、日本年金機構が職権で老齢基礎年金の再計算（再裁定）を行い、未支給年金が発生する。

　今回のように、繰上げ請求で年金を受給していて死亡した妻の未納の国民年金保険料だからと放置していると、保険料連帯納付義務者である世帯主の差押えまで発展してしまう。最終催告状、差押予告通知書、債権差押通知書などが届いたときは、年金事務所に相談するよう勧める。 〔2015年7月13日号掲載〕

136

④ 保険料

未納による保険料の免除申請と納付時効

> **Q** 平成27年4月1日に、55歳で会社を退職してから国民年金保険料を納付していない。平成29年3月1日に免除申請をしたが、一部免除の場合、納付期限がすぐにきてしまい、納付書が届いてから納付時効である2年に間に合わないかもしれないし、すでに時効消滅した月が生じるかもしれない。どうしたらよいか。 （S県O市　K.U）

A 遡及免除の申請と時効中断による納付が可能

　第1号被保険者の本人に所得がないとき、被保険者またはその世帯主が生活保護法による生活扶助以外の扶助を受けているときなどの理由により、保険料を納付困難な場合、厚生労働大臣（住所を有する市区町村の国民年金係）に申請して承認されれば保険料は免除される（国民年金法第90条）。この申請免除は、前年の所得金額がその人の扶養親族等の有無および数に応じて計算した額以下であるときに受けられる。

　平成12年からは半額免除（同法第90条の2第2項）が、平成18年からは4分の3免除（同法第90条の2第1項）と4分の1免除（同法第90条の2第3項）が、3つの多段階免除として制度化された。平成26年4月からは、「年金機能強化法」の施行により時効消滅していない期間内（2年1か月）について、遡及して免除申請が可能となった。もちろん、学生納付特例や若年者納付猶予も同様に取り扱われる。

　多段階免除が承認された場合、一部免除の半額免除、4分の3免除、4分の1免除では、残りの一部について保険料の納付義務が生じる。

　通常、国民年金保険料の納付時効は、国民年金法第91条「毎月の保険料は翌月末日までに納付しなければならない」とされ、同法第102条に保険料の国の徴収権の消滅時効を2年と定めている。例えば、平成27年4月分の保険料であれば平成27年6月1日が法定納期限であり、平成29年6月1日が時効消滅日となる。

　質問者の国民年金保険料は、平成27年4月から平成29年3月まで未納だったとしたら、平成27年4月～平成27年6月は平成26年度申請分（平成25年中所得で審査）、平成27年7月～平成28年6月までは平成27年度分（平成26年中所得で審査）、平成28年7月～平成29年6月までは平成28年度分（平成27年中所得で審査）として3枚の免除申請書を提出することになる。

　ただし、会社員であったので、失業による特例認定を受ける場合は平成27年4月1日に離職したことのわかる書類（離職票、雇用保険受給資格者証等）の写しを添付する。

　一部免除が承認された場合は、免除申請日（平成29年3月1日）で納付意思を確認（承認）したことと解釈して、時効が免除申請日の翌日から2年延長される措置が取られている。

　これは民法第147条「時効の中断」による「承認」を引用したものである。

　免除申請日で時効の中断がされて納付することができるので、今回、免除申請して承認された期間（申請日の前月以降分を除く）の消滅時効は平成31年3月1日となる。平成26年4月に改正された「年金機能強化法」では、納付しやすい措置としてこのような改善がなされた。

〔2017年3月6日号掲載〕

第6章 その他

特別催告状の意味

Q 私の年金歴は、若いとき会社に勤め、約8年の厚生年金期間があるのみである。その後独立して個人で会社を興し、最初は経営がうまく行かず、その後経営は順調になったが少しでも資金的余裕があれば経営の方に回したかった。したがって、国民年金の保険料は、55歳の今まですべて未納になっている。今月年金事務所から「特別催告状」というものが来た。それには「現在未納の2年分の国民年金保険料を支払え。支払わなければ財産を差し押さえる」ということが書かれていた。私は老後の心配はないので支払いたくないのだが、どうすべきか。

（N県A市　F.G）

A 保険料未納は年金制度の崩壊を招く

1．保険料を支払わないとどうなるか

支払わないと差押えされる。差押えは未納当事者の財産を国が強制的に取り上げて、国民年金保険料の支払いに充てるということである。差押えは通常、当事者の銀行口座から国民年金保険料を差し引くという形で行われる。この手続だけで済むとたいしたことはないと考えるかもしれない。しかし、当事者は差押え銀行のみならず、全銀行と取引ができなくなる可能性がある。したがって、この当事者の経済的信用は大きく低下し、会社経営は困難になると思われる。相談者は、この辺の意味合いを十分考えてほしい。

2．未納に対し強制手段が採られる理由

最近よく高齢者が起こす自動車事故が報じられる。これらの多くは長年事故を起こさずに運転してきた人である。加齢による運転能力の低下は本人の自覚がないために生じるものである。

加齢による能力低下は、労働の場面でも同様に起き、やがては仕事の遂行にも支障をきたし、収入減に結びつくことは容易に察しがつく。しかし、これに備えて貯蓄をせよと言っても限界があり、これを放置しておくと生活難による社会不安を起こすことになる。このような事態を防ぐには、若い世代が全体で高齢者を支える制度を作らなければならない。これが「世代間扶養」という考え方で、わが国年金制度の根幹を成す理念である。

年金制度を運営維持していくには、若い世代が保険料を確実に納めてくれることがどうしても必要である。ところが、若い世代のなかには「自分は長生きしないから関係ない」と考えたり、「自分には貯えがあるので年金制度は関係ない」などと主張し、支払能力があるにもかかわらず保険料を払わない者がいる。これらの者が長生きしたり、貯えをなくしたりした場合でも、人道上放置はできない。つまり、年金制度を維持するには、すべての加入者が支え合い、絆で結び合うことが絶対的に不可欠なのである。

また、保険料未納を放置しておくと、現在忠実に納めている人のなかにも不公平感が生じて不払いに走る者が出てくる。この状態が進めば年金制度は崩壊する。これを防ぐために、正当な理由がなく未納する者に対して強制的に保険料を納めさせる処置として「特別催告状」が発せられ、究極的には財産差押えが講じられる。

3．本相談の処理顛末

年金制度の真髄に触れた説明が効を奏し、質問者は60歳までの保険料納付を約束してくれた。

〔2017年6月19日号掲載〕

④ 保険料

厚生年金の二重加入

Q 私は、会社内で総務人事の仕事をしている。今月1日付で入社した社員Aの手続きに関する質問。管轄の年金事務所に社会保険の資格取得の手続きをし、同時にハローワークに雇用保険の資格取得の手続きをしたところ、前会社が離職の手続きを完了していないため、いったん保留となった。その後、1か月近く経過するが前会社（X社）の手続きはまだ未了状態なので、直接X社に問い合わせたところ、Aは有給休暇を消化すべく退職日は今月末、来月の初めに雇用・社会保険の資格喪失届を提出する予定とのこと。となると、丸1か月重複して加入した厚生年金の記録はどうなるか。また、弊社が負担する保険料を教えていただきたい。　　　　　　　　　　（T県S市　Y社総務課　S.H）

A 二事業所加入扱いの保険料は報酬に応じて按分算出し負担する

　雇用保険の業務取扱要綱では、「その者が生計を維持するに必要な主たる賃金を受ける雇用関係」がある方で雇用保険に加入するとある。つまり、1社のみで重複加入はできない。どちらが主たる雇用関係か。当の労働者が決めるよりも、事務手続きの都合上、前会社（X社）の資格喪失届が出された後で、現会社（Y社）が資格取得の手続きをするケースが多く見られる。

　近年は、政府が推進する「働き方改革」により、二重就労が普及し、従来の雇用保険の制度では歪が生じていることは否めない。

　また小売業などを中心に、派遣や短期間雇用などの非正規雇用者の多い職場では、前会社の資格喪失日が不明確であるため、現会社の資格取得の手続きが難航するケースがあるようだ。

　しかし社会保険制度では、二事業所以上の加入も可能であり、今回の質問のケースでは、社員Aの年金記録に、1か月分X社とY社の報酬の合計値が記載される。わかりやすい例を挙げると、X社20万円、Y社30万円の場合、Aのその月の標準報酬は50万円になる。按分計算の結果各社の保険料は、現行の保険料額表相当となる。

〔 X社　18,182円　　Y社　27,273円 〕

　ただし、上記のようなケースはごくまれである。X社・Y社の報酬を合計した値を、等級表に当てはめ標準報酬を算定し、保険料は報酬により各社按分する。現行では、標準報酬の最高は620千円（605,000円以上）であるから、保険料もX・Y両社合わせて56,364円を超えることはない。

　二事業所の保険料に関しては、X・Y社とも互いに相手会社の報酬額を知らないゆえに、後日、日本年金機構より郵便による連絡がある。その前に、被保険者Aには日本年金機構から連絡があり、「健康保険・厚生年金保険所属選択・二以上事業所勤務届」を提出する必要がある。

　すでに退職の手続きをしたX社においては、適切に対応されることを勧める。預り金（給与から控除した社会保険料）が多すぎた場合は、差額を退職者に返金する必要が生じる。

　ごくまれではあるが、重複加入した月に、二事業所で賞与を支給した場合、保険料は賞与×保険料率であるが、賞与の合計が150万円を超える場合の保険料も、同様に按分し取り扱う。

〔2017年6月26日号掲載〕

139

第6章 その他

海外在住における国民年金第3号の取扱い

Q 昭和50年4月生まれの男性。現在、国内の事業所で就労し、社会保険（健康保険・厚生年金）の適用を受けている。また、私には同じ歳の外国籍の妻がおり、現在健康保険の被扶養配偶者となっている。このたび、今の事業所に在籍のまま2年間、妻の母国ではない第三国（アメリカ）に一時派遣を命じられた。妻も一緒に連れて行くことにしているが、この場合の妻の年金はどうなるのか。なお、給与等については今の事業所から引き続き支給される。 （O県N市　E.K）

A 第2号・第3号被保険者には国籍・住所要件がないことがポイント

　国民年金に強制加入となる被保険者の定義については国民年金法7条に規定されているが、この内容は、概略以下のとおりとなる。
・第1号被保険者⇒日本国内に住所を有する20歳以上60歳未満の者
・第2号被保険者⇒厚生年金保険の被保険者（同法附則3条により原則65歳未満）
・第3号被保険者⇒第2号被保険者の被扶養配偶者のうち20歳以上60歳未満の者
　厚生年金保険における被保険者の定義については厚生年金保険法9条に「適用事業所に使用される70歳未満の者」と規定され、国民健康保険を除く健康保険制度における被保険者・被扶養者の定義についても規定されている（健康保険法は第3条）が、ここでポイントとなるのが被保険者およびその配偶者の「住所」に関する要件である。
　国内法における年金制度各法の強制加入要件としての「国籍」要件は特段の定めはなく、国民年金の第1号被保険者についてのみ、唯一「国内居住」要件が関連的に規定されている。
　つまり、日本の厚生年金保険に加入している原則65歳未満の者は国籍・住所に関係なく「国民年金の第2号被保険者」となり、また、その被扶養配偶者のうち20歳以上60歳未満の者についても同じく国籍・住所に関係なく「国民年金の第3号被保険者」となる。
　相談者については社会保障協定締結国における「5年以内の一時派遣」のケースに該当し、引き続き日本の社会保障制度のみに加入するため、外国籍の妻も第3号被保険者の資格を継続できる。しかし、協定締結国におけるおおむね5年以上の長期在留の場合には、相手国の社会保障制度への加入になると同時に、国民年金の任意加入を除き二重加入はできないため、厚生年金保険被保険者（国民年金第2号被保険者）はその資格を喪失することとなる。したがって、その被扶養配偶者も国籍を問わず、国民年金第3号被保険者の資格を喪失する。
　国民年金法附則5条に国民年金の任意加入制度における国籍・住所の要件の定めがあるが、国内在住の場合は国籍要件を問わないものの、海外在住の場合は「日本国籍を有する者」に限定されているため、外国籍の妻は、国民年金の任意加入はできない。
　なお、外国籍の妻の場合、妻自身の加入履歴や納付、免除の月数のほか、永住許可取得に伴う合算対象期間の有無を加味し、受給資格を判断することになる。〔2016年1月25日号掲載〕

140

⑤ 外国年金、海外在住、外国人

海外在住による合算対象期間

Q 昭和30年６月生まれ、61歳の男性。現在は58歳になる妻と一緒に日本に住んでいるが、40歳から60歳まで、アメリカに在住していた。これまで、厚生年金加入期間が10年、国民年金の納付済期間が５年、そしてアメリカ年金加入期間が10年以上あり、現在は、どの制度にも加入していない。日本の年金を受給できるであろうか。ちなみに妻は厚生年金加入歴なしで、現在無収入である。 　　　　　　　　　　　　（Ｔ県Ｓ市　Ｈ.Ｇ）

A 配偶者加給年金の受給も考慮

　日本の老齢年金を受給するには原則保険料納付済期間と免除期間、さらに合算対象期間を合わせて25年以上あることが必要となる。この合算対象期間というのは、年金額には反映しないが受給に必要な期間に算入することができ、その１つとして20歳から60歳までの間で、国民年金に任意加入できるがしなかった期間がある。相談者は、40歳から60歳まで海外在住ということで、日本に住所がない。したがって、この期間は国民年金の強制適用ではなく任意加入期間となり、加入していなければ合算対象期間となる。日本に住所がない証明書類としては、主に戸籍の附票により、海外転出日、転入日を確認する。

　相談者は、この海外在住期間を合わせると25年以上になり、受給開始年齢に達すれば、日本の年金を請求できることになる。ただし、日本の加入期間だけでは受給資格がないので、ターンアラウンドの請求書が送付されない。年金事務所等へ相談に行くことを勧める。

　一方、社会保障協定による年金加入期間の通算というものがある。これは、自国の年金加入期間だけでは受給資格期間が足りない者のために、申立てにより相手国の年金加入期間を通算できる扱いである。わが国とアメリカとは、平成17年10月１日に社会保障協定を結んでいるため加入期間を通算することができる。相談者は合算対象期間を算入すれば日本の老齢年金の受給資格期間を満たすため、とくにこの相手国の年金加入期間の通算の申立てはする必要はないように思える。

　しかし、老齢厚生年金には配偶者加給年金の制度があり、この適用を受けるには原則、厚生年金に20年以上加入していることが要件である。相談者は日本の厚生年金加入期間が10年しかないからこれを満たすことができない。しかし、この20年以上の要件には、社会保障協定を結んでいる相手国の加入期間も通算することができる。したがって年金請求時にアメリカでの加入期間の申立てを行い、配偶者加給年金受給に必要な書類（戸籍謄本、世帯全員の住民票、妻の前年の所得証明等）を同時に提出すれば、相談者が65歳になったときから妻が65歳になるまでの間、配偶者加給年金が受給できる。ただし、この場合の配偶者加給年金額は通常の390,100円（平成28年度価格）ではなく、日本とアメリカの加入期間比率によって按分された額になる。

　このように、厚生年金加入期間が20年なくても、社会保障協定を結んでいる相手国（イギリス・韓国は除く）の年金加入期間を通算すれば20年以上になるので、配偶者加給年金のことも踏まえて手続きをする必要がある。 　　　　　　　　　　〔2016年５月30日号掲載〕

第6章 その他

海外居住期間がある場合の年金請求

Q 昭和26年10月1日生まれ。日本国籍の独身男性で、結婚歴はない。年金の加入履歴は、大学生のときは未加入。昭和49年4月1日から厚生年金に加入。海外と日本を行ったり来たりしていたが、住民票は日本においたままであった。国民年金は1月も納めておらず、免除期間もない。古いパスポートはなくした。厚生年金は、合計220月加入している。私は、受給権が10年で発生になるのを待つしかないのか。 （A県N市 Y.Y）

A 合算対象期間を確認し、受給するか判断

相談者は特別支給の老齢厚生年金の受給権が60歳から発生する年齢であるが、受給権発生の資格要件の300月、または、厚生年金加入期間で240月のいずれも満たせない。そこで、合算対象期間がないかを調べ、合算対象期間を合計して300月になれば、60歳に遡って受給権が発生する。

まず、相談者の経歴等からどのような合算対象期間があるか確認していく。平成3年3月31日以前は、学生の国民年金加入は任意であった。相談者は昭和46年9月～昭和49年3月までの31月（在籍期間の証明で確認済み）が合算対象期間となる。次いで、海外在住期間は、昭和61年3月31日以前は国民年金に加入できず、昭和61年4月1日以降は任意加入であった。

相談者の場合は、昭和49年4月以降平成23年8月（60歳到達前月分）までの厚生年金加入期間を除く海外在住期間が合算対象期間となる。海外在住期間は、次の書類で確認できる。
①戸籍の附票の写し
②旅券法に規定する旅券（パスポート）の写し

相談者は、日本に60歳前に帰国している。①、②があればそれで確認するが、証明書類が何もないときは、法務省に出帰国記録に係る開示請求を行い確認する。

なお、法務省HPには、一部例外があるものの日本人の出帰国記録は昭和48年4月1日以降、外国人の出入国記録は昭和45年11月1日以降請求日現在まで開示請求できるとある。

また、滞在国と日本の間で社会保障協定が結ばれていれば、年金加入期間の通算ができる場合があるので協定締結の有無を確認することを勧める。

相談者には社会保障協定に該当する期間はなかったが、出帰国記録を確認したところ厚生年金加入期間と合算対象期間を合わせ、合計300月を満たせたので60歳に遡って受給権が発生する。しかし、支払いは時効により5年分となるので注意が必要である。

もし、それでも受給権が発生しない場合は、①国民年金に加入することにより70歳までに受給資格が満たせるので、特例高齢任意加入する。②厚生年金に加入し、加入中に受給権資格を満たす。

①または②の方法で受給権が発生する可能性があるが、年金の支給開始は、受給権が発生した翌月分からとなる。①または②の加入をしないのであれば、受給資格期間が10年に短縮されるまで待つことになる。

＊注：現在は住民票を残したままの海外転出は、海外在住とは認められない。

〔2016年11月7日号掲載〕

⑤ 外国年金、海外在住、外国人

米国に居住したときの老齢年金の手続き

Q 私は現在68歳で、老齢厚生年金を年間240万円受給している。老後は気候の穏やかなハワイに居住することになり、ハワイの銀行で年金を受給したいのだが、年金の手続きはどうすればよいのか。 　　　　　　　　　　　　　　　　　（Ｔ県Ｎ市　M.S）

A 「年金の支払いを受ける者に関する事項」、「租税条約に関する届出書」、「特典条項に関する付表（17号）」、「居住証明書（form6166）」を年金事務所に提出

「年金の支払いを受ける者に関する事項」には、基礎年金番号・年金コード、氏名・性別、生年月日、住所、受取先の銀行名・SWIFTコード（すべての国際送金に必要とされる銀行IDコード）、支店名、銀行の所在地、口座番号を記入し、銀行の口座番号が確認できる書類を添付して提出する。記入については、アルファベット大文字表記とする。

年金に関する所得税については、非居住者に該当する場合、日本で得た年金は他の所得と区分して所得税が課せられる分離課税の方法がとられている。徴収方法については、国内で年金を受けている人と同様に、年金を支給する際にその支給額に応じた所得税を差し引いて、これを国に納付することとなる源泉徴収制度が取り入れられている。この所得税は年金の支給額から10万円（65歳未満は6万円）に年金の支給額に係る月数を乗じて計算した額を控除した額に対し、20.42％（復興特別所得税額を含む）の税率を乗じて計算した金額となる。

この相談者の例では、240万円÷6＝40万円　40万円−（10万円×2月分）＝20万円　20万円×20.42％＝40,840円となる。

しかし、米国とは租税条約が締結されているので、「租税条約に関する届出書」（原本を2部）を提出することにより二重課税が回避され、日本での所得税は課税されずに、居住国で課税されることになる。さらに米国に居住する人には「特典条項に関する付表（17号）」と米国歳入庁が発行した「居住証明書（form6166）」が必要となる。

なお、所得税がかからない年金額（65歳以上120万円以下、65歳未満72万円以下）の場合は「特典条項に関する付表（17号）」と米国歳入庁が発行した「居住証明書（form6166）」を提出しなくても、一定の申立書を提出すればよいこととなっている。

この申立書の内容には、①「特典条項に関する付表（17号）」、「居住証明書（form6166）」を提出しないこと、②今後、税制変更等その他で申出が必要となった場合は提出することを了承していることが記入されている必要がある。

年金受給後、年1回誕生月に日本年金機構から送られて来る「現況届」に在留証明書、居住証明等（誕生月を含めて過去6か月以内のもの）を添付して提出する必要がある。

年金の振込みについては送金日の午前のレートに基づき外貨で換金され、送金手数料は日本銀行が負担することとなっていて、年金から差し引かれることはない。送金事務の手続き上、会計別に基礎年金と厚生年金が別々に送金されるため、送金日が若干ずれることもある。

〔2017年5月29日号掲載〕

第6章 その他

米国遺族年金受給中の日本人高校生の疑問

Q 高校3年生。両親亡き後、日本の遺族年金と米国の遺族年金を両方受給している。先日、米国社会保障庁から、「あなたの年金を自動的にストップする」と長い英文で書かれた手紙が届いた。数年前、年金事務所で遺族年金の請求手続をしたときは、高校卒業まで受給できると説明されたはずだが、なぜ年度途中で中止されるのか釈然としない。遺族年金のおかげで学業を続けられているので、大変不安だ。　　　　（S県K市　O.N）

A 米国は実年齢主義、日本は会計年度に準拠した年齢によるため

　相談者は、日本年金機構から遺族厚生年金を、米国社会保障庁（SSA）から米国遺族年金を、それぞれ受給している高校3年生。父親亡き後、母親もすぐに他界したため、相談者が唯一人の遺族年金受給権者である。母親が他界したときに、偶然父親が過去に米国で働いていた記録がみつかったことから、社労士が日本の遺族年金と米国の遺族年金の両方の請求手続きを同時に行った案件であった。

　数年経ち、高校3年生になった受給権者は、卒業まで遺族年金を受け取れると思っていたところ、突然、米国社会保障庁から支給中止の連絡が届き、不安になってしまったという事例である。

　日本の遺族厚生年金は、18歳到達年度の年度末まで支給されるため、相談者の言うとおり、高校卒業まで支給される。一方、米国の年金は実年齢により、原則18歳の誕生日の属する月の前月までの支給であるため、18歳の誕生日が近づいた相談者にこのような支給ストップの通知が送付されたようだ。この救済措置は、特例として、一定の要件を満たしたフルタイムの学生や、障害がある場合には延長が認められると記載されている。しかしながら、この特例を米国社会保障庁に認めてもらうには、一般の日本人にとってハードルが高い。まず、A4サイズ約10頁分の書面の内容を理解し、本人は"STUDENT STATEMENT REGARDING SCHOOL ATTENDANCE OUTSIDE THE UNITED STATES"という様式に、学校生活や日常生活、障害の有無、就労や婚姻の状況などの個人情報を詳細に記入する。

　また、在籍している高校には、いわゆる在籍証明書"CERTIFICATION BY SCHOOL OFFICIAL"を英文で発行してもらう必要がある。その他求められる書類を整えてから、米国のボルチモア事務所に返送し、延長申請の結果を待つ。大変な作業だが、諦めずに手続きを進めることが肝要である。説明書を読み進めると、米国では教科の習熟度によって飛び級やその逆もあり、日本のように必ずしも18歳になる年に高校3年生ではないことや、新学期についても米国は9月から始まるため、本人の申立書や在学証明書にも日本の年度は4月から3月までと記入しないといけないといった注意点もわかる。

　今回の通知は、日本に住んでいる日本人に英文で届いた。同様に、日本からの通知も米国在住の米国人に日本語で送付されていたら、全員が正しく理解できるだろうか。社会保障協定締結国間にあっては、それぞれの言葉で書かれた共通のフォームを作成し、受給権者の利便性向上を求めたい。

〔2017年11月20日号掲載〕

⑤ 外国年金、海外在住、外国人

アメリカ人の国民年金加入

Q 私は、昭和34年5月生まれのアメリカ人の男性。昭和55年8月に来日して以降、現在までずっと日本で暮らしており、永住許可も受けている。日本の会社にも勤め、厚生年金被保険者期間も長く、64歳から特別支給の老齢厚生年金が受給できることは知っているが、最近届いた「ねんきん定期便」によると、来日したばかりの頃の、昭和55年11月から昭和56年3月まで国民年金に加入し、保険料を納めたことになっている。日本国内に住所があっても、日本国籍でない場合は、昭和57年1月からが国民年金の強制加入となるため、それより前の期間は加入できないはずで、私の年金記録は誤りではないかと最近聞かされた。来日当初の頃のこと故、自分で国民年金保険料を払ったのか、払ってなかったのか、正直記憶も定かではないが、たとえ払っていたとしても、この年金記録は誤りで、未加入期間へと訂正されることになるのだろうか。 （K県S市　A.R）

A 一部のアメリカ人はその当時の加入記録は正しく、訂正不要

昭和56年12月までは、日本国内に住所があって20歳以上60歳未満の者でも、外国籍を有する者は、国民年金は適用除外とされており、加入して保険料を納めることはできなかった。

そして、昭和56年に日本が「難民の地位に関する条約」に加入したことにより、昭和57年1月から在留外国人も原則強制加入となり、被保険者として保険料を納めなくてはならなくなった。昭和36年5月1日以降に日本国籍を取得、または永住許可を受けた者であれば、昭和56年12月以前の適用除外だった時期は、老齢基礎年金の受給について合算対象期間となり、年金額には反映されないものの、受給資格期間に算入されることとなっている。

しかし、アメリカ合衆国の国籍を有する者については例外がある。昭和28年に調印・発効された日米友好通商航海条約の第3条第2項により、アメリカ人に対しては、日本の社会保障制度に関して日本国民と同じ扱いをする「内国民待遇」が適用されることになっていた。これにより、昭和56年12月以前の期間であっても、日本国内に住所のあるアメリカ人の一部（駐留軍人は対象外）は日本人同様に国民年金に加入し、保険料を納付することも可能となっていたのである。

したがって、上記要件に該当した場合、昭和55年11月から昭和56年3月までの5か月分の国民年金の加入および保険料の納付の記録は誤りではなく、当該期間についての年金記録の訂正の必要もない。国民年金の保険料を納めていた場合は、当然のことながら、保険料納付済期間として老齢基礎年金の額に反映されることになる。本件の場合の5か月分の保険料につき、平成30年度の額で年金反映額を計算すると約8,118円となる。

「779,300円×5月／480月≒8,118円」

なお、本規定は、外国人のうちアメリカ人の一部に適用される特例的な扱いとなっているため、他の外国人には適用されず、また、すべてのアメリカ人に適用されるわけではないので併せて注意が必要である。 〔2018年6月25日号掲載〕

第6章 その他

外国人のカラ期間の事例

> **Q** 昭和27年7月生まれの韓国人女性。日本人の夫を持ち、平成4年に永住権取得(一般永住者)。年金加入歴は、平成13年8月から平成29年7月までの16年間、厚生年金に加入していた。なお、夫は昭和17年5月生まれで、65歳から老齢基礎年金を受給している。私が受給できる年金はどうなるか、教えてほしい。　　　　　　　　　　（K県S市　S.H）

A 昭和56年12月までの間の「カラ期間」は使えるものと考える

　相談者は10年以上の厚生年金加入歴があるので、平成29年8月1日に改正後の老齢厚生年金および老齢基礎年金の受給権が発生し、翌9月分の年金から受給できる（短縮扱い）のは間違いないものの、永住許可を受けた外国人については、以下のように合算対象期間（以下：「カラ期間」と表記）になる期間がある。

　昭和36年5月以後、20歳以上65歳未満である間に日本国籍を取得した（永住許可を含む）次の期間（20歳以上60歳未満の期間）。

①日本国内に住所を有していた期間のうち昭和36年4月から昭和56年12月までの期間
②日本国内に住所を有しなかった期間のうち昭和36年4月から日本国籍を取得した日（永住許可を含む）の前日までの期間

　よって、外国人登録原票証明書を添付して年金請求をしたが、「外国人登録原票証明書に『上陸許可年月日』が記載されていないから」との理由でカラ期間を認められなかった。

　外国人登録原票証明書を発行した法務省入国管理局出入国管理情報官付出入国情報開示係で確認すると、「特別な事情があって、上陸した出入国港および上陸許可年月日はわからない。よって、他の書類を含めても法務省としての証明はできない」との回答であった。以上から、法務省で証明できないのであれば、公的な証明書類の取得は不可能である。

　しかし、年金事務所では「上陸許可年月日がわからない限りカラ期間とは認められない」とのこと。本人は17歳頃に初めて日本に来たとのことだが、証明するものがない。この場合、年金事務所の事務取扱いから判断すると短縮扱いで年金請求をするしかない。

　昭和60年国民年金法改正法附則によると、永住許可を受けた外国人のカラ期間は前記の内容になる。しかし、難民条約の締結により、昭和57年1月からは国民年金の加入要件に国籍要件が撤廃されている。よって、永住許可を受けた外国人の昭和56年12月までは、日本在住の如何を問わず、カラ期間にできるのではないか。

　この場合、相談者は「上陸許可年月日」が不明であっても、20歳である昭和47年7月から昭和56年12月までの9年6か月間がカラ期間になると考えられる。すると、本人の厚生年金の16年とカラ期間の9年6か月との合計で25年6か月の年金受給資格期間となり、受給権発生日も平成29年8月1日ではなく、平成29年2月1日になる。併せて、万が一相談者が死亡した場合、遺族年金の資格要件の一つである「長期要件」に該当するものと考えられる。

　同様の事例で以前は年金事務所もカラ期間を認めていたこともあり、難民条約の趣旨に沿うべく取扱いを再考すべきではないか。

〔2018年7月16日号掲載〕

⑥ 船員保険

船員保険と厚生年金の加入期間の通算

Q 死亡した父は、若いころ船に乗っていて船員保険期間が9年あり、その後、陸上勤務となって厚生年金期間が8年、さらに国民年金に加入していた。未支給年金の請求で父の年金証書を探したところ、厚生年金（老齢）と国民年金（通老）という2枚の年金証書はあったが、船員保険の年金証書が見つからない。請求が洩れていたのだろうか。

（H県T市　N.K）

A 「交渉法」により船員保険と厚生年金加入期間が通算され支給

　昭和29年5月に「厚生年金保険及び船員保険交渉法」（略称：交渉法）が公布された。この法律は、被保険者の老齢年金と老齢年金受給資格を満たした人の遺族年金に関して、厚生年金の被保険者期間と船員保険の被保険者期間を通算して受給資格を確保することを目的としている。

　昭和61年4月以前の旧法では、厚生年金と船員保険は別制度で、それぞれから「通算老齢年金」として給付されていた。しかし、通算して20年以上となれば1つの制度から「老齢年金」として加給年金も加算される。ただ、それぞれの受給資格要件は、厚生年金保険は原則20年、船員保険は原則15年と異なるため、厚生年金保険期間を船員保険期間に換算するときは、厚生年金被保険者期間を4分の3倍とし、船員保険期間を厚生年金期間に換算するときは、船員保険被保険者期間を逆に3分の4倍するという調整が必要だった。

　相談者の父の場合、厚生年金8年、船員保険9年なので、厚生年金に換算するときは8＋9×4/3＝8＋12＝20年で厚生年金の老齢年金の資格期間を満たす。同様に、船員保険に換算するときは、8×3/4＋9＝6＋9＝15年で船員保険の資格期間を満たす。

　交渉法では、原則として、受給権を得たときまたは得る直前に加入していた制度から年金を支給されるが、次のような場合は、船員保険からの支給となる。
①船員保険期間だけで、老齢年金の資格期間を満たした場合
②船員の戦時加算（太平洋戦争中に危険な海域で乗船していた期間に加算）がある場合
③船員任意継続被保険者（船員保険の資格喪失後受給資格を満たすまで個人で保険料を納付した）期間がある場合

　相談者の父の場合は結論として、船員保険の洩れではないことが十分推測できる。

　ちなみに老齢年金額の定額部分は、換算して1つにまとめて計算するが、報酬比例部分は船員保険期間と厚生年金期間で別々に計算して合算する。この交渉法で計算した額より、厚生年金、船員保険ごと別々に計算した年金額が高い場合は、60歳に達した翌月から「差額（特別加給金）」が支給される。これは、定額部分の上限の計算において、別々に計算すれば、定額部分の上限（厚生420月、船保315月）に当たらないが、合計したとき、定額部分の上限に当たったときの補填である。

　なお、昭和61年4月1日の制度改正によって、船員保険の職務外の年金は厚生年金保険に統合され、厚生年金保険の被保険者期間として支給されることになり、交渉法は昭和60年5月1日に廃止されている。

〔2017年2月20日号掲載〕

第6章 その他

社会保険の扶養の基準

Q 50歳女性。平成28年4月から大手スーパーのパートで、週20時間で働き始めた。給料は、1か月9万円で、平成28年10月から社会保険の被保険者となり、夫の健康保険の扶養家族から外れ、同時に国民年金第3号被保険者でもなくなった。ただ、平成28年分の給料の合計は、103万円を超えなかったので、夫の年末調整で「控除対象配偶者」として申告した。扶養家族の基準がよくわからないので教えてほしい。 （G県T市　A.H）

A 社会保険法上の扶養と税法上の扶養の基準は別

　まず、社会保険の被保険者の基準だが、平成28年10月より、短時間労働者の社会保険の適用拡大が図られ、次の要件にあてはまれば、社会保険に加入するよう改正がなされた。
・勤務時間が週20時間以上
・1か月の賃金が8.8万円以上
・勤務時間が1年以上見込まれること
・勤務先の従業員が501人以上であること等
　相談者は、短時間労働者の要件を満たしていたので、平成28年10月に社会保険に加入して被保険者となったと思われる。
　社会保険では、相談者のように被保険者になれば扶養から外れる。その他に、生計維持関係の基準として、年収が130万円（60歳以上や障害のある場合は180万円）を超えるときは、収入オーバーで扶養から外れる。
　一方、税法上は、平成28年中の給料の合計は103万円だった。パートの給与だけで他に所得がなければ、給与所得控除として最低65万円を差し引くことができ、103万円（給与の収入金額）－65万円（給与所得控除）＝38万円（給与の所得金額）となり、配偶者控除の要件を満たすことになる。相談者のように社会保険に加入している場合、控除が受けられないという取扱いではない。
　仮に、給与収入が103万円を超えても現行法では141万円までの場合、その収入に応じて控除額が増減するものの世帯の手取り収入が減らないよう「配偶者特別控除」も認められている。
　「就労の制限になる103万円、106万円（8.8万円×12）と130万円の壁」と騒がれたが、社会保険と税金では、根拠となる法律が違い、監督官庁も異なるので「扶養」の基準も異なっているのが実態である。
　相談者の本人負担分の社会保険料（事業主と折半）は、標準報酬月額8万8000円のとき、平成29年度協会けんぽ（東京都）の料額表によると、厚生年金保険料で8,000.08円、健康保険料で5,086.4円（介護あり）である。
　もし、収入超過の理由で扶養から外れたときは、全額自分で国民健康保険料と介護保険料および国民年金の保険料1万6,490円（平成29年度）を負担しなくてはならない。
　世帯としてみると、社会保険料の負担額は支出増となり、社会保険の扶養から外れると会社の規定（個別）により会社の扶養手当の支給にも影響するかもしれない。しかし、社会保険の被保険者となれば、健康保険の傷病手当金や老齢等年金の給付も扶養家族のままでいるより手厚い給付が受けられる。

〔2017年6月12日号掲載〕

148

⑦ 税

税制改正に伴い変わる配偶者控除

> **Q** 現在58歳の女性。近所の運送会社で経理の仕事をしており、年間140万円の給与収入がある。夫は66歳で年金収入のみで年間280万円ある。夫の「平成30年分扶養申告等の申告書」を提出するにあたり、今回の税法改正に伴い、私は平成30年から夫の源泉控除対象配偶者になり、夫の税金が安くなるのだろうか。 （T県N市　M.S）

A　源泉控除対象配偶者の要件の理解

　平成29年度の税制改正により、配偶者控除および配偶者特別控除の見直しが行われ、平成30年分より配偶者控除および配偶者特別控除の控除額が改正された。

　平成29年分の配偶者控除は、給与所得者等と生計を一にする配偶者（青色事業専従者として給与の支払を受ける人および白色事業専従者を除く）で合計所得金額の見積額が38万円（給与所得だけの場合、給与等の収入金額が103万円）以下の人が対象だが、平成30年分以後は、生計を一にする配偶者（青色事業専従者として給与の支払を受ける人および白色事業専従者を除く）のうち、配偶者の合計所得金額の見積額が38万円超85万円以下（給与所得だけの場合、給与等の収入金額が103万円超150万円以下）の場合も、「配偶者特別控除」による［源泉控除対象配偶者］となった。

　従来、「配偶者特別控除」については、毎月の源泉所得税額の計算では考慮されず、確定申告（給与所得者の場合は年末調整）時に適用されることとなっていた（平成29年の場合、配偶者の合計所得見積額が38万円超76万円未満（給与所得だけの場合、給与収入が103万円超141万円未満）が対象）が、平成30年分より前記改正に伴い、配偶者の合計所得金額の見積額が38万円超85万円以下（給与所得だけの場合、給与等の収入金額が103万円超150万円以下）の場合は「源泉控除対象配偶者」となるため、確定申告（給与所得者の場合は年末調整）時に適用される範囲が変更され、配偶者の合計所得見積額が85万円超123万円以下（給与所得だけの場合、給与収入が150万円超201万6千円未満）が対象、となった。

　ただしこの場合、夫の合計所得金額の見積額が900万円以下（給与所得だけの場合、給与所得者本人の給与等の収入金額1120万円以下）であることが条件となる。所得者（夫）本人の合計所得金額の見積額が900万円超1000万円以下（給与所得だけの場合、給与収入が1120万円超1220万円以下）の場合は段階に応じて控除額が減額され、1000万円超（給与所得だけの場合、給与所得者本人の給与等の収入金額1220万円超）の場合は該当しない。

　なお、平成30年の途中で配偶者の所得に変動があった場合、年金からの所得税の源泉徴収の対象となるかについて、平成30年の最初の年金支払日の前日の現況において判断するため、年の途中で改定されても「扶養親族等申告書」を提出する必要はない。また、確定申告が必要になることがあるため注意する。加えて、配偶者控除および配偶者特別控除の対象となる「配偶者」とは、加給年金・振替加算の加給・加算要件とは異なり、「婚姻関係のある配偶者のみ」であることにも注意しておきたい。

〔2018年1月15日号掲載〕

第6章 その他

扶養親族等申告書の障害者とは

Q 現在67歳の男性。目に障害があり両眼の視力の和が0.09で身体障害者手帳は4級。障害年金は3級相当だが基礎年金のみにつき支給停止の状態。妻は65歳で老齢基礎年金のみ受給。また介護保険の要介護2の認定を受けている。扶養親族等申告書の記入・提出にあたり、私と妻は普通障害、特別障害のどちらに○印をつけて提出するのか。

（T県N市　M.S）

A 相談者は普通障害者、配偶者は福祉事務所長の認定があれば普通障害者と思われる

表　所得税法上の障害者の取扱い

群	障害状況	障害の程度
I	身体障害者手帳に身体上の障害ありとして記載されている者	【普通障害者】 障害の程度が3級から6級までの者
		【特別障害者】 障害の程度が1級または2級の者
II	65歳以上者で、福祉事務所長などから認定を受けた者	【普通障害者】 下欄の特別障害者以外の者
		【特別障害者】 ⓐ精神上の障害により事理を弁識する能力を欠く常況にある者 ⓑ重度の知的障害者と判定された者 ⓒIの特別障害者と同程度の障害がある者

　所得税法上の「普通障害者」と「特別障害者」の区分は、受給者本人または控除対象配偶者もしくは扶養親族のなかで、その障害の状況により、上記表示に該当する者を言う。この表は、それぞれの障害要件等を抜粋して作成している。

　国民年金・厚生年金における目の障害による障害年金の認定基準では、障害の程度が3級の場合、両眼の視力が0.1以下に減じたもの、とされている（2級の場合は両眼の視力の和が0.05以上0.08以下）。しかし、身体障害者手帳の等級3級では、両眼の視力の和が0.05以上0.08以下となっており、「0.09」では4級に該当する。障害年金の等級と身体障害者手帳の等級は相違するが、税法上の控除基準は身体障害者手帳を採用するため、本人の障害は普通障害者に該当する。総体的にすべての障害について、身体障害者手帳の障害等級の内容の方が厳しい。

　介護保険の要介護2となっている配偶者の障害者控除については、介護保険法で定められている要介護認定の等級、各種公的年金制度から支給されている障害年金の等級などとは直接関係ない、とされている。しかし、「年齢が65歳以上で、福祉事務所長（各市区町村にあり）などから認定されている者」は障害者控除（普通・特別）を受けることができる、とされていることから、所得税申告における一般的な流れとして、介護保険の要介護1から5（相当の者を含む）であっても、福祉事務所等から「障害者控除対象者認定書」の交付が受けられた場合は、障害者控除の申告が可能になる。

〔2018年8月6日号掲載〕

150

⑧ 手続き、その他

社会保険労務士による第三者証明

Q 単身赴任していた夫が死亡し、遺族年金の請求手続きを行うため年金事務所に行ったところ、戸籍謄本とそれぞれの住民票のほかに、「生計同一関係に関する申立書」が必要と言われた。遺族年金の請求手続きを社会保険労務士に委任するが、「第三者の証明欄」の証明を頼める人がいないので、その社労士に証明を頼めるだろうか。

(K県E市　N.M)

A 利害関係がある者は相応しくない

　遺族厚生年金を受けることができる遺族は、「被保険者または被保険者であった者の配偶者、子、孫または祖父母であって、被保険者または被保険者であった者の死亡当時その者によって生計を維持したものとする」とされているので、戸籍の謄本、それぞれの住民票や除票および請求者の所得証明書等から、生計維持関係の事実認定が行われる。

　事実認定は、「生計維持の認定基準」平成23年3月23日年発0323「生計維持関係等の認定基準及び認定の取扱いについて」に基づき審査され、死亡当時、死亡者と請求者の住民票の住所が異なるとき、第三者の証明のある「生計同一関係に関する申立書」を併せて提出する。

　そのなかに、第三者証明の第三者とは、「民生委員…(中略)…隣人等であって、受給権者、生計維持認定対象者及び生計同一認定対象者の民法上の三親等内の親族は含まない」とある。

　民法上(民法第725条・第739条)の三親等内の親族ではないということは、利害関係にあるものを除外すると推測される。

　第三者証明欄の第三者には、隣人や施設長、病院の事務担当者、ケースワーカーによる証明が多い。しかし、核家族化が進み、身寄りのない人や隣人との付き合いのない人等、何らかの事情で証明欄の記入が困難な人は増加している。

　このような場合、民生委員や町内会長に頼む方法もあるが、地域間の交流が少なくなった現在では、民生委員の存在を知らない人が多くなっている。実際、民生委員も「実態を知らないので証明できない」と断るケースも多い。

　相談者にしてみれば、証明を頼むことは、時には苦痛を伴うし、知人や友人の場合、守秘義務があるわけではないので、プライバシーの保護の観点から不安もあり、遺族年金の手続きを委任する社会保険労務士に証明も依頼したいということになったと推測する。

　年金事務所に問い合わせたところでは、請求者から委任された社労士による「生計同一関係に関する申立書」の証明は、利害関係に当たるものとして相応しくないとの説明を受けた。

　しかし、社労士は、社労士法で「秘密を守る義務」があり、「虚偽の書類作成」に反した場合、懲戒処分が適用されるので、相談者から話を聞いて事実を把握し、責任を持って証明することができる。さらに、社労士は、請求者の権利とプライバシーの保護から、戸籍法や住民基本台帳法にいう「特定事務受任者」に該当する。また、「民法上の三親等内の親族以外」という文言を厳格に適用するとしたら、社労士の証明も認められてもよいのではないか。

〔2015年7月20日号掲載〕

第6章 その他

所在不明者の年金支払い

Q 私と兄は数年前にそれぞれ離婚し、以来二人暮らしであった。その兄が3年前に再婚して家を出て行った。相手は外国人で、2年ほど前からどうも再婚相手の国に住んでいるようだ。兄は老齢年金の受給者であり、定期的に年金が所定口座へ振り込まれ、そこから国民健康保険料などを口座振替していた。今まで問題なく振替できていた国民健康保険料が、ここ数か月、残高不足で振替不能となり、督促状が届くようになった。兄に連絡を試みたが行方が分からなくなっていた。自宅に残された預金通帳を記帳すると、年金は振り込まれた額の全額がすぐに引き出されているようだが、一体誰が引き出しているのか不明である。兄の所在が明らかでないので、年金の支払いを一時停止してほしい。

（T県I市　C.U）

A 年金機能強化法で所在不明の年金受給者の届出を義務化

　相談者の兄は、所在が不明になり連絡の取れない状況が以前から続いていたが、今般国民健康保険料が残高不足により振替不能となっている旨の連絡を市役所から受けたことにより、改めて兄の生存に危機感を抱いた。

　調査すると、年金は滞りなく支給されている。住民票は日本にあるため住基コードでの生存確認も問題なく行われており、年金受給者の実態が判明しづらい状況であった。

　平成26年4月から施行された年金機能強化法により、年金を受け取っている者が所在不明となった場合は、世帯員（所在不明となった受給権者と住民票上の世帯が同一の者）に対して所在不明である旨の届出をすることが義務化された。

　所在不明とは、世帯員によって受給権者の所在が1か月以上確認できないときをいう。届出により以下の流れで年金支給が一時差止め（あるいは調査）される。

1．世帯員が所在不明の届出を年金事務所の窓口に持参もしくは郵送する。

2．所在不明届が提出された場合、生存の確認を行うため、所在不明となった受給権者あてに現況申告書が送付される。

3．現況申告書が提出期限（送付日から1か月後）までに受給権者から提出がなかった場合は、年金支給が一時差止めとなる。

4．現況申告書が提出された場合は、提出された申告書の真正性を確認するため、訪問調査等により生存確認を行う。

5．年金支給が一時差止められた後に現況申告書が提出されたり、受給権者から問合せを受けたりした場合も、訪問調査等を行い、生存を確認できた場合は差止めを解除する。

　今回のケースでは、相談者は年金事務所へ所在不明の届出と同時に警察への捜索依頼をする予定であったが、年金支給が一時差止めされ支給日に支払いがなかった翌日、驚いた兄から国際電話が入り、無事生存を確認することができた。安堵した相談者は年金事務所で差止めの解除を依頼する手続きを行った。

　なお、被用者年金一元化法に伴い所在不明届もワンストップサービスの対象となったが、現況確認や支払差止めの取扱いについては、それぞれの実施機関で対応することとなっている。

〔2015年12月14日号掲載〕

⑧ 手続き、その他

「ねんきん定期便」の未着が届出漏れを示唆

Q 私はサラリーマンの妻で、健康保険は配偶者の扶養に入っており、国民年金の第3号被保険者である。配偶者には「ねんきん定期便」が送られてくるが、私には来ない。今までの加入記録を知りたいがどうしたらよいか。 （A県H市　M.U）

A 住所変更届が未提出の可能性あり

「ねんきん定期便」とは日本年金機構から被保険者全員に毎年1回、誕生月に厚生年金や国民年金の資格や納付の記録を知らせる通知である。

同じ世帯に住んでいて、配偶者には届くが相談者に届かないのであれば、その理由の1つは、日本年金機構に届け出ている名前や住所が相違しているか、基礎年金番号を持っていないことである。相談者の場合は、名前や住所の変更がされていない可能性が大きい。

そこで改めて話を聞くと、以前転居していて、おそらく夫は勤務していた会社を通じて住所変更の届出をしたのであろうが、この際、相談者の手続きが漏れてしまったため「ねんきん定期便」が届かなかったと思われる。

相談者の記録の確認をするには、基礎年金番号がわかるものと本人確認できる運転免許証等を持って、年金事務所等で記録を確認することになる。次に、相談者の住所変更の手続きについては、配偶者が勤務している会社等を経由して「被保険者住所変更届」を年金事務所へ提出する。被扶養配偶者のみの住所変更なら、この届書の2枚目のみを提出する。

「ねんきん定期便」の再発行を希望するのなら、住所変更手続きが完了していることを必ず確認してから、「ねんきん定期便・ねんきんネット等専用ダイヤル」（0570-058-555もしくは、050で始まる電話でかけるなら03-6700-1144）に電話で申し込む。その後、最新の情報（年金加入記録）をもとに作成した「ねんきん定期便」が送付されるが、手元に届くまでには2か月程度かかるようだ。「ねんきん定期便」の内容等に関する問合せも、先の「ねんきん定期便・ねんきんネット等専用ダイヤル」などを利用すると年金事務所まで出向かなくても確認できる。

相談者のように、第3号被保険者に関する届出は、その届出の事由によって提出先が異なるので漏れないように注意が必要だ。

第3号被保険者は国民年金の被保険者なので、基本的には市区町村の窓口の取扱いとなるが、この相談者の事例のように、配偶者の勤務先を経由して年金事務所に提出するものがある。ほかにも、結婚等により被扶養配偶者と第3号被保険者に該当したときや、それに伴う氏名変更、住所変更をしたときも、配偶者の勤務先に忘れずに伝えるようアドバイスした。

また、3号記録の不整合予防のため、平成26年12月1日から、死亡や離婚または収入超過で被扶養者から外れたときは、届出が必要となっている。

市区町村の窓口では、国民年金の第3号から第1号被保険者への種別変更の手続きを行い、配偶者の勤務先から年金事務所へは、被扶養者から除く「被扶養配偶者非該当届」の手続きが義務づけられている（協会けんぽの場合は不要）。 〔2016年2月29日号掲載〕

第6章 その他

短時間労働者の厚年被保険者適用拡大とその要件

Q ある会社の総務部に勤務する者だが、平成28年10月から、厚生年金に係るパート労働者の適用拡大が始まると聞いた。適用事業所や短時間労働者の概念が変わるのか。当社は業種柄、季節変動により業績が大きく左右され、これがパート労働者の採用に大幅に影響するので適切な情報を得たい。　　　　　　　　　　　　　　　（S県H市　P I 社）

A 特定適用事業所勤務の短時間労働者が厚年被保険者等の対象に

1. 特定適用事業所の概念

同一の事業主の厚生年金保険適用事業所の被保険者数の合計（短時間労働者を除く）が1年間で6月以上、常時500人を超えることが見込まれる場合は、「特定適用事業所」として短時間労働者に係る厚生年金保険の適用が拡大される。特定適用事業所に該当した場合、法人ではその本店等から、個人事業では各適用事業所から、日本年金機構に「特定適用事業所該当届」を提出しなければならない。

なお、平成28年10月1日の施行日以降、使用される被保険者総数が500人以下の企業においても、労使の合意に基づき短時間労働者の社会保険の適用が可能となり、国、地方自治体については規模に関わらず適用するという公的年金制度改革法案が平成28年通常国会に提出されたが、継続審議となっている。

特定適用事業所に勤務する労働者で「1週間の所定労働時間」および「1月の所定労働日数」が、同一の事業所に使用される通常の労働者の4分の3以上（以下「4分の3基準」という）である短時間労働者は、厚生年金および健康保険の被保険者になるとされた。

2. 短時間労働者の適用拡大5要件

特定適用事業所に勤務する短時間労働者で「4分の3基準」を満たさない場合であっても、次の5つの基本要件のすべてを満たす場合には、厚生年金および健康保険の被保険者になる。①1週の所定労働時間が20時間以上、②雇用期間が継続して1年以上の見込み、③月額賃金が8.8万円以上、④学生ではない、⑤特定適用事業所に勤務。

3. 週所定労働時間（20時間以上）の算定

週所定労働時間は20時間以上とされているが、所定労働時間を月単位で定めている場合は、1月の所定労働時間を52/12で除して算出し、また、1年単位で定めている場合は1年の所定労働時間を52で除して求める。つまり1年間を52週として週単位に換算する。

4. 1年以上の継続勤務

例えば、70歳の誕生日まで1年未満の場合であっても、雇用期間が1年以上見込まれるのであれば、厚生年金の被保険者資格を取得する。また、1年以上の雇用期間中に一定期間勤務を要しない期間があっても、事実上の使用関係が中断することなく継続する場合は、雇用期間は継続が見込まれるとして取り扱われる。

5. 賃金月額8.8万円から除外される賃金

次の賃金は除外される。①臨時に支払われる賃金および1月を超える期間ごとに支払われる賃金、②時間外、休日、深夜各労働の賃金、③最賃法で算入しない通勤手当、家族手当等。

〔2016年8月1日号掲載〕

第三者行為災害に係る年金の支給停止期間

> **Q** 第三者行為事故に係る年金の支給停止期間が24月から36月に変更されたと聞いたが、その経緯を教えてほしい。　　　　　　　　　　　　　（Y県H市　M.T）

A 年金と損害賠償の二重補償額の多額化回避のため支給停止期間を延長

　厚生年金保険法および国民年金法に基づく年金給付の受給権が、第三者行為事故により発生し、被害者である被保険者、被保険者であった者またはこれらの者の遺族が損害賠償を受けた場合には、厚生年金保険法および国民年金法に基づく給付と損害賠償による二重補償を回避する目的で、その損害賠償の価額の限度で給付を行わないことができるとされている（厚生年金保険法40条2項、国民年金法22条2項）。

　この取扱いは、昭和36年6月14日保険発第56号通知および昭和37年10月22日庁保発第10号通知により行われていたが、平成24年10月に会計検査院から厚生労働大臣へ「支給停止限度期間の設定について」の意見が表示されたことにより見直しが行われたものである。

　意見の趣旨は次のとおりである（平成24年度会計検査院決算検査報告より抜粋）。

　「①【本院が表示した意見】　厚生労働省は、厚生年金保険法又は国民年金法に基づき年金給付を行っており、年金給付の原因である被保険者の障害又は死亡が交通事故等のように被保険者等に対して第三者が損害賠償の義務を負う事故によるものであり、被保険者等が第三者から損害賠償を受けたときは、その損害賠償額を限度として年金の支給停止ができることとされている。しかし、昭和36年又は37年の取扱通知により24月と設定された支給停止限度期間の見直しが行われていないため、支給停止解除後の年金と損害賠償の二重補償額が多額に上っている事態が見受けられた。したがって、厚生労働省において、支給停止解除後の二重補償額が多額に上ることを避けるための方策を検討するよう、厚生労働大臣に対して平成24年10月に、会計検査院法36条の規定により意見を表示した。

　②【当局の処置状況】　本院は、厚生労働本省において、その後の処置状況について会計実地検査を行った。検査の結果、厚生労働省は、本院指摘の趣旨に沿い、支給停止解除後の二重補償額が多額に上ることを避けるための方策として、年金給付の目的等も踏まえつつ、24月と設定されている支給停止限度期間を一定程度延長するよう検討を行っており、今後、制度の見直しのために、取扱通知の改正等所要の処置を講ずることとしている。」

　上記の会計検査院の意見を受け厚生労働省は平成27年9月30日付年管管発0930第6号通知により支給停止限度期間の見直しを行い、従来の24月から36月への変更を行った。

　なお、本通知に伴い従前の昭和36年6月及び昭和37年10月の通知はそれぞれ廃止されることとなった。

　今回の通知による事務処理は、平成27年10月1日以降に発生した第三者行為事故から適用され、平成27年9月30日以前に発生した第三者行為事故に係る事務処理はなお従前の例によるとされている。

〔2016年8月29日号掲載〕

第6章 その他

戸籍・住民票の両方が必要な事由

Q 昭和29年7月生まれ（現在62歳）の男性。1号厚生年金の加入年数が35年ある。妻は2歳年下で専業主婦であり、厚生年金の加入歴はなく、国民年金のみの加入。先日、年金事務所へ老齢厚生年金の手続きに出向いたところ、「65歳から配偶者加給年金が付けられるため、そのための書類として戸籍謄本、世帯全員の住民票、妻の収入証明を用意してください」と言われた。収入証明の意図はわかるとして、市役所で住民票を取ったところ、続柄欄に、私は「世帯主」、妻はもちろん「妻」と書いてある。わざわざ戸籍を付けなくてもこれで証明とならないのか。

（Y県I市　J.K）

A 「戸籍」、「住民票」の持つ役割の違いに注意

　年金請求書等の提出にあたり、一般の相談者から必ずといってよいほど疑問点としてあげられる案件であり、素朴な質問である。

　ただし、公的な証明としての戸籍謄本・抄本と住民票については、法律によりその役割が厳格に区別されている。国内法において、「出生（親子であること）及び婚姻に関する公的な証明」となると戸籍謄本・抄本であり、住民票については「居住に関する公的な証明」の役割しか果たすことができない。

　実際に「世帯全員の住民票」を見てみると、続柄に「世帯主」、「妻」、「子」と書かれているので、子については世帯主の子であることはわかるものの、妻の子であるかは、これだけではわからない。たとえば子については、先妻との間に生まれた子であり、現在の妻との間に養子縁組ができているかどうかまではわからないといったケースがある。

　妻が年金請求等をするときに、加給対象となる子かどうかの認定にあたっては、結局、住民票だけでは足りず、どうしても戸籍謄本・抄本で確認が必要となる。

　戸籍謄本・抄本と住民票では、証明できる内容がそれぞれ違うこと、また厚生年金、国民年金は「公的年金」であるので、その証明にあたっては、どうしても公的機関の正式な証明が必要であるということで納得するしかない。

　とは言え、戸籍謄本・抄本と住民票の両方を求めることは、本籍地が遠方の出身地にあるときには、その取得に時間や経費がかかるなど、相談者に余計な負担を強いることとなる。

　今後、できる限り相談者の負担を軽くすべく検討されるよう、行政当局に対し要望したいところである。

　また、平成28年度より税や雇用保険など社会保障の分野でいわゆる「マイナンバー（個人番号）制度」の利用が開始されている。日本年金機構においても、平成28年11月13日より利用可能となった。平成29年1月以降、マイナンバーを利用した相談・照会業務が開始されている。今後、他機関との情報連携開始後においては、添付する書類についても大幅な変更が想定されている。

　マイナンバーから収集できるであろう情報の精査を行い、過度な負担にならないような制度変更も併せて要望したい。

〔2017年2月13日号掲載〕

⑧ 手続き、その他

年金支給額を減額する方法は

> **Q** 70歳の母は、父親死亡後1人で生活しており、年金は803,300円（内訳は、老齢基礎年金779,300円、老齢厚生年金24,000円）を受給している。これ以外に遺族年金の受給はなく、かつ他の所得もない。年金受給額が80万円以下になると介護保険料を低く抑えられるという話を聞いたが、年金額を減額する方法はないのだろうか。（Ｓ県Ｔ市　Ｋ.Ｎ）

A 年金支給を停止することは可能

T市の平成27〜29年度の、世帯全員が市民税非課税の場合の介護保険第1号被保険者の所得段階別保険料（抜粋）は下記のとおりである。

所得段階による基準	年間保険料
本人の課税年金の年額と合計所得金額の合計が80万円以下の場合	30,300円
本人の課税年金と合計所得金額の合計が80万円を超え120万円以下の場合	53,000円

年金受給を停止するには、年金事務所等へ「老齢・障害・遺族給付支給停止申出書」（様式第590号、以下「様式590号」という）の提出が必要となる。様式590号の提出により、老齢基礎年金および老齢厚生年金の双方、もしくは片一方のみの支給を停止することができる。

また、年金支給を再開する場合は、「老齢・障害・遺族給付支給停止撤回申出書」（様式第591号、以下「様式591号」という）を年金事務所等へ提出すると、支給開始が可能となる。

相談者の母の場合、年額で3,300円以上年金を停止すれば合計所得額が80万円以下の条件に該当するので、老齢厚生年金の支給を1回（4,000円）停止すればよいことになる。それには、様式590号の提出により老齢厚生年金を支給停止とし、老齢基礎年金のみの支給を1回受けた後に様式591号を提出することになる。

ただし、様式591号の提出が遅れると、次回支給月までに処理が間に合わず、必要以上に停止期間が長引くことがあるので、老齢基礎年金のみの支給を受けた後に速やかな様式591号の提出が必要である。

これにより、年金額は年額で4,000円減額となるが、介護保険料が年額で22,700円減額となり、年間差額は18,700円になる。ただし、介護保険料は前年所得をもとに算定されるため、実際に介護保険料が減額されるのは翌年度となる。すぐに介護保険料の引下げとなるものではない。

また、介護保険法は近時の法律改正が想定される。これにより、介護保険料の算定方法等が変わった場合には、期待していたような効果が出ないことも考えられるので、改正情報の適切な把握と慎重な対応が必要となる。さらに年金額改定等の法令改正により、仮に合計年金額が80万円以下になった場合などには、上述のような手続きは不要となる場合も起こり得る。

そのうえ、介護保険料等の条件は市区町村によって異なるので、居住する市区町村の介護保険料等の条件を市役所などで十分確認のうえ、遺漏のない手続きを踏むことが重要ポイントになる。

ちなみに75歳以上の場合、後期高齢者医療保険料も介護保険料と同様に検討が必要である。

〔2017年8月28日号掲載〕

第6章 その他

パートの社保加入と特例追納制度

Q 私は、現在60歳の女性。夫とは離婚している。年金の受給資格はない。夫は離婚の事実を会社に報告していなかった。しばらく何の支障もなく経過していたが、私が56歳のときに大病で入院した際、それまで所持していた健康保険証が使えないことが分かり、国民健康保険に加入した。現在は従業員10人程度の小売店に勤め、週25時間程度のパート収入等で生計を立てている。将来の生計不安から、国民年金に任意加入しているものの、保険料負担は重い。平成29年4月から、パートタイマーでも厚生年金に任意加入できると聞き、国民年金より保障が多く保険料負担の少ない制度に加入したい。会社に申出すれば可能か。 （K県Y市　S.E）

A **パートの社会保険加入は労使合意が必要。特例追納制度活用で年金増額を**

　平成29年4月より、従業員500人以下の企業に勤務する短時間労働者にも社会保険（健康保険・厚生年金）の適用範囲の拡大が実施された（平成28年法律第114号、年金改革法）。企業規模以外の要件は平成28年10月から実施されている特定企業における短時間労働者の社会保険加入条件と同一（1週当たりの労働時間20時間以上、雇用期間1年以上の見込み、月収8.8万円以上、昼間学生でないこと）である。

　相談者は、社会保険の加入を希望しているが、社会保険の加入については、60歳以降の国民年金と異なり、「任意加入」の制度はない。社会保険の適用にあたっては、労働者を雇用する企業（事業主）が従業員の過半数で組織する労働組合、もしくは従業員の過半数を代表する者との同意を得て、日本年金機構に社会保険の適用を申し出る必要がある。そして、前述の労働条件に当てはまる短時間労働者全員が社会保険に加入する。加入希望者だけを対象にすることはできない。また、企業（事業主）は、社会保険料の半額を負担しなければならない。

　社会保険の適用は、企業の法定福利費の増大という難題を伴うが、従業員が将来受け取る年金が増額するほか、仕事へのモチベーションの向上、企業への安心感の増幅により、優秀な人材の確保と、離職率の低下なども期待できる。企業はぜひとも導入を検討すべきと考える。

　相談者は、離婚時に本来速やかに国民年金の第1号被保険者へ切り替え手続きが必要であったが、届出が2年以上遅れ、時効により国民年金保険料を納付することができなかった期間（特定期間という）があったと思われる。まずは、この届出をすることを勧める。

　次に、平成30年3月末日までの間に限り、申込みにより、承認を受けた期間につき遡って保険料を納付できる「特例追納制度」がある。この制度を活用すれば、将来の年金額を増やすことができるので勧めたい。

　ただし、この制度は特例追納する時点での年齢により下記のような適用対象期間の制約があり、また、すでに年金を受給している場合は、年金額が増えない場合もあるので注意を要する。
①特例追納する時点で60歳未満の場合：承認があった月前10年以内の期間
②特例追納する時点で60歳以上の場合：50歳以上60歳未満であった期間

〔2017年9月11日号掲載〕

⑧ 手続き、その他

性転換者と年金受給

Q 昭和33年３月生まれの独身の男性。大学卒業以降継続して厚生年金に加入中。子はいない。私は、二人の医師により性同一性障害と診断され、性別適合手術を受け、性別変更を考えているが、その場合、年金受給にどのような影響が出るのであろうか。

（Ｙ県Ｚ市　Ｓ.Ｙ）

A 年金受給は性別変更の取扱いの審判を受ける時期により変わる

戸籍の性別変更の審判では下記の６つの条件が問われる。
①二人以上の医師により、性同一性障害であることが診断されていること
②20歳以上であること
③現に婚姻していないこと
④現に未成年の子がいないこと
⑤生殖腺がないことまたは生殖腺の機能を永続的に欠く状態にあること
⑥その身体について他の性別に係る身体の性器に係る部分に近似する外観を備えていること

相談者は、上記①〜④の条件が整っているので性別適合手術を受ければすべての条件が整う。その後、家庭裁判所で性別の変更の取扱いの審判を受けることによって、戸籍の性別の変更が認められる。

性別の変更の取扱いの審判を受け、戸籍の性別・氏名の変更をした場合、年金事務所へ申し出ることにより性別および氏名の変更がされ、性別変更の審判日以降の記録については新たな基礎年金番号が設定される。被保険者記録には性別変更前の性別表示の記録と変更後の性別表示の記録が混在することになる。ただし、年金裁定後の性別変更はシステム上できず、氏名変更のみ行う。

特別支給の老齢厚生年金は男女で受給開始年齢が異なるが、受給権発生前に戸籍の性別の変更が認められれば、変更後の性別による受給開始年齢で受給権が発生する。

昭和33年３月生まれの男性の特別支給の老齢厚生年金の受給開始年齢は63歳であるのに対し、女性は60歳であるので、相談者が60歳到達前に男性から女性への戸籍の性別の変更が認められれば、60歳で特別支給の老齢厚生年金の受給権が発生することになる。また、60歳到達以降に男性から女性への戸籍の性別の変更が認められた場合は、63歳で受給権が発生することになるので、戸籍の性別変更の審判を受ける時期について注意が必要である。

ちなみに、本件相談には直接関係しないが遺族年金の取扱いについても少し触れてみる。

遺族年金の受給権が発生した後に戸籍の性別変更の審判を受けた場合であっても、変更前に生じた権利義務に影響を及ぼさない。

夫が55歳到達前に妻が死亡し、夫に遺族厚生年金の受給権は発生していない場合で、夫が55歳到達以降に戸籍の性別変更の審判を受けたとしても、遺族厚生年金の受給権は発生しない。

逆に遺族年金の受給権がある妻がその後戸籍の性別変更の審判を受けた場合は、その後も引き続き受給権があり、遺族年金が支給される。　〔2017年11月27日号掲載〕

第6章 その他

マイナンバー情報連携に伴う手続きの変更

> **Q** 私は、某市役所の国民年金相談窓口の担当者。平成29年11月より日本年金機構において「マイナンバー」制度による情報連携が開始されると聞いたが、年金を請求される人、また受給されている人の手続きはどう変わるのか教えてほしい。
>
> （Y県O市　M.S）

関係書類の提出省略は平成31年1月から

　平成29年11月より、日本年金機構（以下「機構」という）における個人番号（マイナンバー）（以下「マイナンバー」という）制度に基づく「情報連携」を可能とする政令が公布された。「情報連携」とは、住民からの住民票の写しや納税証明書等の書類の提出を省略して個人情報のやり取りを関係行政機関間で行う仕組みで、年金に関しては年金機構からの「地方税関係情報等の情報照会」について、平成31年1月から開始できるよう準備を進める予定となっている。

　これに先立ち、逆ケースの「地方公共団体から年金機構への年金給付情報等の情報照会」は平成30年3月より可能とされた（掲載当時）。これらにより、平成30年3月より年金に関わる事務が変更になる点は以下の2点となる。

　一つ目は、年金請求書および各種届書について、一部を除き、基礎年金番号に加え、マイナンバーによる届出が可能になるということ。ただし、機構において基礎年金番号とマイナンバーの紐付けがされていることが条件となるため、紐付けがされていない場合はマイナンバーの登録にかかる届出が別途必要となり、また海外在住、短期在留等の事由によりマイナンバーが付番されていない場合は、従前どおり基礎年金番号での届出となる。

　なお、基礎年金番号とマイナンバーの紐付けが完了している場合、配偶者および子の加給や振替加算等の加給・加算が発生しない年金請求（いわゆる「単身請求」）については、戸籍・住民票等の本人確認書類を省略できる、としている。

　二つ目は、従前より住基情報の活用により、「年金受給権者 住所変更届」の届出を不要としているが、今般、それに加え、「年金受給権者 氏名変更届」の届出が不要となる。ただし、氏名変更については年金証書の交換を伴い、さらに年金振込口座にかかる口座名義人の変更が必要なことから、氏名変更に当たっては、いったん「お知らせ」を送付し必要な手続きを勧奨した後、「引換届」による証書の交換を行うことになる。また、遺族給付にかかる氏名変更については、再婚、養子縁組等の「失権事由」が伴うことも考えられることから、「お知らせ」送付の際、氏名変更理由の確認および「失権届」の提出勧奨を行う予定、としている。

　なお、年金請求時におけるいわゆる3点セット（戸籍、住民票、所得証明）のうち、住民票、所得証明を省略することについては、平成31年1月からの実施を予定している。ただ、この省略については、住民票上別世帯のケースにおける「生計維持関係」の確認方法や、収入850万円以上の場合における「おおむね5年以内に850万円未満」を確認する方法をどうするか等、個別に発生する案件に対する具体的な流れが示されていないため、動向について今後も注視していく必要がある。

〔2018年2月26日号掲載〕

⑧ 手続き、その他

不在者財産管理人制度の活用

Q 満75歳の女性。夫（満79歳）が失踪して半年になる。失踪して1か月後に警察に捜索願を提出したが、未だに何も連絡がない状態。近隣の市町村や福祉事務所などでは問合せや調査を行っていると聞く。夫の老齢厚生年金が私たち夫婦の主なる収入源だったので、この年金が今後どうなるのか、どうすればよいのか大変心配だ。また、失踪者を見つけ出す何かよい方法はないだろうか。 （I県N市　A.T）

A 「不在者財産管理人」になり年金受給を継続する

年金事務所に老齢厚生年金を受給していた者の失踪の事実を報告すると、年金事務所では失踪1か月後には届け出ることを義務付けているので「遺族基礎・厚生年金受給権者の所在不明による支給停止申請書」様式218号の提出を求める。その後、受給権者本人へ現況申告書が郵送され、回答がないとき年金は一時差し止めの措置を行い、本人が戻って来たり見つかったりしたときは、解除の申告をすれば年金は失踪届出時に遡り支給されることとなっている。

失踪者の年金関連について年金事務所では最近、「不在者財産管理人」選任制度導入による対応を行っている。前述の方法では年金が一時停止されてしまうが、この方法は停止されずに年金受給が続けられるメリットがある。選任された「不在者財産管理人」は現況確認届にも記載を許される。選任されるには、失踪者本人の居住地の家庭裁判所へ不在の事実を証明する資料など必要な書類を添付し申し立てる。

この制度の目的は、失踪者の財産の管理保全を選任された者が行うことにある。この基本的趣旨を理解したうえで、残された妻が家庭生活を維持するための最低限度の生活費への消費は許されている。管理保全の選任を得るにはかなりの資料を整えなければならず労力も要するが、現在の条件下で残された妻が失踪者の年金を受給し続ける唯一の方法であり、また、7年後に失踪宣告がされれば、次に述べる遺族年金の手続きや相続等の処理が発生するので、その際も選任されていた方が処理もスムーズに進められる。

失踪宣告と遺族年金の請求の手順は次のようになる。失踪7年後（最後の音信のあった日以後7年）に、家庭裁判所は申立てにより失踪の宣告をすることができ、失踪者は宣告のあったその日に死亡とみなされる。次に、審判が確定後10日以内に市町村役場に審判書謄本と審判確定書を持参し、失踪宣告による死亡の事実を届け出ることにより戸籍法上も死亡が確定する。その後、年金事務所で死亡届、未支給の年金、遺族年金について所定の支給手続きを行う。

高齢社会到来とともに、認知症などさまざまな要因から、失踪者は年々増加しており（年間約8万件）、そのうち1割は見つかっていない。本件は明らかな高齢失踪であり、警察では特異失踪として扱い、発見にとくに配慮される。失踪の捜索は広範囲にわたることから、警視庁には行方不明者電話相談室も設置され、また、失踪無料相談窓口が設置されている特定非営利法人等もある。

しかし、最後の頼りは、家族の決してあきらめず、何年経っても生存を信じ生還を待つ、根気の捜索調査にかかってくると言える。 〔2018年5月28日号掲載〕

第6章　その他

75歳までの年金受給選択制を考える

Q 現在働き盛りの被保険者からの質問。平成30年2月に政府が閣議決定した「高齢社会対策大綱」のなかに、人生100年時代をにらんで老齢年金の受給開始を70歳以降でも選択可能とするような提案が盛り込まれたと聞いた。75歳までの受給開始の選択肢ができるとしたら、どのような影響があるのか。　　　　　　　　　　（S県K市　A.S）

A 厚生年金加入期間延長や時効取扱いの変更も想定される

1．75歳までの選択肢をシミュレーション

75歳までの選択肢が加わった場合にどうなるのか、下表のように1か月ごとに増減率を3つの場合に変更して考えてみる。

現在の繰下げ受給者数は1.3％と少なく、70歳以降の繰下げ増額率は、現在の1か月ごとに0.7％よりも多くすることが考えられ、＋0.1％の0.8％の増額率とすることも一案であろう。しかし、多くの人が繰下げに魅力を感じるには、それ以上の増額率にする方が訴求力がある。また、70歳以降の各年齢で異な

増額率	①0.8％	②0.9％	③1.0％
65歳（原則）	100％		
70歳	142％		
71歳	151.6％	152.8％	154％
72歳	161.2％	163.6％	166％
73歳	170.8％	174.4％	178％
74歳	180.4％	185.2％	190％
75歳	190％	196％	202％

る増額率にする方法も考えられる。今後、政府の審議会で審議されるが、増額率を多くしすぎると、「富裕層にさらに有利な制度になる」との批判も出かねないことに留意が必要である。

2．75歳までの繰下げ制度導入の影響

①厚生年金の加入期間も75歳まで？　エイジレス社会を目指すなかで、厚生年金の加入年齢を現在の70歳から75歳まで延ばすことが考えられる。

②5年の時効の取扱いは？　時効の取扱いにも影響する。例として、70歳まで繰下げ予定で69歳に亡くなると、65歳から69歳までの4年分の年金が未支給年金として遺族に支給される。今後は、75歳まで繰下げ予定で74歳に亡くなると、年金支給の時効である5年間（69歳から74歳までの5年分）の年金は未支給年金として遺族に支給されるが、65歳から69歳までの4年分の年金は時効となり支給されなくなる。時効の取扱いについて、検討が必要であろう。

③老齢基礎年金の満額は45年加入？　先の影響として老齢基礎年金の満額も20歳から60歳までではなく、20歳から65歳までの加入となり、現在よりも5年間期間が延びるとすると、年金額（年額）も約9.7万円増える（779,300円×5年／40年）。給付額（満額）が増えることにより、マクロスライドによる減額が老後生活に与える影響も緩和される。ただし、給付費に要する国庫負担の問題がある。

④在職老齢年金は見直される？　厚生年金の在職老齢年金について、減額支給のあり方の見直しも課題となる。在職停止を除いた分の金額が繰下げ対象なので、実際に増額される年金額は支給率どおりにはならなくなることについて、どのように考えるかである。

75歳までの繰下げ制度は多くの部分に影響が生じるので、矛盾の生じないような制度設計が期待される。　　　　　　　　　　　　　　　　　　　　　　〔2018年7月9日号掲載〕

特別編
東日本大震災アーカイブ
―被災地での相談状況・体験を語る

　2011（平成23）年3月11日、マグニチュード9.0という大地震が発生、さらにその後押し寄せた巨大津波が大災害をもたらした、あの忌まわしい「東日本大震災」から本年で7年が経過し、各地で多くの追悼儀式なども行われたと聞き及んでおります。未曾有の惨事で犠牲になられた2万を超える方々に、この場をお借りし改めて哀悼の意を表し、被災地の一日も早い復興をご祈念申し上げます。

　今回、本書が刊行される年がたまたま震災後7年という節目に当たること、また、復興に際し迅速な対応を可能とするため、阪神・淡路大震災での教訓を礎とし、新たな法律として「震災特例法」が整備されたことから、これを機に、震災時の相談活動を通じ、改めて自然の驚異と人間の無力さを直接味わった社労士の方たちに、当時の活動状況や心境を文章にして綴っていただき、これをアーカイブすることができれば、このことが今後の資（たから）として、社労士活動の一助になり得る場面もあるのではないかと考えました。

　確かに、震災直後およびその後しばらくの間は、相談を受ける側も相談する側も、ただただ右往左往し、瞬時的な対応の取組みが難しく、時だけが流れてしまった場面等も多くあったようです。

　一定の歳月を経た今、やや回顧的な側面はありますが、ここであえて、岩手・宮城・福島3県の社労士会にご尽力いただき、当時の相談状況や体験等を中心にした文章の執筆を依頼し、特別編として本書に収録させていただくことができました。

　寄せていただいた原稿の中には、自らも罹災者でありながら、当時を思い起こしペンを走らせた社労士の作になるものもあると聞き、身につまされる思いです。ご多忙中にもかかわらず、それぞれに貴重な時間を割いてご協力いただいた誠意に、深く感謝申し上げます。

―年金マスター研究会―

特別編　東日本大震災アーカイブ

岩手県

「相談記録」に見る東日本大震災

岩手県社会保険労務士会　元会長
勝又映二

　岩手県社会保険労務士会では、全国社会保険労務士会連合会をはじめ多くの方々からのご支援のもと、県会事務局、ホットキャラバン、気仙地区相談所、ワンストップサービス等々、多くの相談活動を行った。

　相談活動には多くの会員に本当に献身的に取り組んでいただいた。その一人ひとりに一文でも書いていただきたい思いであるが、今回は４名の方にお願いした。

　このような相談活動が二度とないことを願うとともに、昨今の天変地異のもと、備えとして読んでいただければと思う。なお、事例の最後に付したコメントは勝又が記したものである。

●被災地で開業する社会保険労務士の相談記録から

平成23年11月３日
　「娘を返せ」と言われた事業主が相談に訪れた。避難警報が発令され、従業員と２人で指定避難場所となっていた市民会館に避難。襲ってきた逆巻く波に固くつないでいた従業員の手が離れ、従業員が死亡。事業主は奇跡的に助かった（その避難所では100人中８人のみが生存）。

　従業員の両親（父親60歳、母親56歳）に謝罪に行くと、「何で手を放した、娘を返せ」と責められたという。事業主も家が流され、両親も失っていた。社会保険も生命保険にも入っていない、どのようにしたらよいか途方に暮れていた。

　労災保険の遡及適用と保険料の負担、費用徴収について説明。労働基準監督署へ事業主と同道して適用事業報告から所定の手続きを行った。年金事務所に赴いて加入記録を調査。厚生年金は保険料納付要件を満たしておらず、国民年金の死亡一時金のみであることを確認。

　事業主と共に罹災者宅を訪問し、ご両親に謝罪。娘の形見としての遺族補償年金、葬祭料、死亡一時金の説明をして納得をいただいた。　　　　　　　　　　　　　　　　（金野　彰）

＜コメント＞

　金野彰氏は陸前高田市で社会保険労務士事務所を開業している。金野氏は、紙一重のところで助かり、「生かされた命」と言って、岩手県社会保険労務士会が行った相談活動に最後の日まで黙々と携われた。また、津波で犠牲になった行政区長の公務災害の認定のため奔走され、３年後に、避難を誘導して犠牲となった９人の方々について、市の非常勤職員として公務災害補償が認められた。

岩手県／「相談記録」に見る東日本大震災

●東日本大震災津波被災児童生活支援事業から

① 平成23年9月22日；被災地の県出先庁舎にて

　震災でご家族が亡くなられ、微妙なバランスで成り立っていた家族の形が崩れてしまった事例の相談もあった。

　2世帯で漁業を営んでいた夫を亡くした若奥様の例。親族から財産を分けてもらえず、子どもと共に追われるようなかたちで出てきたとのこと。自活の方法を探し、遺族年金や遺児向けの就学支援金などの手続きについてFPの相談員と共に対応した。

② 平成23年9月28日；被災地の市役所仮設会議室にて

　震災で亡くなった姉の子2人の面倒をみているが、経済的に厳しく、養子縁組をする自信がないという妹さんからの相談。姉の夫はギャンブル依存で所在がはっきりせず、育児を放棄しているとのこと。

　司法書士と共に、姉の夫の親権放棄や母（子の祖母）との養子縁組等の方法も視野に入れて、2人の子が受給できる遺族年金等の権利を整理しながら望ましい方法を模索した。養育者である妹と養子縁組をした場合は年金受給権が消滅することを考慮した。　　　（澤瀬典子）

＜コメント＞

　この相談事業は、親を亡くされた孤児および遺児の保護者等を対象とした相談支援事業である。実施主体は岩手県。岩手県社会保険労務士会のほか、岩手弁護士会、岩手県司法書士会、岩手県社会福祉協議会等によりサポートチームが構成され、合同によるワンストップの相談会が開催された。

●ホットキャラバンの相談活動から

　東日本大震災当時、私はホットキャラバンの年金担当の相談員として、被災地域の避難所に直接出向き、相談対応した。特に印象的なものは、配偶者と子が同時に死亡・行方不明になっている遺族年金の相談であった。記録がない中で、遺族年金の受給資格を確認するための聞き取りには細心の注意を払った。

　死亡者について受給資格要件、同時死亡・数次相続の場合の請求権者と年齢要件、生計維持要件、他年金受給による選択・併給調整の可能性、寡婦年金・死亡一時金・労災年金請求の可能性、第三者行為の届出、添付書類等、可能なかぎり漏れのない対応を心掛けた。

　大切なご家族を亡くされ、淡々と相談されているように見えたが、ただ現実を受け止め、手続きを進めていくしかない状況がなんとなく見てとれた。相談終了後、相談者から「ただ話を聞いてもらいたかった。ありがとう」との言葉をいただいたが、大規模災害を目にするたびに当時の対応を振り返ると同時に、年金や労働・社会保険の専門家である社会保険労務士が、人々の日常生活に一番近い専門家としての存在であることを強く認識させられた。

（西巻充史）

＜コメント＞

　この相談活動は、全国社会保険労務士会連合会の全面的なご支援のもと、5月10日から6月9日まで行ったものである。相談会場は、できるだけ各市町村の中心部から離れた避難所を選

特別編　東日本大震災アーカイブ

び、合計22カ所で行った。相談時間帯は午後３時から６時までとした。

●気仙地区相談所における相談活動から

マニュアルが通用しない相談対応

　震災の相談窓口では、時として従来のマニュアルが通用せず、異例、特例の対応を余儀なくされることもあった。

　離職票の手続きをしたいが、事業所が流されたために出勤簿や賃金台帳等の資料が何もない。年金の請求手続きをしたいが、市役所が被災したために戸籍謄本や住民票が取れない。このような場合でも、本人の申立てや第三者の証明を付けて手続きできることになった。

　震災で複数の家族を亡くした（行方不明になった）という方も多かった。残された妻（母）が夫の遺族年金と息子の労災年金を受給するというケースもあった。死亡者が勤務中だった場合は、具体的な業務起因性・業務遂行性が立証できなくても労災認定が受けられた。また、行方不明の場合は、船舶や航空機事故の場合と同様に３カ月で死亡推定されることになった。

　近年、各地で地震や豪雨等による大規模災害が発生している。場合によっては、東日本大震災のときのような相談対応が求められる可能性もありうる。震災の経験を次世代に伝えていくことも私たちの使命ではないかと思う。　　　　　　　　　　　　　　　（杉村康昭）

＜コメント＞

　この相談活動は、全国社会保険労務士会連合会の全面的なご支援のもと、７月20日から10月26日まで行ったものである。相談会場は大船渡商工会議所の「相談コーナー」に設置され、岩手県社会保険労務士会県南支部（支部長＝及川徹）が担当した。

　大船渡商工会議所も被害を受け、ショッピングセンターの一部を借りて業務を行っていた。

宮城県／大震災における社労士の相談支援対応について

宮 城 県

大震災における社労士の相談支援対応について

宮城県社会保険労務士会 元常任理事
辺見慶一

　東日本大震災後１カ月ほど過ぎたころ、関与先事業所で事業継続が困難もしくは一時休業に伴う従業員の解雇等による離職票の作成業務に追われている最中、女性の泣き声で電話がかかってきた。よく聞くと、震災直前まで新規の設備を導入しての事業拡大を図ることについて相談を受けていたＭ社の専務の奥さんであった。

　Ｍ社は、高さ20メートル以上の津波被害のあった石巻市門脇地区の工業地域に位置していた会社で、鉄骨造りの工場と敷地内にあった社長の住宅も津波により流された。社長夫妻、専務および従業員１名が津波により死亡したので、労災手続き等を依頼する電話であった。専務の住宅は工場から少し離れてはいたが、こちらも住宅は全部流され、幸いに２人の子どもと奥さんは避難していたため無事で、震災直後は知人のいる福島県に避難していた。その後原発事故の影響で、さらに青森県に避難しており、青森県からの電話であった。

　このような電話での依頼や、直接相談に来られる事業主からの相談依頼に、幸い津波による直接の被害が少なかった私の事務所は、事務所内の片付けもままならない中、混雑していた。

　当時大きな被害を被った事業所では、事業継続の可能性の検討や従業員の解雇、一時休業などをすぐにでも決定しなければならないと考えている最中であった。特に、行方不明または死亡した従業員がいる会社では、労災保険の請求手続きなどで混乱状態だった。

　平時での事業主等からの相談は、ほとんどの場合、相談者自身がある程度の結論をもって相談に来ることが多い。それらの相談に我々社労士は、法律上の問題点の説明等を行い、その問題の対応策などを話し合い、相談者である事業主等が考えている結論について、より自信を持たせて相談を終了するケースが一般的である。しかし、今回のような通常想定することができない災害時での事業主の相談の多くは、相談者自身がほとんど白紙の状態での相談で、上記のような従業員の解雇か一時休業かの選択についても、激甚災害の指定で発表された雇用調整助成金の休業給付や、社会保険料免除等のいくつかの特例措置を説明するところから始まる。

　東日本大震災では、宮城会石巻支部会員の多くも事務所、住宅等に大きな損害を受けた。震災後は、まず会員自身の事務所等の片づけ整理等で精一杯であった。そんな中、宮城県内の一部社労士は、雇用保険関係の手続きなどでハローワークが混雑する状況をみて、ハローワーク石巻においてボランティアで離職票等に関する相談を行っていた。

　東日本大震災直後の平成23年６月に社会保険労務士会石巻支部の支部長の任に就いた私は、各方面からの連絡調整等の中で、特に全国社会保険労務士会連合会からの東日本大震災後被災地支援として、常設の相談室である「被災地支援無料相談会（以下「相談会」）」の運営を行った（石巻市役所相談室にて平成23年10月〜12月まで、毎週火曜日計13日間）。

　この相談会の経験から、今後の大災害時に向けて社労士として考えたことを以下にまとめる。

167

特別編　東日本大震災アーカイブ

　相談の概要は、来場者33名、相談件数約50件であった。相談員は、当初の10月については社労士会石巻支部会員だけで行い、11月以降は石巻支部会員を中心に宮城県社労士会の相談員募集に応じた宮城県内の社労士会員が相談に当たり、延べ人数45名で対応した。相談会の開催に当たり、石巻市、石巻労働基準監督署等の行政機関、商工会議所等より後援を受けた。

　相談件数の内訳は、助成金に関すること12件、年金に関すること8件、労災保険に関すること5件、雇用保険・失業給付に関すること6件、労働基準法に関すること4件（うち、解雇に関すること1件）、その他14件となり、合計の相談件数は50件であった。

　この相談会の開催を10月からとせざるを得なかったのは、会員自身の被害対応や、関与先事業所等からの相談手続きに追われていたためである。その結果、被災した地域の事業主等が社労士に相談したいと思っていた時期を少し過ぎてしまい、相談件数も決して多いとは言えなかった。

　相談会では、使用者からの相談が約半数を占め、その内容は、助成金に関することおよび事業再開に関しての雇用対策などが多く、10月は特に、事業再開での従業員の雇入れに関する被災者雇用の特定求職者雇用開発助成金、新規事業の地域雇用開発助成金等に関する相談があり、また、被災企業からの復旧に関する補助金についての相談も多くを占めた。

　労働者や家族からの相談では、年金関係が多く、中でも急な離職で年金が少額なため、これからの生活に不安を抱える高齢者からの相談は、その対応がとても困難なものだった。また、求職者から雇用保険の失業給付に関する相談も多くあった。

　ある失業者からは、在職中に雇用保険加入の手続きがされないまま解雇になり、失業等給付についての相談があった。この件では、事業主が加入手続きを忘れていたのかもしれないので、ハローワークに事情を説明するようにアドバイスを行ったところ、その後ハローワークで基本手当の受給に結び付いたと聞いた。労災保険の相談では、遺族請求関係、勤務時間中の自殺に関するものなどの深刻な相談もあった。解雇に関連する退職金、予告手当に関する相談など、1回だけの相談では解決できないものも多くあった。

　今回のような大災害で被災した事業場や労働者の早期の復旧に向けた社会保険労務士としての支援対応について、以下のことが考えられる。
　①被災直後の労働者の解雇、休業における離職票などの対応
　②災害による死傷者の労災保険請求、遺族厚生年金請求支援
　③社会保険料等の災害時特例制度の活用支援
　④休業事業所の再開等に関する雇用関係助成金の活用支援
　⑤大災害による労働者等の「心の病」対応策支援等々

　以上が必要と考えられるが、被災地の社労士自身も被災者となり、被害を受けた地域の社労士会だけでは、上記で述べたように必要な支援の時期を逸してしまうことになりかねない。そのため、どうしても広域的に支援する制度、ネットワークを平時より構築する必要があると考える。

　たとえば、地域の離れた社労士会が、災害時に相互支援協力する体制をつくることなども考えられる。全国47都道府県に組織を有する社労士会の特性を活かして、緊急時に対応が必要な方々に手を差し伸べることができるように取り組んでまいりたい。

宮城県／震災から５年経過後の遺族年金相談事例

宮城県

震災から５年経過後の遺族年金相談事例

宮城県社会保険労務士会
三輪公二

　平成23年３月11日に東日本大震災（以下、大震災）が発生し、多くの尊い命が奪われた。私が福島県から仙台に移り住んでから半年が過ぎたばかりのころであった。以前から多少は公的年金に携わってきたが、何もできないもどかしさを感じていた。大震災では年金の取扱いで多くの特例が出され、被災された人の助けになった。
　今回紹介する事例は、大震災後の遺族年金の未請求についてである。

＜相談事例＞

　相談者Ａさんは、大震災当時、42歳の専業主婦。Ａさんの夫は高校卒業後、同じ会社に勤め当時45歳、子どもは21歳。夫は休暇中に大震災で発生した津波に巻き込まれ行方不明となり、遺体が見つからないまま５年が経過した。相談内容は、今からでも遺族年金を請求できるかどうかというものだった。

　遺族年金の請求において大震災による行方不明者は「東日本大震災に対処するための特別の財政援助及び助成に関する法律」により、生死が３カ月間分からない場合、失踪宣言を待たず３月11日を死亡日と推定し同年６月12日以降に遺族年金の請求が可能となった。
　Ａさんの夫の場合、厚生年金加入中に被災し行方不明となった３月11日が死亡日とされ、保険料納付要件、当時専業主婦であった妻（相談者）の生計維持要件を満たし遺族厚生年金が受け取れる。死亡日の時点で相談者が40歳以上であったため、65歳まで中高齢寡婦加算が付くが（年額584,500円：平成30年度）、遺族基礎年金については子がすでに20歳を超えていたので支給されない。
　今回のケースでは、相談者の夫の死亡日から５年が経過していることに注意を払わなくてはならない。支払期月ごとの年金給付（支分権）は５年で消滅時効にかかることから、遺族厚生年金の最初の支払期月から５年が経過する平成28年６月末日までに請求しなければ、平成23年６月支払分（平成23年４月・５月分）の年金の受給権は消滅する（厚生年金保険法第92条）。
　また、遺族年金を請求する際に死亡届が未提出の場合は、市区町村に提出が必要となる。行方不明のまま遺体が見つからない場合でも死亡届（法務省通知・法務省民一第1364号平成23年６月７日）が提出できるが、「死亡診断書」や「死体検案書」が添付できないため、「申述書」や警察署発行の「届出・未発見事実証明」などの書類が必要となるが、今回のケースではすでに提出していた。

　ここで死亡一時金について少し触れておきたい。死亡一時金は、国民年金の第１号被保険者として保険料を納めた月数が36月以上ある者が、老齢基礎年金・障害基礎年金を受けることな

169

特別編 東日本大震災アーカイブ

く亡くなったとき、その者と生計を同じくしていた①配偶者、②子、③父母、④孫、⑤祖父母、⑥兄弟姉妹（優先順位が高い方）のいずれかが受けるこがができる。

大震災による行方不明者の死亡一時金請求期間の取扱いは平成23年6月12日から2年間であるが、「東日本大震災により行方不明となった者の死亡一時金の請求期間の取扱い等について」（年管管発0513第1号平成26年5月13日）により、死亡届（法務省通知によるもの）が受理された日の翌日から2年以内に請求があった場合は死亡一時金が支給される。ただし、2年を経過した場合であっても、下記により請求が著しく困難であった時には認められる可能性がある。
①両親が死亡または行方不明となり、未成年者の子のみが残された。
②居住している自治体の行政機能が、長期間回復しなかった。
③遠隔地への移転を余儀なくされ、また、行政上の手続きが特に困難な事情があった。

相談者のケースでは、死亡一時金は第1号被保険者期間がないため要件を満たさないが、遺族厚生年金の請求が可能な状態にあることから、消滅時効に留意した手続きが重要なポイントとなる。

次に、死亡一時金が消滅時効により請求できなかった事案について紹介する。死亡一時金が未請求のまま時効を迎えるケースだ。死亡届は提出していたが、気持ちの上で家族の死亡を受け入れることができず、2年が経過してしまっていた場合などである。

大震災後、多くの人が行政の手続きを進める上で死亡届を提出していたが、必ずしも気持ちの整理がついていたわけではなかった。

大震災での特例的な取扱いは多く発令されているが、大切な家族を失い残された当事者にとっては精神的苦痛が非常に大きく、あまりにも衝撃的な出来事であった。しばらくして、一時金の請求をしようと思ったが、すでに2年が経過していたというケースが多い。そのショックを計り知ることはできないが、請求できる権利があったのにもかかわらず、もっと前に気付くことができたらと思うと心が痛む。生活する上で経済的なものはとても大切なことであり、精神的苦痛がさらなる社会的苦痛へと広がることは非常に耐えがたいことだ。

本件相談に携わって、私たち社会保険労務士の社会的使命は、未曾有の事態にどう対処していくかということであると感じた。

福島県／福島県震災遺児等家庭相談支援事業の取り組み

福島県

福島県震災遺児等家庭相談支援事業の取り組み
（遺族年金・労災遺族補償年金等）

福島県社会保険労務士会 会長
宍戸宏行

「ごめん下さい。福島県社会保険労務士会の者です。」

被災先のプレハブ住宅の玄関を上がり、まず向かったのは小さな仏壇の前である。そこで手を合わせ、本題に入る。

福島県児童家庭課（以下「福島県」という）から、平成23年3月11日に発生した東日本大震災により親が死亡または行方不明となった子ども（以下「震災遺児等」という）たちの支援をお願いしたいと要請があった。福島県社会保険労務士会（以下「福島会」という）では、震災直後の3月下旬から、避難されている県民に対し、生活にかかわるあらゆる相談を避難先で行っていた。福島県の説明によると、震災遺児等のいる家庭の多くが、安定的な収入の確保や、今後の生活・教育資金など生活全般の見通しを立てることが困難な状況にあり、いち早く遺族基礎年金、遺族厚生年金、労災遺族補償年金等（以下「遺族年金等」という）の保険給付を社労士会の協力を得て行いたいということであった。

福島県から示された支援期間は、平成23年11月24日から翌年3月23日までの4カ月間という短期間であり、震災遺児等は162名であった。こんな短期間で聞き取りをし、書類を作成し、果たして申請までできるのだろうか、という思いの中、早急に支援委員会を立ち上げ、支援できる県内の社労士の募集に入った。幸い26名の社労士が手を挙げてくれた。ただ、使命に駆られて手を挙げてくれた社労士も多く、その中には遺族年金等の申請の経験が少ない社労士も多くいたので、年の瀬も迫った12月に遺族年金等に係る統一研修を行った。さらに協力を仰ぐため、東北福島年金事務所との打合せ協議を行った。

その協議の中で、まずこの事業における遺族年金等の申請については優先的に取り扱い、厚生労働省（以下「本省」という）においてもその主旨を酌んでいただき、短期間での決定を行うこと、また、遺族年金等の証書等については原則福島県社会保険労務士会事務局あてに返送してもらうことなどを取り決め、まさに「震災特例」というべきものであった。

支援体制は何とか年内に整ったものの、震災遺児等の支援が広がらない。それは、震災遺児等の避難先の住所が「個人情報」という壁に阻まれ、この支援取組のことが情報として震災遺児等の避難先まで届かなかったのである。

最終的に、相談があった対象数は63名（39世帯）、申請手続きは21名16件にとどまった。しかしながら、避難先は県内に限らず、東京、長野などにも及んだ。1回の訪問では終わらず、複数回の訪問もあった。さらに、消防団員がその仕事中に被災したケースも多く、消防団員等公務災害補償等共済基金（消防基金）の相談助言も行った。

この事業においては、県、社労士会、年金事務所、本省といった協力体制ができ、短時間で

特別編 東日本大震災アーカイブ

（本来は決定が出るまで1、2カ月かかるところ、数週間で決定）裁定決定され、証書についても社労士会経由で、担当した社労士が責任を持って本人に届けることができた。

ただ、残念なことは、「個人情報」という壁により、必要としている震災遺児等の家庭にこの支援情報が届かなかったことである。労災遺族補償年金の手続きは1件のみで、この支援情報がきちんと届いていれば、もっとその支援はできただろうと思えた。

震災は自然が相手なだけにいつ何時起こるか予測できないが、いざ起こった場合には、社労士として、また社労士会として、何をすべきか、必要とされていることは何かと、その対応策を事前に備えておくことが大事であると考える。このことを念頭において結びとする。

以下、この事業についての相談業務の流れについて記載する。

福島県震災遺児等家庭相談支援事業
相談業務の流れ

〈1〉名簿の受理の流れ

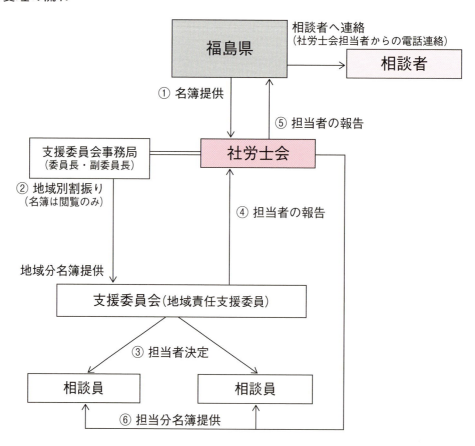

〈2〉相談日程決定の流れ

県からの電話連絡を受けて、グループリーダーへ連絡

〈3〉訪問、報告の流れ

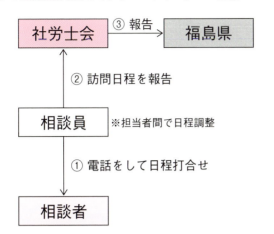
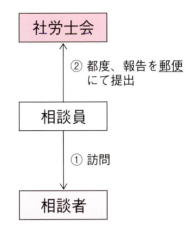

福島県震災遺児等家庭相談支援事業
手続き援助業務の流れ

手続き援助～申請の流れ

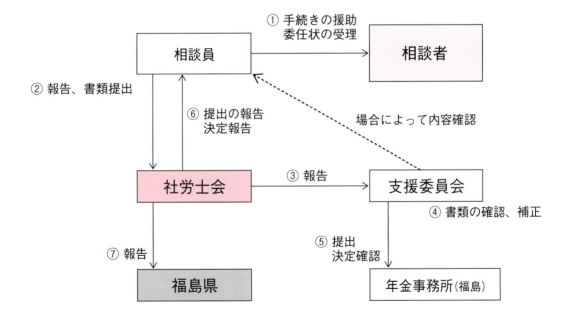

特別編　東日本大震災アーカイブ

［参考資料］

東日本大震災に対処するための特別の財政援助及び助成に関する法律（厚生労働省関係）

「東日本大震災に対処するための特別の財政援助及び助成に関する法律（平成23年法律第40号）」については、5月2日に公布され、同日から施行されました。
　この法律のうち、厚生労働省関係の概要は、以下のとおりです。

Ⅰ　施設補助関係

1．保健所の災害復旧に関する補助（第44条関係）
　災害地域における保健所の災害復旧に係る補助率（現行1／2）を2／3に引き上げる。

2．火葬場の災害復旧に関する補助（第45条関係）
　災害地域における火葬場の災害復旧に係る補助率（現行1／2）を2／3に引き上げる。

3．医療機関の災害復旧に関する補助（第46条関係）
　災害地域における医療機関の災害復旧に係る補助率（現行1／2）を最大で2／3まで引き上げる。

4．と畜場の災害復旧に関する補助（第47条関係）
　災害地域におけると畜場の災害復旧に係る補助率（現行1／2）を2／3に引き上げる。

5．社会福祉施設等の災害復旧に関する補助（第48条関係）
　災害地域における社会福祉施設等の災害復旧に係る補助率（現行1／2または1／3）を最大で2／3まで引き上げる。

6．水道施設の災害復旧に関する補助（第3条関係）
　災害地域における水道施設の災害復旧に係る補助率（現行1／2）を8／10または9／10に引き上げる。

Ⅱ　労働保険関係

1．保険料の免除の特例（第81条および第84条関係）
　災害地域における事業所において、労働者に対する賃金の支払に著しい支障が生じている等の場合、労働保険料および一般拠出金の免除ができることとする。

2．雇用保険の基本手当の給付日数の延長の特例（第82条関係）
　被災地域の事業所の労働者が、震災によって離職を余儀なくされた場合等に、雇用保険の基本手当の支給終了後、現行の個別延長給付（原則60日分）に加えて、さらに60日分の個別延長

[参考資料] 東日本大震災に対処するための特別の財政援助及び助成に関する法律

給付を支給する。

Ⅲ　医療保険関係

1．標準報酬月額の改定の特例（第49条および第59条関係）

　災害地域における事業所の健康保険および船員保険の標準報酬月額について、賃金に著しい変動の生じた月からの改定ができることとする。この場合の傷病手当金・出産手当金について、改定前の標準報酬月額に基づいた給付を行えることとする。

2．入院時食事療養費等の額の特例（第50〜56、61〜65、67〜71、73〜77条関係）

　健康保険等の保険者は、一部負担金の免除を行った者について、入院時の食費・光熱水費等に係る自己負担額を免除する。

3．保険料の免除の特例（第57条および第66条関係）

　健康保険等の保険者は、災害地域における事業所において、当該事業所の被保険者に対する賃金の支払に著しい支障が生じている場合、健康保険および船員保険の保険料を免除することができることとする。

Ⅳ　介護保険・障害者自立支援関係

1．介護保険被保険者の食費・居住費等の特例（第90条〜第92条関係）

　市町村は、利用者負担額の免除を行った被災介護保険被保険者について、介護保険施設等の食費・居住費を減免する。

2．障害者支援施設等の入所者の食費・居住費の特例（第86条および第88条関係）

　障害者自立支援法に規定する障害者支援施設等、児童福祉法に基づく知的障害児施設等の入所者に係る食費・居住費を減免する。

Ⅴ　年金保険関係

1．標準報酬月額の改定の特例（第94条関係）

　災害地域における事業所の厚生年金保険の標準報酬月額について、賃金に著しい変動の生じた月からの改定ができることとする。

2．保険料の免除の特例（第95条関係）

　災害地域における事業所において、当該事業所の被保険者に対する賃金の支払に著しい支障が生じている場合、厚生年金保険料の免除ができることとする。

3．厚生年金基金の掛金等の免除の特例（第95条第3項関係）

　厚生年金基金は、2の特例により厚生年金保険料を免除された事業所について、その掛金または徴収金のうち、免除保険料額の免除ができることとする。

4．遺族基礎年金等の支給事由の特例（第60、79、80、83、93、97、99、100、101条関係）

特別編　東日本大震災アーカイブ

　東日本大震災によって行方不明となった者について、遺族基礎年金など死亡を支給事由とする給付を速やかに支給するための措置を講ずる。

※労働者災害補償保険法、船員保険法、戦傷病者戦没者遺族等援護法等に基づく死亡を支給事由とする給付等についても同様の措置を講ずる。

5．老齢基礎年金等の裁定請求の特例（第96条および第98条関係）

　「特別支給の老齢厚生年金」の受給者であって被災区域に居住する者が、被災後に65歳に達する場合には、65歳に達した日に、老齢基礎年金・老齢厚生年金の裁定請求を行ったものとして、引き続いて年金を支給することとする。

6．子ども手当（児童手当）の拠出金の免除の特例（第102条関係）

　災害地域における、子ども手当法により適用される場合の児童手当の事業主拠出金を免除することができることとする。

Ⅵ　災害援護資金貸付関係

1．災害援護資金貸付の特例（第103条関係）

　災害援護資金の貸付けについて、その償還期間と据置期間の3年間延長、据置期間経過後の利率の引下げ（年3％→保証人あり：無利子、保証人なし：年1.5％）、および、償還免除の拡大をすることとする。

（厚生労働省ホームページより抜粋、一部改変）

付　録

❶ 年金額、保険料額(率)の変遷 ……….178

❷ 平成23 〜 30年の法改正概略 ……….180

❸ 事項索引 …………………………….190

付録①

年金額等の変遷（平成21〜30年）

単位：円

	平成21年4月〜平成23年3月	平成23年4月〜平成24年3月	平成24年4月〜平成25年9月	平成25年10月〜平成26年3月	平成26年4月〜平成27年3月	平成27年4月〜平成28年3月	平成28年4月〜平成29年3月（平成27年10月1日以降受給の新規裁定者、及び同日以降の額改定者はそのときから）	平成29年4月〜
老齢								
老齢基礎年金	792,100	788,900	786,500	778,500	772,800	780,100		779,300
振替加算	227,900〜15,300	227,000〜15,200	226,300〜15,200	224,000〜15,000	222,400〜14,900	224,500〜15,000	224,500〜15,042	224,300〜15,028
加給年金	227,900	227,000	226,300	224,000	222,400	224,500		224,300
3人目の子	75,900	75,600	75,400	74,600	74,100	74,800		74,800
S18.4.2〜特別加算	168,100	167,500	166,900	165,200	164,000	165,600		165,500
S18.4.2〜加給年金＋特別加算	396,000	394,500	393,200	389,200	386,400	390,100		389,800
遺族								
中高齢寡婦加算	594,200	591,700	589,900	583,900	579,700	585,100		584,500
経過的寡婦加算	594,200〜19,900	591,700〜19,700	589,900〜19,700	583,900〜19,500	579,700〜19,400	585,100〜19,500	585,100〜19,527	584,500〜19,507
障害								
障害基礎年金2級	792,100	788,900	786,500	778,500	772,800	780,100		779,300
障害基礎年金1級	990,100	986,100	983,100	973,100	966,000	975,100	975,125	974,125

年金額、保険料額（率）の変遷

国民年金保険料額の変遷（平成21～30年）

単位：円

年度	国民年金保険料	半額免除	4分の1納付	4分の3納付
平成21年度	14,660	7,330	3,670	11,000
平成22年度	15,100	7,550	3,780	11,330
平成23年度	15,020	7,510	3,760	11,270
平成24年度	14,980	7,490	3,750	11,240
平成25年度	15,040	7,520	3,760	11,280
平成26年度	15,250	7,630	3,810	11,440
平成27年度	15,590	7,800	3,900	11,690
平成28年度	16,260	8,130	4,070	12,200
平成29年度	16,490	8,250	4,120	12,370
平成30年度	16,340	8,170	4,090	12,260

厚生年金保険料率の変遷（平成21～30年）

単位：％

年月	一般	坑内員・船員
平成21年9月～平成22年8月	15.704	16.448
平成22年9月～平成23年8月	16.058	16.696
平成23年9月～平成24年8月	16.412	16.944
平成24年9月～平成25年8月	16.766	17.192
平成25年9月～平成26年8月	17.120	17.440
平成26年9月～平成27年8月	17.474	17.688
平成27年9月～平成28年8月	17.828	17.936
平成28年9月～平成29年8月	18.182	18.184
平成29年9月～	18.300	18.300

付録②

国民年金及び企業年金等による高齢期における所得の確保を支援するための国民年金法等の一部を改正する法律（平成23年法律第93号）
平成23年8月10日公布（年金確保支援法）

改正内容	施行日
1．国民年金法の一部改正	
①　国民年金保険料の納付可能期間を延長（2年→10年）し、本人の希望により保険料を納付することで、その後の年金受給につなげることができるようにする（後納制度・3年間の時限措置）。	平成24年10月1日
②　第3号被保険者期間に重複する第2号被保険者期間などが新たに判明し年金記録が訂正された場合等に、それに引き続く第3号被保険者期間を未届け期間とする取扱いを改め、届出をすることで保険料納付期間のままとして取り扱うことになる。	平成23年8月10日
③　国民年金の任意加入者（加入期間を増やすために60歳〜65歳の間に任意加入した者）について国民年金基金への加入を可能とし、受給額の充実を図る。	平成25年4月1日
2．確定拠出年金法の一部改正	
①　加入資格年齢を引き上げ（60歳→65歳）、企業の雇用状況に応じた柔軟な制度運営を可能とする。	平成26年1月1日
②　従業員拠出（マッチング拠出）を可能とし所得控除の対象とすること。事業主による従業員に対する継続的投資教育の実施義務を明文化することにより、老後所得の確保に向けた従業員の自主努力を支援する。	平成24年1月1日
③　企業年金の未請求者対策を推進するため、住基ネットから加入者の住所情報の取得を可能とすることにより、住所不明者の解消を図る（他の企業年金制度等についても、同様の措置を講ずる）等、制度運営上の改善を図る。	平成24年8月10日
3．確定給付企業年金法の一部改正 60歳〜65歳で退職した者についても退職時の年金支給を可能とする（現行は50歳〜60歳で退職した者についての退職時の年金支給のみ認められている）。	平成24年8月10日
4．厚生年金保険法の一部改正 母体企業の経営悪化に伴い財政状況が悪化した企業年金に関して、厚生年金基金が解散する際に返還する代行部分に要する費用の額および支払い方法の特例を設ける。	平成24年8月10日

平成23～30年の法改正概略

公的年金制度の財政基盤及び最低保障機能の強化等のための
国民年金法等の一部を改正する法律（平成24年法律第62号）
平成24年8月22日公布（年金機能強化法）

改正内容	施行日
1．税制抜本改革の施行時（**消費税8％に引き上げ**）に合わせて実施	
①　基礎年金国庫負担1／2が恒久化される特定年度（平成16年改正法で「別に法律で定める年度」と規定）を平成26年度と定める。	平成26年4月1日
②　遺族基礎年金の支給対象が父子家庭にも拡大される。	平成26年4月1日
2．税制抜本改革の施行時（**消費税10％に引き上げ**）に合わせて実施	平成29年8月1日
①　**受給資格期間の短縮を行う。**	消費税引き上げとは切り離して施行
受給資格期間を25年から10年に短縮	
3．給付関係	
①　**繰下げ支給の取扱いの見直し**	平成26年4月1日
70歳到達後に繰下げ申出を行った場合でも、70歳時点に遡って申出があったものとみなす。	
②　**国民年金任意加入者の未納期間を合算対象期間に算入**	平成26年4月1日
国民年金の任意加入被保険者（昭和60年改正前の任意加入被保険者や基礎年金制度導入後の海外在住者など）が、保険料を納付しなかった場合には、その期間は合算対象期間として取り扱われる。	
③　**障害年金の額改定請求に係る待機期間の一部緩和**	平成26年4月1日
明らかに障害の程度が増進したことが確認できる場合は、1年の待機期間は要しない。	
④　**特別支給の老齢厚生年金の支給開始に係る障害特例の取扱いの改善**	平成26年4月1日
3級以上の障害等級に該当する障害年金受給者に対しては、障害状態にあると判断される時に遡って障害特例による特別支給の老齢厚生年金の支給を行う。	
⑤　**未支給年金の請求範囲の拡大**	平成26年4月1日
未支給年金の請求範囲を、生計を同じくする3親等以内の親族（甥、姪、子の妻等）に拡大する。	

181

付録②

4．保険料関係	
①　産休期間中の保険料免除	平成26年4月1日
産前・産後休業期間中の厚生年金保険料を事業主・被保険者とも免除し、将来の年金給付に反映。	
②　免除期間に係る保険料の取扱いの改善	平成26年4月1日
国民年金保険料の①免除に該当した日前に納付された前納保険料のうち免除に該当した月分以後の保険料の還付、②法定免除期間における保険料納付および前納、③法定免除遡及および該当期間の保険料納付を可能とする。	
③　保険料免除に係る遡及期間の見直し	平成26年4月1日
保険料納付可能期間（過去2年分）について、遡及免除を可能とする。	
④　付加保険料の納付期限の延長	平成26年4月1日
国民年金保険料と同様に、過去2年分まで納付可能とする。	
5．その他	
①　所在不明高齢者に係る届出義務化	平成26年4月1日
年金受給者が所在不明となった場合に、その旨の届出をその受給者の世帯員に対して求め、年金支給の一時差止めを行う。	
6．平成28年10月施行分	
①　短時間労働者に関する厚生年金被保険者資格の取扱い	平成28年10月1日
週の所定労働時間および月の所定労働日数に関する「4分の3要件」を満たす者に加え、4分の3要件を満たさない者のうち、「週所定労働時間が20時間以上」、「賃金が月額88,000円以上」「勤務期間が1年以上」、「従業員501人以上の規模である企業に使用されている」の基準をすべて満たす労働者（学生を除く）について、適用対象とする。なお、施行後、3年以内に検討を加え、その結果に基づき必要な措置を講じる。	
②　厚生年金標準報酬月額の下限改定	平成28年10月1日
標準報酬下限（98,000円）の引下げを行うこととし、健康保険制度と同様に、標準報酬月額等級に新たに以下の等級を加え、従来の等級を繰り下げる。 ・第1級（88,000円：報酬月額83,000円以上93,000円未満の場合に該当）	

平成23～30年の法改正概略

被用者年金制度の一元化等を図るための厚生年金保険法等の一部を改正する法律（平成24年法律第63号）平成24年8月22日公布（被用者年金一元化法）

改正内容	施行日
1．公務員の恩給期間に係る追加費用削減（国共済・地共済） 　恩給期間に係る給付について27％引き下げる。ただし、給付額に対する引下げ額の割合が10％を上回らないこと、減額後の給付額が230万円を下回らないこととする。 　＊旧3共済（NTT、JR、JT）分については、平成27年10月施行	平成25年8月1日
2．被用者年金一元化（主な改正事項） 　①　厚生年金に公務員および私学教職員も加入することとし、2階部分の年金は厚生年金に統一する。 　②　共済年金と厚生年金の制度的な差異については、基本的に厚生年金に揃えて解消する。 　③　共済年金の1・2階部分の保険料を引き上げ、厚生年金の保険料率（上限18.3％）に統一する。 　④　厚生年金事業の実施に当たっては、効率的な事務処理を行う観点から、共済組合や私学事業団を活用する。また、制度全体の給付と負担の状況を国の会計に取りまとめて計上する。 　⑤　共済年金にある公的年金としての3階部分（職域部分）は廃止する。公的年金としての3階部分（職域部分）廃止後の新たな年金については、別に法律で定める。	平成27年10月1日

付録②

国民年金法等の一部を改正する法律等の
一部を改正する法律（平成24年法律第99号）
平成24年11月26日公布

改正内容	施行日
１．基礎年金国庫負担２分の１関係 　①　平成24年度および25年度について、国庫は消費税増税により得られる収入を償還財源とする年金特例公債（つなぎ国債）により、基礎年金国庫負担割合２分の１と36.5％の差額を負担する。 　②　平成24年度・25年度の国民年金保険料の免除期間について基礎年金国庫負担割合２分の１を前提に年金額を計算する。	平成24年11月26日
２．特例水準の解消関係 　①　世代間公平の観点から、老齢基礎年金等の年金額の特例水準（2.5％）について、平成25年度から平成27年度までの３年間で解消する。 　②　これまで年金と連動して同じスライド措置が採られてきたひとり親家庭や障害者等の手当の特例水準（1.7％）についても、平成25年度から平成27年度までの３年間で解消する。	平成25年10月１日

年金生活者支援給付金の支給に関する法律（平成24年法律第102号）
平成24年11月26日公布（年金生活者支援給付金法）

税制抜本改革の施行時期に合わせて、施行期日は平成27年10月１日となっていた。しかし**消費税10％の引上げが見送られたので、現在のところ、施行時期は平成31年10月１日。**

１．所得の額が一定の基準（※）を下回る老齢基礎年金の受給者に、**老齢年金生活者支援給付金**（国民年金の保険料納付済期間および保険料免除期間を基礎）を支給する。対象者約500万人

※住民税が家族全員非課税で、前年年金収入＋その他所得が老齢基礎年金満額以下であること（政令事項）

　①　基準額（月額５千円）に納付済み期間（月数）／480を乗じて得た額の給付

　②　免除期間に対応して老齢基礎年金の1/6相当を基本とする給付

２．所得の逆転を生じさせないよう上記所得基準を上回る一定の範囲の者に①に準じる**補足的老齢年金生活者支援金**（国民年金保険料納付済期間を基礎）を支給する。対象者約100万人

３．一定の障害基礎年金または遺族基礎年金の受給者に**障害年金（遺族年金）生活者支援給付金**を支給する（支給額月額５千円。１級障害基礎年金受給者は月額6.25千円）。対象者約190万人

４．年金生活者支援給付金の支払い事務は日本年金機構に委任。２か月ごとに支給する。

平成23〜30年の法改正概略

公的年金制度の健全性及び信頼性の確保のための厚生年金保険法等の 一部を改正する法律（平成25年法律第63号） 平成25年6月26日公布

改正内容	施行日
1．厚生年金基金制度の見直し（厚生年金保険法等の一部改正） 　①　施行日以後は厚生年金基金の新設は**認めない**。 　②　施行日から**5年間の時限措置**として特例解散制度を見直し、分割納付における事業所間の**連帯債務を外す**など、基金の解散時に国に納付する最低責任準備金の納付期限・納付方法の特例を設ける。 　③　施行日から**5年後以降**は、**代行資産保全の観点から設定した基準を満たさない基金**については、厚生労働大臣が第三者委員会の意見を聴いて、**解散命令を発動できる**。 　④　上乗せ給付の受給権保全を支援するため、厚生年金基金から**他の企業年金等への積立金の移行について特例を設ける**。	平成26年4月1日
2．第3号被保険者の記録不整合問題への対応（国民年金法の一部改正） 　保険料納付実績に応じて給付するという社会保険の原則に沿って対応するため、以下の措置を講ずる。	
①　年金受給者の生活の安定にも一定の配慮を行った上で、**不整合記録に基づく年金額を正しい年金額に訂正**。	平成30年4月1日
②　不整合期間を「カラ期間」扱いとし**無年金となることを防止**。	平成25年7月1日
③　過去10年間の不整合期間の特例追納を可能とし、**年金額を回復する機会を提供**（3年間の時限措置）	平成27年4月1日
3．その他（国民年金法等の一部を改正する法律等の一部改正） 　障害・遺族年金の支給要件の特例措置および国民年金保険料の若年者納付猶予制度の期限を10年間延長する。	平成25年6月26日

付録②

政府管掌年金事業等の運営の改善のための国民年金法等の一部を
改正する法律（平成26年法律第64号）
平成26年6月11日公布

改正内容	施行日
1．年金保険料の納付率向上の方策等（国民年金法・厚生年金法等） 　①　納付猶予制度の対象者を、30歳未満の者から50歳未満の者に拡大する。	平成28年7月1日
②　大学等の学生納付特例事務法人について、学生から納付猶予の申請の委託を受けた時点から、当該納付猶予を認める。	平成26年10月1日
③　現行の後納制度に代わって、過去5年間の保険料を納付することができる制度を創設する。	平成27年10月1日
④　保険料の全額免除について、指定民間事業者が被保険者からの申請を受託できる制度を設ける。	平成27年7月1日
⑤　滞納した保険料等に係る延滞金の利率を軽減する。	平成27年1月1日
2．特定事由に係る保険料の納付等の特例 　　**特定事由**（国民年金法その他の政令で定める法令の規定に基づいて行われるべき事務の処理が行われなかったこと、またはその処理が著しく不当であることをいう）により、保険料の納付の機会を逸失した場合等について、特例保険料の納付等を可能とする措置を講じる。	平成28年4月1日
3．年金個人情報の訂正手続きの創設（国民年金法、厚生年金保険法、厚生年金保険の保険給付及び保険料の納付の特例等に関する法律関係） 　　年金個人情報（国民年金および厚生年金保険の原簿記録）について、被保険者等による訂正請求を可能とし、民間有識者の審議に基づき厚生労働大臣が訂正する手続きを整備する。	訂正請求の受付け・調査の開始は平成27年3月1日、訂正決定等の実施は平成27年4月1日。
4．年金個人情報の目的外利用・提供の範囲の明確化（日本年金機構法の一部改正） 　　年金個人情報の目的外提供ができる場合として、市町村が行う高齢者虐待の事実確認に関する事務等を追加する。	平成26年10月1日

平成23～30年の法改正概略

公的年金制度の持続可能性の向上を図るための国民年金法等の一部を改正する法律（平成28年法律第114号）平成28年12月26日公布

改正内容	施行日
1．**短時間労働者への被用者保険の適用拡大の促進** 　500人以下の企業も、労使の合意に基づき、企業単位で短時間労働者への適用拡大を可能とする。（国・地方公共団体は、規模にかかわらず適用とする）。 　※平成28年10月から、501人以上の企業等で働く短時間労働者への適用拡大を開始している。	平成29年4月1日
2．**国民年金第1号被保険者の産前産後期間の保険料の免除** 　次世代育成支援のため、国民年金第1号被保険者の産前産後期間の保険料を免除し、免除期間は満額の基礎年金を保障。この財源として、国民年金保険料を月額100円程度引上げ。	平成31年4月1日
3．**年金額の改定ルールの見直し** 　公的年金制度の持続可能性を高め、将来世代の給付水準を確保するため、年金額の改定に際して、以下の措置を講じる。	
①　マクロ経済スライドについて、年金の名目額が前年度を下回らない措置を維持しつつ、賃金・物価上昇の範囲内で前年度までの未調整分を含めて調整。	平成30年4月1日
②　賃金変動が物価変動を下回る場合に賃金変動に合わせて年金額を改定する考え方を徹底。	平成33年4月1日
4．**年金積立金管理運用独立行政法人（GPIF）の組織等の見直し** 　合議制の経営委員会を設け、基本ポートフォリオ等の重要な方針に係る意思決定を行うとともに、執行機関の業務執行に対する監督を行うほか、年金積立金の運用に関し、リスク管理の方法の多様化など運用方法を追加する措置を講ずる。	平成29年10月1日 （一部は公布日から3月以内に施行）
5．**日本年金機構の国庫納付規定の整備** 　日本年金機構に不要財産が生じた場合における国庫納付に係る規定を設ける。	公布日から3月以内に施行

付録②

年金制度等の歴史

時　期	項　目
昭和17年（1942）	労働者年金保険法施行 （常時10人以上の工業等の事業所に使用される男子労働者を対象）
昭和19年（1944）	厚生年金保険法施行 （常時5人以上の事業所に使用される労働者を対象）
昭和29年（1954）	厚生年金保険法改正 ・定額部分＋報酬比例部分という給付形態の採用 ・老齢年金の支給開始年齢の引き上げ（55歳→60歳） ・中高齢者の期間短縮特例創設
昭和34年（1959）	国民年金法施行 （無拠出制の国民年金制度開始）（11月）
昭和36年（1961）	国民皆年金体制の開始 （拠出制の国民年金制度開始）（4月）
昭和41年（1966）	厚生年金基金制度実施（10月）
昭和42年（1967）	厚生年金基金連合会設立（2月）
昭和48年（1973）	再評価・物価スライド制導入
昭和60年（1985）	年金制度改正 ・基礎年金制度の導入（S61） ・厚生年金の給付水準引き下げ ・老齢厚生年金の支給開始年齢の引き上げ（女子55歳→60歳） ・第3号被保険者制度の創設（S61） ・厚生年金の適用拡大（5人未満の法人）（S61）
平成元年（1989）	年金制度改正 ・完全自動物価スライド制の導入 ・国民年金基金制度の創設（H3） ・20歳以上学生の強制加入（H3）
平成6年（1994）	年金制度改正 ・60歳代前半の老齢厚生年金の見直し（定額部分の支給開始年齢の引き上げ）（平成13年度から段階的実施） ・在職老齢年金制度の改善（H7） ・賃金再評価の方式の変更 ・遺族年金の改善（H7） ・育児休業期間中の厚生年金保険料(本人分)の免除（H7） ・厚生年金に係る賞与等からの特別保険料（1％）の創設（H7）
平成9年（1997）	基礎年金番号の導入（1月） 3共済(JR、JT、NTT)の厚生年金保険への統合
平成10年（1998）	雇用保険の失業給付等と特別支給の老齢厚生年金との併給調整実施（4月）
平成12年（2000）	年金制度改正 ・厚生年金の給付水準5％適正化 ・60歳代前半の老齢厚生年金の見直し（報酬比例部分の支給開始年齢の引き上げ）（平成25年度から段階的実施） ・学生の国民年金保険料の納付特例制度の実施 ・育児休業期間中の厚生年金保険料(本人分＋事業主分)の免除 ・60歳代後半の在職老齢年金制度創設（H14） ・厚生年金の適用年齢の引き上げ（70歳未満に）（H14） ・総報酬制の導入（H15）
平成13年（2001）	確定拠出年金法施行（10月）
平成14年（2002）	確定給付企業年金法施行 農林漁業団体職員共済組合の厚生年金保険への統合
平成16年（2004）	年金制度改正 ・保険料水準固定方式の導入 ・厚生年金保険料率の引き上げ ・マクロ経済スライドの創設 ・国民年金保険料の引き上げ（H17）

平成23～30年の法改正概略

時　期	項　目
平成16年（2004）	・60歳代前半の在職老齢年金の改善（H17） ・若年者に対する納付猶予制度の創設（H17） ・第3号被保険者の特例届出の実施（H17） ・厚生年金基金の免除保険料率の凍結解除（H17） ・障害基礎年金と老齢厚生年金等との併給（H18） ・国民年金保険料の多段階免除の導入（H18） ・算定基礎日数の見直し（H18） ・離婚時の厚生年金分割（H19） ・遺族厚生年金の支給方法の変更（H19） ・老齢厚生年金の繰下げ制度の導入（H19） ・70歳以上の在職老齢年金制度導入（H19） ・第3号被保険者期間の厚生年金の分割（H20）
平成17年（2005）	厚生年金基金連合会から企業年金連合会への改組（10月）
平成19年（2007）	年金時効特例法の実施（7月）
平成20年（2008）	ねんきん特別便の実施
平成21年（2009）	基礎年金国庫負担割合の2分の1への引き上げ ねんきん定期便の実施 厚生年金加入記録のお知らせの実施
平成22年（2010）	日本年金機構の設立（社会保険庁の廃止）（1月）
平成23年（2011）	ねんきんネットのサービス開始（2月）
平成24年（2012）	適格退職年金制度の廃止（3月） 年金制度改正 年金機能強化法（8月22日公布） ・基礎年金の国庫負担2分の1を恒久化（H26.4） ・遺族基礎年金を父子家庭にも支給（H26.4） ・産休期間中の保険料免除（H26.4） ・受給資格期間を10年に短縮（H29.8） ・短時間労働者の社会保険の適用拡大（H28.10） 被用者年金制度一元化法（8月22日公布）（H27.10） 国民年金法等改正法（11月26日公布） ・基礎年金国庫負担2分の1維持のため、年金特例公債を発行（H24.11） ・特例水準の解消関係（H25.10） 年金生活者支援給付金法※（11月26日公布）（H31.10） ※消費税引き上げの実施時期に合わせて施行予定。
平成25年（2013）	年金制度改正 公的年金制度の健全性及び信頼性確保のための改正法（6月26日公布） ・厚生年金基金制度の見直し（H26.4） ・第3号被保険者の記録不整合問題への対応（H25.7など）
平成26年（2014）	年金事業等運営改善のための国民年金法等改正法（6月11日公布） ・年金保険料の納付率の向上方策等（H26.10など） ・事務処理誤り等に関する特例保険料の納付等の制度の創設（H28.4） ・年金記録の訂正手続きの創設（H27.4） ・年金個人情報の目的外利用・提供の範囲の明確化（H26.10）
平成28年（2016）	年金改革法（12月26日公布） ・中小企業の短時間労働者の被用者保険への適用拡大（H29.4） ・国民年金第1号被保険者の産前産後期間の保険料免除（H31.4） ・マクロ経済スライドの見直し（H30.4） ・賃金・物価スライドの見直し（H33.4） ・年金積立金管理運用独立行政法人（GPIF）の組織等の見直し（H29.10） ・日本年金機構の国庫納付規定の整備（H28.12）

＊年金制度改正項目の（　）は実施時期

出典：『平成30年度版　よくわかる年金制度のあらまし』（サンライフ企画、2018）より一部改変

事項索引

＊50音順（数字、英字を含む）で配列

あ

アメリカ人の国民年金加入………145

按分割合を定めた公的な書類………126

い

遺族基礎年金………75、76

遺族基礎年金の支給対象………78

遺族給付の長期要件………111

遺族厚生年金………70、74、75、81、144

遺族厚生年金の失権届………90

遺族厚生年金の受給権………80

遺族厚生年金の選択受給………91

遺族厚生年金の遡及請求………91

遺族厚生年金を受給できる順位………85

遺族年金………79

遺族年金受給権者支給停止事由消滅届………76

遺族年金の失権………90

遺族年金の請求………87

遺族年金の長期要件………109、116

遺族年金の納付要件………77

一部繰上げ………19

医療機関受診日………54

インフォームド・コンセント………55

え

永久固定………60、62

NTT特例………104

か

海外居住期間………142

海外在住による合算対象期間………141

外国人登録原票証明書………146

外国人のカラ期間………146

外国籍の妻………140

かかりつけ医………71

加給年金………22、25、30、36

加給年金額加算開始事由該当届………36

加給年金の過払い………35

額改定による請求………58

確定給付企業年金………135

確定申告………149

加算額・加給年金額対象者不該当届………31

合算対象期間………40、109、112、113、117、141、142、146

寡婦年金………20

寡婦年金の支給要件………93

カラ期間………108、109

がん患者………68、69

き

消えた年金記録………125

企業型確定拠出年金………135

企業型DC………133

企業年金連合会………114

キャッシュ・バランス制度………135

求償請求………89

旧法厚生年金の障害年金受給者………60

給与所得控除………148

共済の遺族年金………102

共済の転給制度………102

共済満了者………33

強制加入要件………140

強制徴収………136

業務起因性………57、61

業務遂行性………57、61

居住証明書（form6166）………143

く

繰上げ支給の退職共済年金………104

繰上げ受給者………63

繰上げ請求………24

繰上げ調整額………30

繰下げ意思確認書………23
繰下げ加算額………83
繰下げ期間………26
繰下げ受給………25
繰下げ受給の損得………26
繰下げ受給のデメリット………18
繰下げ受給のメリット………18、22
繰下げ請求書………114
繰下げ制度の新旧の違い………28
繰下げ増加率………25
繰下げ待機者………21
繰下げ待機者の遺族厚生年金………83
繰下げ待機中………26

け

経過的寡婦加算………88
経過的職域加算額………99
経過的福祉手当………52
減額退職年金………44
現況確認届………161
現況申告書………86、152
現況届………143
健康診断受診日………54
健康保険法の被扶養者認定基準………131
源泉控除対象配偶者………149

こ

合意分割………123、124
控除対象配偶者………150
厚生年金加入期間………29
厚生年金基金………134、135
厚生年金基金の代行返上………134
厚生年金記録………124
厚生年金保険及び船員保険交渉法………147
厚生年金保険障害特例・繰上げ調整額請求書
　　………17
坑内夫・船員の特例………19
高年齢雇用継続基本給付金………14
高齢任意加入………115

高齢任意加入制度………119
国税徴収法………136
国民年金の後納制度………38、62
国民年金の特例任意加入………108、115
国民年金の法定免除期間の納付申出………62
個人型DC………133
個人型DCの税制優遇措置………133
個人型の確定拠出年金………133
個人番号………156、160
戸籍抄本………156
戸籍謄本………156
戸籍の性別変更の審判………159
戸籍の附票………34
5年以内の一時派遣………140
雇用保険受給による年金調整額………14
雇用保険との調整………96

さ

在監者………37
債権差押通知書………136
財産管理………76
財産差押え………136、138
最終催告状………136
在職支給停止額………100
在職停止額………14
在職年金繰下げ支給………27
在職老齢年金………16、105
在職老齢年金停止調整額………16
在職老齢年金の激変緩和措置………96、100
裁判所の審決書謄本………126
在留外国人………145
差押予告通知書………136
3号不整合期間………128
3号分割………122、123、124
3分の2要件………130

し

支給額変更通知………88
支給繰下げ………42

付録③

支給停止調整額………46
支給停止申出書………114
時効消滅不整合期間………50、128
時効特例分………39
時効特例法………92
時効の中断………137
事後重症………57、63、67
事後重症請求………70
自己破産制度………90
事実婚………122
事実婚関係および生計同一に関する申立書
　………31
私署証書認証………126
持続可能性向上法………45
失踪者………161
失踪宣告………86、161
支分権………93
死亡一時金………78
社会保険法上の扶養………148
社会保障協定………141、142
社会保障協定締結国………140
社会保障協定による年金加入期間の通算
　………141
収入要件………74
10年短縮年金………109、110
10年短縮年金と遺族年金………116
10年短縮年金における高齢任意加入制度
　………119
10年短縮年金の繰下げ受給………114
住民票………156
受給権者の死亡………46
受給資格期間短縮………111、112
主治医………71
障害給付額改定………59
障害給付加算額・加給年金額加算開始事由該
　当届………65
障害厚生年金受給者の離婚分割………127
障害厚生年金と老齢厚生年金の選択………15
障害厚生年金の障害状態確認届………17

障害厚生年金の妻の加給年金………64
障害者控除対象者認定書………150
障害者手帳………68
障害者特例………15、19、41、43、72
障害程度要件………53
障害認定基準………57、68、69
障害認定日………57、67
障害認定日要件………70
障害年金加算改善法………65
障害年金受給者と相続遺産………66
障害年金と原因傷病………68、69
障害年金認定日請求………63
障害年金の加算………65
傷病と就労との因果関係………57、61
上陸許可年月日………146
植物状態………57
所在不明者………152
所在不明届………152
初診日………52、53、54
初診日の確認………55
初診日要件………53、70
女性の支給開始年齢繰延べ………48
所得状況届………66
シングルマザー………76
人工透析………67
審査請求………71
身上監護………76
身体障害者手帳………150
診療記録の開示………55
診療情報の提供等に関する指針………55
診療報酬明細書………54

せ

生活保護………112
生活保護費………39
生計維持関係………34、74
生計維持認定対象者………74
生計維持認定における収入要件………64
生計維持の認定基準………151

生計同一関係………79
生計同一関係に関する申立書
　………34、79、87、151
生計同一に関する認定要件………79
生計同一認定対象者………74
生計同一要件………74
精神障害………56
性転換者………159
性同一性障害………159
性別変更………159
税法上の扶養………148
世代間扶養………138
船員任意継続被保険者………147
船員の戦時加算………147
船員保険………147
遷延性植物状態………57
選択届………15
全部繰上げ………19

そ
遡及免除の申請………137
租税条約………143
租税条約に関する届出書………143

た
ターンアラウンド………97、112
ターンアラウンドの老齢請求申請書………128
第1号被保険者の産前産後期間の保険料免除
　………131
第3号被保険者………129、130、132、140、153
第3号被保険者期間………113
第3号被保険者資格の取得………130
第3号被保険者資格の種別変更………130
第三者行為災害………81、155
第三者行為事故………155
第三者行為事故状況届………89
第三者証明………53、151
第三種被保険者………49
退職改定………16、105

退職共済年金………44
退職後の障害年金受給者………72
退職時の年金額改定………96
退職年金………44
退職日起算………41
多段階免除………137
脱退手当金………29、117
短期要件………77
短時間労働者………45、154、158
短時間労働者の厚生年金加入………116
短時間労働者の適用拡大………154
短縮用ターンアラウンド用指定請求書………60

ち
遅延特別加算金………92
中高齢特例………29、32
中高齢の寡婦加算………88
長期加入者………30
長期特例………19、30、43
長期要件………77
直近1年要件………130
賃金の再評価率………27

つ
通算年金通則法………92
通算老齢年金………92、110、147

て
低報酬者の厚生年金………47

と
統合失調症………56
同日得喪………16、100
特定期間………50
特定期間該当届………128
特定警察組合員………19
特定事務受任者………151
特定受給者………50
特定消防組合員………19

付録③

特定適用事業所………45、154
特定適用事業所該当届………154
特定保険料………50
特典条項に関する付表（17号）………143
特別（危険）失踪………86
特別催告状………138
特別支給金（労災）………59
特別支給の老齢厚生年金………17、43、97、142
特別障害給付金制度………52
特別障害者………150
特別徴収………118
特例高齢任意加入………142
特例追納制度………158

な

内国民待遇………145
75歳までの繰下げ制度………162
難民条約………146
難民の地位に関する条約………145

に

二事業所以上の加入………139
二事業所加入扱い………139
二重就労………139
20歳前障害年金受給者………58
日米友好通商航海条約………145
認定日請求………70

ね

年金機能強化法………45、58、78、111、
　　137、152
年金支給額の減額………157
年金支給の停止………157
年金時効特例法………39、40
年金受給権者所在不明届………86
年金受給選択制………162
年金受給選択申出書………66、83
年金請求書………23
年金請求書（ターンアラウンド用）………103

年金送金通知書………37
年金担保融資制度………90
ねんきん定期便………38、153
ねんきん定期便・ねんきんネット等専用ダイ
　　ヤル………153
年金の支給停止………155
年金の支払いを受ける者に関する事項………143
年金分割請求書………124
年金分割の合意書………126
年金分割のための情報提供請求書………127

は

パートタイマー………158
配偶者加給年金………31、35、98、141
配偶者控除………148、149
配偶者特別控除………148、149
ハイブリッド（混合）制度………135
発達障害………56
半額免除………137
犯罪による収益の移転防止に関する法律
　　………37

ひ

非嫡出子………80
一人一年金………117
被保険者の定義………140
被用者年金一元化後の遺族厚生年金………99
被用者年金一元化後の加給年金………98
被用者年金一元化後の加給年金・振替加算
　　………103
被用者年金一元化法………125
被用者年金の一元化………96、97、100、
　　101、102、103

ふ

付加年金………62
複数障害の併存………56
不在者財産管理人………161
父子家庭………75

194

事項索引

普通失踪………86
普通障害者………150
物価変動………27
扶養親族等申告書………150
扶養親族………150
振替加算………29、34、62、88、108、110
振替加算開始手続きの勧奨状………33
振替加算の消滅………32
分割請求の時効………123

へ

米国遺族年金………144
米国居住………143
米国社会保障庁（SSA）………144

ほ

法定免除………60
法律婚………122
保険料納付記録漏れの期間………40
保険料納付済期間………40、113
保険料納付要件………53、70
保険料免除期間………40、113、128

ま

マイナンバー情報連携………160
マイナンバー制度………156、160

み

未加入国民年金適用勧奨状………129
未支給年金………23、46、85
未支給年金の請求………92
未成年後見人………76
未統合記録………92
未統合年金記録………125
みなし共済期間………101
未納期間………84
未納に対する強制手段………138

ゆ

有期認定………62

よ

養育費………76
4分の1免除………137
4分の3基準………154
4分の3免除………137

り

離婚後の内縁関係………31
離婚分割………122、123、124、125
離婚分割改定請求………127
離婚分割協議………126
離婚分割の公正証書………126
リスク分担型企業年金………135

ろ

労災認定訴訟………89
労災年金と基礎・厚生年金との併給調整
　　　　………61
労災の遺族補償年金………81
労災の障害給付………61
労災の障害補償年金………59
老齢・障害給付受給権者支給停止事由消滅届
　　　　………71
老齢年金遡及請求………28
老齢年金の繰上げ請求意思確認書………17
老齢満了者………32
65歳以降の受給選択方法………72
65歳以上定年者………23
65歳からの遺族厚生年金………82
65歳からの遺族年金………84
65歳裁定請求ハガキ………20

わ

ワンストップサービス………97、99、101

195

■編著者プロフィール

年金マスター研究会

各地で年金相談に応じている社会保険労務士を中心とした専門家グループ。年金相談に訪れた方の期待に応え、満足を与えることができる年金専門家＝「年金マスター」になることをテーマに研鑽を積むグループとして発足。本書では総計52名の社会保険労務士が執筆にあたっている。著作として『スキルアップ年金相談』（第1集：法研、2015）がある。

会　　長：加藤利昭(かとうとしあき)（KATO社会保険労務士事務所）

スキルアップ年金相談　第2集

平成30年12月7日　第1刷発行

編　著　者	年金マスター研究会
発　行　者	東島俊一
発　行　所	株式会社 法 研

東京都中央区銀座1-10-1（〒104-8104）
販売03（3562）7671／編集03（3562）7674
http://www.sociohealth.co.jp

印刷・製本　研友社印刷株式会社　　　　　　0102

小社は㈱法研を核に「SOCIO HEALTH GROUP」を構成し、相互のネットワークにより、"社会保障及び健康に関する情報の社会的価値創造"を事業領域としています。その一環としての小社の出版事業にご注目ください。

©Nenkin Master Kenkyukai 2018, printed in Japan
ISBN 978-4-86513-550-3 C3036　定価はカバーに表示してあります。
乱丁本・落丁本は小社出版事業課あてにお送りください。
送料小社負担にてお取り替えいたします。

JCOPY〈（社）出版者著作権管理機構　委託出版物〉
本書の無断複製は著作権法上での例外を除き禁じられています。複製される場合は、そのつど事前に、（社）出版者著作権管理機構（電話 03-3513-6969、FAX 03-3513-6979、e-mail：info@jcopy.or.jp）の許諾を得てください。